S TERRARUM
te von der
rd-Kugel.

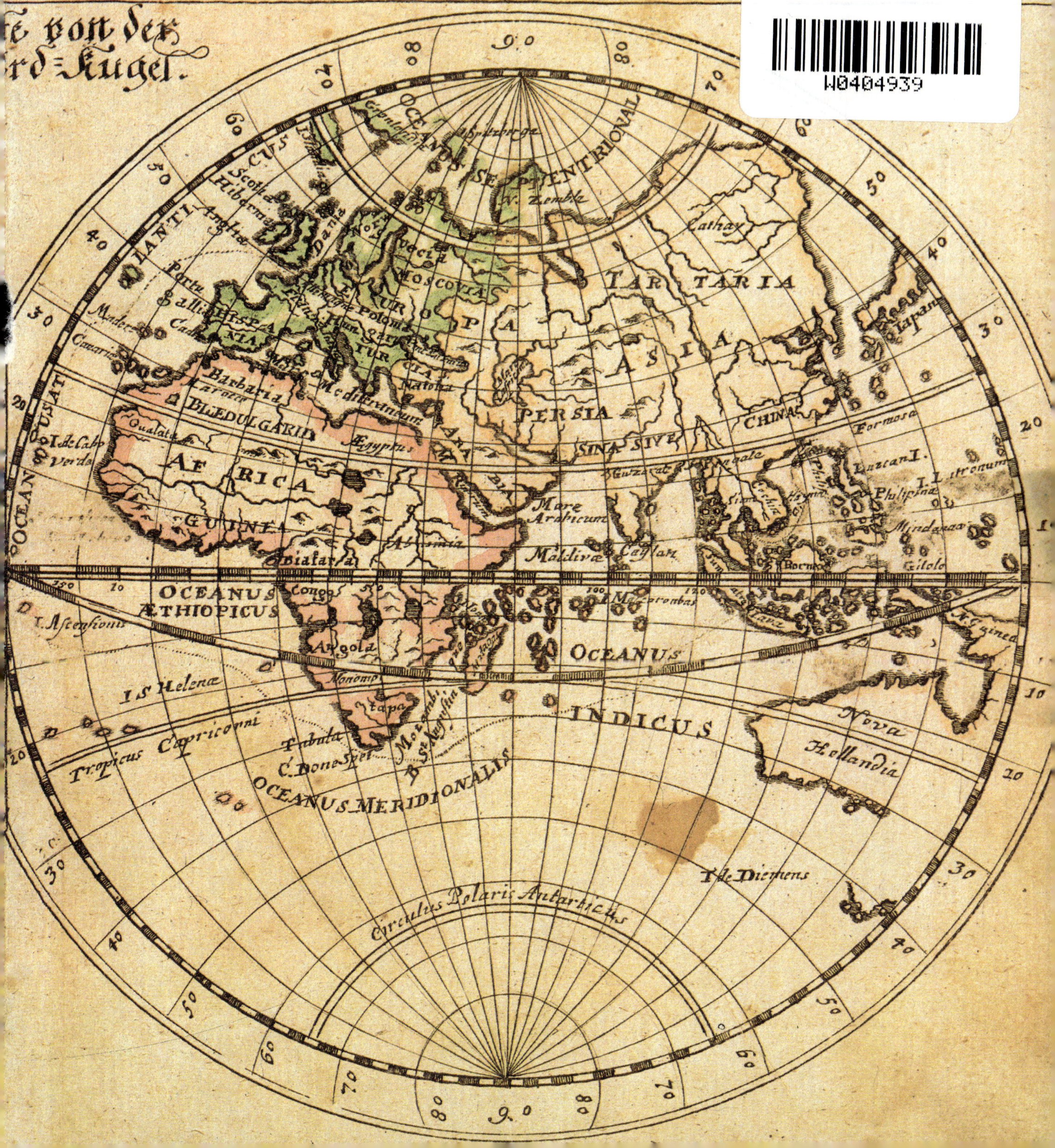

Die wundersamen Reisen des
CASPAR SCHMALKALDEN
nach West- und Ostindien
1642–1652

229.
Ein Moor
Wir geben gutes Kauffs, Mouris und saiden Wahren,
Den, so nach Cormandal, Suratt und Persien fahren,
Sonst hatt uns die Natur Zwar braun und schwartz gefärbt;
Doch ist die Tapfferkait Uns gleichsam angeerbt.

Die wundersamen Reisen des CASPAR SCHMALKALDEN nach West- und Ostindien 1642–1652

Nach einer bisher unveröffentlichten Handschrift bearbeitet und herausgegeben von Wolfgang Joost

VEB F. A. BROCKHAUS VERLAG LEIPZIG

Die Veröffentlichung der in der Forschungsbibliothek Gotha archivierten und unter der Signatur Chart B 533 registrierten Handschrift erfolgt mit freundlicher Genehmigung und Unterstützung dieser Institution. Herausgeber und Verlag sind dabei Herrn Dr. phil. H. Claus und Frau Dr. phil. M. Mitscherling zu besonderem Dank verpflichtet.

Wertvolle Informationen gaben weiterhin: Frau Dr. M. A. P. Meilink-Roelofsz vom Algemeen Rijksarchief in 's-Gravenhage; Exzellenz M. Calábria, Botschafter der Republik Brasilien in der DDR; Herr Prof. Dr. W. Klose, Karlsdorf-Neuthard; Herr Dipl.-Ethn. R. Krusche, Museum für Völkerkunde Leipzig;
Herr Dr. W. Zimmermann, Museum der Natur Gotha
Frau Monika Joost, Gotha, half bei der Durchsicht des Manuskriptes

Die farbig lavierten Zeichnungen des Autors fotografierten Barbara und Gerhard Reinhold, Mölkau bei Leipzig

ISBN 3-325-00204-8

2. AUFLAGE

LIZENZ-NR. 455/150/10/89, LSV 5009
LEKTORAT: CHRISTA KUNZE
BUCHGESTALTUNG: HANS-JÖRG SITTAUER
PRINTED IN THE GERMAN DEMOCRATIC REPUBLIC
GESAMTHERSTELLUNG: GRAFISCHE WERKE ZWICKAU III/29/1
REDAKTIONSSCHLUSS: 30. 11. 1987
BESTELL-NR. 587 165 1
02980

INHALT

VORBEMERKUNG
Seite 7

CASPAR SCHMALKALDENS REISE NACH WESTINDIEN

Von Amsterdam nach Pharnambuco in Brasil
Seite 9

Beschreibung der Brasilianer
Seite 10

Beschreibung der Tapoyer
Seite 18

Beschreibung des Niederländischen Brasiliens, derer in demselbigen gelegenen Städte, Dörfer und Zuckermühlen wie auch Seehafen, Flüsse etc.
Seite 23

Reise von Pharnambuco nach Baldivia in Chili
Seite 35

Und wieder im Lande Brasil
Seite 49

Reise von Pharnambuco nach Hollandt
Seite 81

CASPAR SCHMALKALDENS REISE NACH OSTINDIEN

Von Amsterdam zum Cabo de bona Esperanca
Seite 87

Von den Hottentotten
Seite 92

Vom Ursprung und Erbauung der Stadt Batavia
Seite 98

Jetzige Beschaffenheit der Stadt Batavia
Seite 102

Reise von Batavia nach Malacca und Achem mit H. Joachim Rudolfs von Deutecom ao. 1647
Seite 106

Von den Sinesen, deren Kleidung, Sprache und anderen Gebräuchen
Seite 127

Reise von Batavia nach Tayonan auf der Insel Formosa 1648
Seite 140

Reise von Formosa nach Japonica
Seite 149

Hausreise von Formosa nach Batavia und von da wieder nach Amsterdam
Seite 152

NACHWORT
Seite 161

ANMERKUNGEN
Seite 177

VORBEMERKUNG

Zu den Kostbarkeiten der Forschungsbibliothek Gotha gehört die handschriftliche Reisebeschreibung des Thüringers Caspar Schmalkalden, der als Soldat in holländischen Diensten in den Jahren 1642 bis 1645 Brasilien und Chile und kurze Zeit danach, von 1646 bis 1652, die niederländischen Besitzungen in Ostindien bereiste.

In seinem postumen Werk, das mit dieser Edition mehr als dreihundert Jahre nach seiner Entstehung erstmals gedruckt vorliegt, berichtet Schmalkalden nicht nur über seine Erlebnisse auf hoher See, sondern beschreibt darüber hinaus ausführlich die besuchten Gebiete, deren Menschen, ihre Sitten und Bräuche sowie viele tropische Pflanzen und Tiere. Das Gesehene wird durch zahlreiche Federzeichnungen, Aquarelle und Karten illustriert, was den Reiz des alten Diariums wesentlich erhöht.

Einstmals von dem berühmten Göttinger Naturforscher und Arzt Johann Friedrich Blumenbach (1752–1840) in der zweiten Hälfte des 18. Jahrhunderts auf einer Gothaer Auktion erworben, kam die interessante, in Pergament gebundene Handschrift später in den Besitz des Gothaer Herzogs Ernst II. von Sachsen-Gotha-Altenburg, der sie am 14. September 1790 seiner Bibliothek (Chart B 533) auf Schloß Friedenstein einverleibte.

Mit der Erstausgabe der Reisebeschreibung Caspar Schmalkaldens wird eine weitere Quelle unseres kulturellen Erbes erschlossen. Sie stellt ein aufschlußreiches Dokument zur Kolonial- und Kulturgeschichte des 17. Jahrhunderts dar. Der Bibliophile oder Spezialist hätte vielleicht eine faksimilierte Ausgabe dieses Werkes gewünscht. Das war leider nicht realisierbar, und so mußte eine Möglichkeit gefunden werden, die ohne Aufgabe der Originalität weitgehend allen Lesern gerecht wird. Um die Besonderheiten des historischen Manuskriptes zu erhalten sowie keine Information zu verschütten, erfolgte eine annähernde Transkription und grundsätzliche Beibehaltung der Diktion. Korrekturen wurden nur im Sinne einer besseren Lesbarkeit vorgenommen. So bedeutet bei Schmalkalden in bestimmten Zusammenhängen z. B. das Wort „schlecht“ oft

„schlicht“ oder „fast“ svw. „sehr, tüchtig“. In den meisten Fällen ist die alte Schreibweise belassen worden, wie z. B. derowegen, fleucht, Capitain, Castell usw. Dies gilt besonders für alle geographischen Begriffe, für Personen-, Tier-, Pflanzen- und Monatsnamen. Ihre Berichtigung erfolgt, soweit nötig, bei den Anmerkungen. In der Handschrift nicht zu entziffernde Stellen werden mit ..., unsichere Deutungen mit [?] und Zusätze des Herausgebers, berichtigte Artikel oder Präpositionen durch Einführung in [] kenntlich gemacht. Im Interesse des logischen Reiseablaufs und der Sachbezogenheit mußten an einigen Stellen Kapitel umgestellt werden. Die im Journal befindlichen Zeichnungen und Karten sind, soweit drucktechnisch reproduzierbar, in vorliegender Ausgabe enthalten. Die nur interpretierenden Charakter tragenden Anhangskapitel zu den Reisen und die zahlreichen Vokabularien blieben dagegen unberücksichtigt.

Trotz der großen Mühe, die die Vorbereitung eines so alten Manuskriptes zum Druck erfordert, war es dem Herausgeber als ehemaligem Schiffbauer und spätem Nachkommen einst flämischer Siedler ein Bedürfnis, diese umfangreiche Arbeit zu vollenden. Möge der geneigte Leser die Unterhaltung und Belehrung finden, die mir in der Phase der Entstehung des Buches zuteil wurde.

Wolfgang Joost

CASPAR SCHMALKALDENS REISE NACH WESTINDIEN

VON AMSTERDAM NACH PHARNAMBUCO IN BRASIL

Im Jahr Christii 1642. Donnerstag, den 16. Octobris meinen Kalenders, bin ich nebst anderen Soldaten, an der Zahl 36 Mann und 4 Weiber ohne das Schiffsvolk, in Texel zu Schiffe gangen. Das Schiff war kein Compagnie –, sondern nur ein Kauffardi-Schiff, Elephant genannt. Es war mit tannenen Teilen so vollgeladen, daß nur vier oder fünf Schuh hoch Raum bis an das Verdeck für der Soldaten Läger übrig war. Und weil es auch mit keiner Küchen versehen war, hatten wir wegen des Rauchs gar schlecht lagern. Unser Commandeur war ein Churländer namens Heinrich N. Er fuhr für einen Sergeanten und war schon einmal in Brasil gewesen. Den 2. Novembris, auf einen Sonntag, gingen wir mit einem NO-Wind und schönem Wetter, einer Klutt von 97 Schiffen unter Segel. Den 4. sahen wir vorne vor uns 40 Schiffe, so nicht zu uns gehöreten, und als von den selbigen [eines] gegen uns ankam, geschahen von den Unserigen 4 Kanonenschüsse, worauf es sich wieder von uns abwendete. Was für Schiffe es waren, konnten wir nicht erkennen.

Den 6. gingen die Krantzfahrer von uns.

Den 7. liefen die Sfannischfahrer von uns und blieben wir noch 12 Schiffe stark.

Den 8. sahen wir zehn Schiffe, so ihren Kurs nach dem Kanal zu hielten.

Den 10. nahmen wir im Mittage zum ersten Mal die Höhe an der Sonnen und befunden uns 46 Grad bei Norden des Äquinoctials.

Den 14. gebar eines Soldaten Weib ein Söhnlein zur Welt.

Den 15. gingen wieder etliche Schiffe von uns und blieben unser noch drei Schiffe. Diesen Tag bekamen wir einen harten Sturm, daß wir etliche Segel mußten einnehmen. Gegen Abend sprach mich des am 14. dieses [Monats] gebornen Kindleins Vater, namens Elias N., an, sein Kindlein, weil es sehr schwach und zu besorgen wäre, es möchte West-Indien nicht erreichen, in Mangelung eines Prädikanten christlichem Gebrauch nach zu taufen. Unser Schiffer, so ein Manisterar, wollte es anfangs nicht zulassen, mußte es aber doch auf Befehl unseres Commandeurs, welcher lutherisch war, geschehen lassen.

Den 21. habe ich gedachtes Kindlein nach gehaltener Betstunde im Beisein allen Schiffsvolkes im Namen der Heiligen Dreifaltigkeit getaufet. Sein Taufpat war auch ein Soldat mit Namen Jacob N., welchen Namen das Kindlein auch empfangen.

Den 30. Novembris, vergangene Nacht, hat unser Volk zwei Haye gefangen, einen 3 und den andern 4 1/2 Schuh lang. Vom kleinen wurden etliche Stücke samt der Leber, vom großen aber nur die Leber für das Volk gesotten. Der Schiffer nahm das Gehirn aus beeden Köpfen, ließ es an der Sonne dürr werden und verwahrte es. Es soll zu unterschiedlichen Dingen gut sein.

Den 1. Decembris fing unser Volk einen Dorado und kamen viel fliegende Fische auf unser Schiff geflogen.

Den 6. Decembris, in voriger Nacht, sind wir die Äquinoctial-Linie passieret und bekamen im Mittage 2 Grad süder Höhe. Diesen Tag mußten zwei Soldaten wegen begangenen Diebstahls jeder dreimal von der großen Rahe ins Wasser fallen. Nachdem [erhielt] jeder 100 Schläge mit einem dicken Strick auf den Hintern. Den 8. sahen wir des Morgens die Insel Fernando WNW drei Meilen von uns.

Den 10. wurfen wir des Morgens das Lot aus, funden erstlich auf 15 Klafter Grund und bald darauf über 100 Klafter tief. Unserer Rechnung nach waren wir nur 3 Meilen über Parayba und nicht weit vom Lande, gingen derowegen, um die Höhe von Pharnambuco zu bekommen, NTO an, hatten guten Wind, mittages 6 Grad 8 Meilen Höhe. Den 11. sahen wir das Land vor uns [und] kamen nachmittags auf die Ree. Unser Commandeur und [unser] Kaufmann fuhren an das Land.

Den 12. Decembris bin ich nebst anderen Soldaten auch an das Land gefahren.

Gott Lob und Dank für diese Reise!

BESCHREIBUNG DER BRASILIANER

Die Amerikaner in Brasilia werden zwar aus dem Unterschied ihrer Sprachen und Landschaft in unterschiedliche Nationen geteilet, und wird jede Nation mit einem sonderbaren Namen nach ihrer Landschaft genennet. Haben auch zum Teil ihre Könige, als Tupinambus, Petiguarn, Tapoyarn, Cariri, Caririvasu und Tararyrien. So werden sie doch insgemein von den Holländern und Portugiesen entweder

Brasilianer oder Tapoyer genennet. Die Brasilianer, nämlich die Tupinambus, so um St. Vicent, und die Petiguarn, so um Parayba herum wohnen, sind mittelmäßiger Statur. Von Farbe braungelblich, haben schlechte schwarze Haare und kurze Hälse. Sie gehen nun nicht mehr ganz nackend wie vordem, sondern bedekken ihre Scham mit einem Fell oder Tüchlein, so sie umbinden. Und diejenigen, so unter der Holländer Gebiet wohnen, sind ehrbarer als die anderen, so landeinwärts wohnen, tragen auch nunmehr etwas von holländischen Kleidern: etliche gehen in Hosen und Wammes, etliche haben nur Hosen an, und etliche gehen nur in Hemden – sonderlich das Weibsvolk.

Sonsten machen sie sich auch von allerhand Farbe schöne Federperücken oder Hauben, Mäntel für den Regen, Arm- und Kniebänder zum Zierat, auf ihren Tänzen zu gebrauchen.

Sie wohnen in gewissen Aldeen oder Dörfern (bei ihnen Taba genannt). Ihre Häuser sind alle von einerlei Höhe, von

einem Stockwerk sechs oder sieben Schuh hoch und eine ganze Reihe Häuser unter einem Dach, auch nur von junger Zimmertannen Holz gebauet. Die Wände und das Dach sind von Palmit oder Klappersblättern.

Ihr Hausrat darinnen ist sehr schlecht. Die vornehmsten Stücke sind Pfeil und Bogen, die Hangmacke, worinnen sie schlafen, ein breiter Korb oder Callabass, darein sie ihre Viktualien und beste Mobilien legen, ein paar kleine Callabass oder Klappersnüss zum Trinkgeschirr, dann ein tönern Topf und etwa ein holländisch Hackemesser.

Im Essen halten sie keine gewisse Zeit, sondern wenn ihnen ein Appetit ankömmt, es sei bei Tag oder Nacht, so essen sie, trinken aber nicht leichtlich eher, als bis sie sich sattgegessen haben.

Ihre Speise ist vornehmlich die Farinha-Wurzel (von ihnen Vi oder Mandioca genennet). Zu derselben essen sie allerhand Fleisch von zahmen und wilden Tieren – Vögel und Fische – gebraten oder gekocht, desgleichen Krebse, Muscheln, auch wohl unterschiedliche Schlangen und allerlei Früchte. Ihr Trank ist insgemein ein frischer Trunk Wasser. Sonsten aber machen sie vielerlei Getränk von Früchten, wie hierzulande aus Äpfeln oder Birnen Most gemachet wird. Aus Cajou-Äpfeln machen sie einen guten Trank, Caci genannt, schmeckt etwas weinsäuerlich und machet bald trunken. Aus Ananassen machen sie ein Getränk, welches sehr gut ist und für ihren stärksten Wein gehalten wird und von ihnen Manai genennet wird. Dergleichen wird einer aus Wurzeln gemacht, so auch sehr stark ist und Aipy genennet wird. Bei diesen und dergleichen Getränke mehr, deren sie noch vielerlei zu machen wissen, vergessen sie des Tobaks nicht, sondern trinken denselben stark, und welche das meiste saufen, sich übergeben und wieder darauf saufen können, die werden für wackere Kerls geachtet. Sie machen sich lustig und fröhlich, sie tanzen, singen und springen mit ihren bunten Federn gezieret Nacht und Tag so lang als etwas vorhanden ist. Es ist aber dieses an ihnen zu loben, daß sie bei ihren Gelagen nicht leichtlich Hader und Zank, vielweniger Schlägerei anrichten.

Wenn der Mann verreiset, es sei über Feld, auf die Jagd oder wohin es wolle, so gehet das Weib gemeiniglich mit ihm, und zwar also, daß der Mann im Ausgehen allezeit vorangehet und die Frau ihm nachfolget, damit, wann ihnen etwa Räuber, grimmige Tier, als Tiger, Schlangen oder sonst etwas Böses begegnete, der Mann es abwehren könne. Im Rück- oder Heimwege aber gehet die Frau voran, und folget ihr der Mann, auf daß, wann sich auch ein Unglück ereignete, die Frau sich desto eher heimwärts retirieren könne.

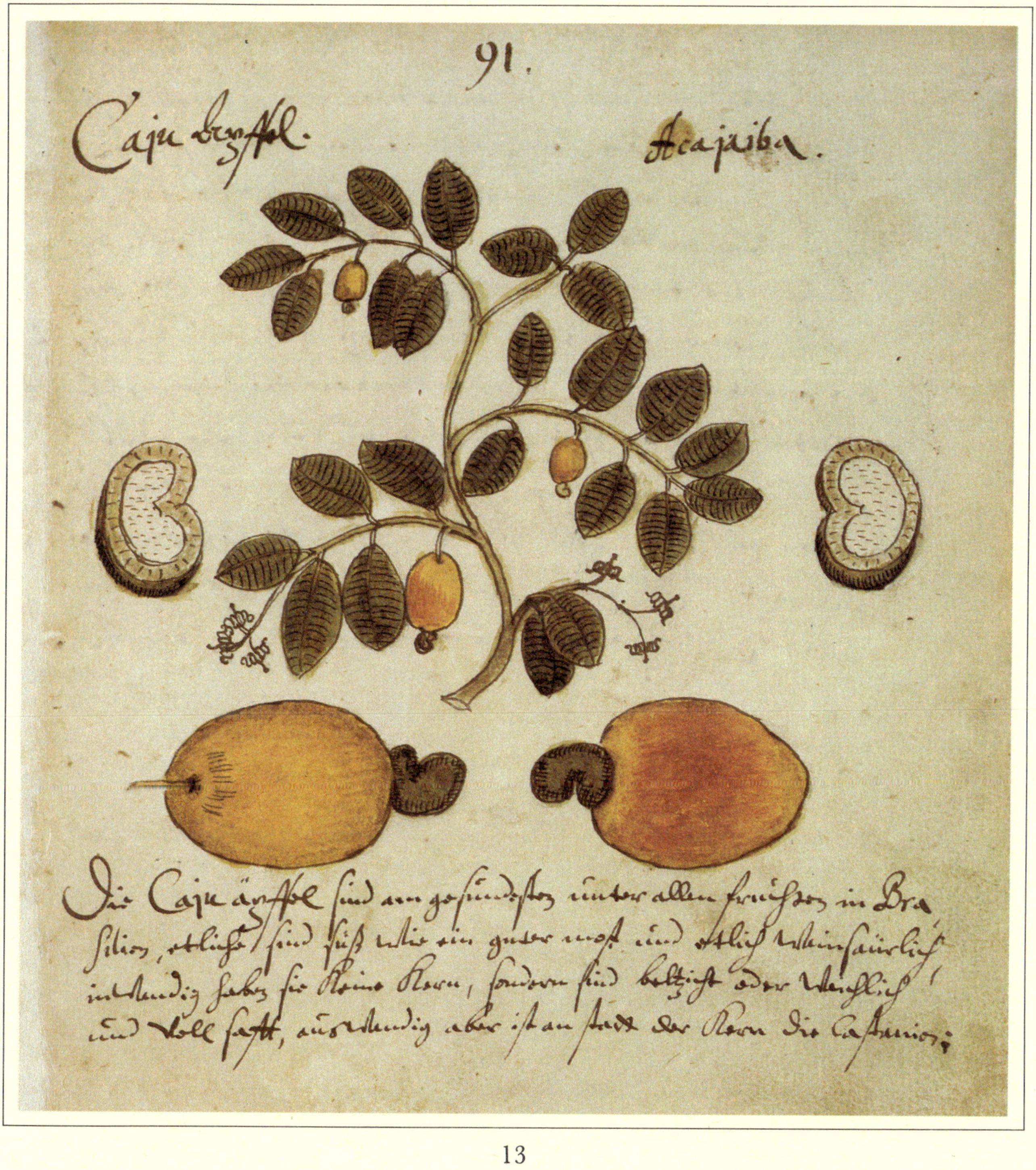
91.
Caju äpffel.
Acajaiba.

Sooft nun, als sie verreisen, nehmen sie ihren ganzen Hausrat mit sich: Der Mann nimmt sein Gewehr, Pfeil und Bogen, Haßegoyen und dergleichen. Die Frau aber trägt das ganze Reichtum in einem großen Korb, welchen sie auf dem Kopf trägt. Darinnen sind die besten Mobilien und Viktualien. Auf dem Rücken trägt sie wieder einen Korb voll. Desselben Korbes Tragbänder gehen ihr um die Stirn herum und nicht um die Schulter oder Arme. Auf der rechten Seite trägt sie ein kleines Kind und die kleinen Callabassen oder Trinkgeschirr. Ferner auf der einen Hand trägt sie irgendeinen Papageien oder Porquiten, und an der anderen Hand führet sie etwan noch ein Kind oder wohl gar ein Hündlein an einer Schnur – und damit reisen sie ihren Weg. Sie schlafen nicht als andere Völker in hölzern Schlafstätten oder Spannbetten, sondern hangen gleichsam in einem Netz (welches sie Ini und die Holländer Hangmack nennen). Dasselbe ist an zweien Enden angebunden ohngefähr so hoch, daß man sich dareinsetzen kann. Des Nachts machen sie ein Feuerlein darunter, damit, so wann etwa frische Luft gehet, nicht gar zu kalt liegen, oder wenn die Luft warm ist, die Mücken oder Muschitten durch den Rauch vertrieben werden. Denn dasselbe Geschmeiß fleucht in den warmen Nächten so häufig herum und tut Menschen und Viehe viel Ungemach. Wenn Mann und Weib in einer Hangmacke beieinander schlafen, so liegen sie mit ihren Köpfen nicht beieinander, sondern der Mann liegt mit seinem Haupt an einem und die Frau mit ihrem Haupt am anderen Ende der Hangmacke, und in der Mitte gehen die Beine nebeneinander hin. Sie nehmen so viel Weiber als ihnen beliebet, und wenn ihnen eine nicht mehr gefallet, stoßen sie selbige von sich und nehmen eine andere. Darunter werden aber nicht verstanden diejenigen, so in christlichem Glauben unterwiesen und getauft sind. Dieselben bleiben bei einem Weibe. Im Kindergebären sollen die Weiber nicht sonderliche Schmerzen haben. Derowegen bedürfen sie auch keiner Hebammen, sondern der Mann verrichtet solches Amt selbst. Denn er nimmt das Kind, wäschet es und gibt ihm einen Namen, etwan eines wilden oder zahmen Tieres. Die Frauen halten auch keine sechs Wochen, legen sich auch nicht zu Bette, sondern der Mann legt sich etliche Tage an ihrer Statt nieder, läßt seiner wohl pflegen und die Frau die Arbeit verrichten.

Die Brasilianer fangen ihr Neujahr im Maio an, wann sie das Siebengestirn zum ersten Mal sehen aufgehen. Sie bringen ihr Alter an Jahren viel höher als wir, denn es werden unter ihnen Leute gefunden, so über 100 Jahr alt sein. Stirbt jemand unter ihnen, so begraben ihn seine Freunde stehend im Grabe und legen zu dem Körper seine im Leben gebrauchte Hang-

So offt mein mann verreist, so folg ich ihm geschwinde,
Behengt mit sach und pack, darzu mit einem Kinde,
Eine Brasilianin.
Im rückweg geh ich vor, Er wandert hinter her
Daß mir nichts widerfährt, gerüst mit Kriegsgewehr.

macke, darinnen zu ruhen, und etwas von Speise, etliche Tage davon zu essen, mit ins Grab und beweinen ihn einen Monat lang sehr heftig. Belangend ihre Religion – so wissen sie weder von Gott noch seinem Worte, haben auch in ihrer Sprache kein einziges Wort, damit sie den Namen Gottes recht ausdrücken können. Die brasilianischen Christen nennen Gott Tupana, von dem Wort Tupan, welches soviel heißen soll als eine vortreffliche Hoheit oder hoheste Herrlichkeit. Daher nennen sie auch den Donner Tupacununga, soll soviel heißen als ein Krachen oder Schall von der höhesten Herrlichkeit item [den] Blitzen Tupaberaba, soll heißen das Leuchten oder Glänzen von der höhesten Herrlichkeit. Gleichwohl glauben sie, daß die Seelen der Menschen nach diesem Leben unsterblich seien und daß derjenigen Seelen, so in diesem Leben viel rühmlichen Taten und ihren Feinden großen Abbruch getan hätten, an einem gewissen Ort, da nichts als lauter Fröhlichkeit, Tanzen, Singen und Springen sein werde, zusammenkämen. Hingegen derer Seelen, so bei ihrem Leben nichts Denkwürdiges verrichtet hätten, würden nur in Lüften herumschweben und von den Geistern, Curipira und Jurupari genannt, gequälet werden. Sonsten halten sie auch viel auf die Wahrsager oder Teufelsbanner, denn dieselben ziehen sie in allen vorfallenden wichtigen Verrichtungen zu Rat.

Endlich betreffend ihre Sprach – so hat dieselbe ganz keine Gemeinschaft mit irgendeiner andern. Es befleißigt sich auch niemand leichtlich, dieselbe zu lernen – es wäre denn, daß etwan einer oder der andere eines Schulmeisters oder Vorlesers Dienst in einem Dorf, darinnen brasilianische Christen wohneten, anzunehmen gedächte. Sie haben keine eigene Schrift oder Buchstaben in ihrer Sprache, etwas aufzuschreiben oder zu notieren, können auch in Zahlen nicht höher kommen als auf 5. Gebrauchen sich deswegen anstatt eines Kalenders, die Jahre zu merken, der Kastanien von Cajou-Äpfeln, welche Frucht jährlich nur einmal reif wird. Derselben legen sie jedes Jahr, wenn ein Kind geboren wird oder sonst etwas Denkwürdiges vorgehet, eine zurück. Darum, wenn man von ihnen zu wissen begehret, vor wieviel Jahren eines oder das andere geschehen oder wie alt einer sei, muß man nicht nach der Zahl der Jahre, sondern nach der Zahl der Kastanien fragen, so sie seither der Zeit deswegen gesammelt haben, so werden sie dieselben bald, und zwar als bei fünfen herrechnen und gebrauchen dazu Hände und Füße. Die fünf Kardinalzahlen aber lauten also: oiope, moconge, mogapyra, moiorondig, appocompoi. Damit aber dieses Volk auch etwas zur Erkenntnis Gottes kommen möge, haben erstlich die Portugiesen und nach ihnen die Holländer großen Fleiß

11.
Ein Brasilianer.
Uns ist die Tapfferkeit natürlich angeboren
Wenn Unser bogen gilt, so ist der feind verlohren

angewendet, daß von ihren Geistlichen, so der Sprach kundig, der Kleine Katechismus in Brasilianisch übergesetzt worden, wobei in acht zu nehmen ist, daß folgende Buchstaben FL und doppelt RR niemals darinnen vorkommen, woraus etliche nicht uneben schließen, quod Fide Lege et Rege careant.

BESCHREIBUNG DER TAPOYER

Die Tapoyer in Brasilia sind wegen ihrer Landschaften, absonderlicher Könige und Unterschied in der Sprachen auch unterschiedlich. Ich bleibe aber nur bei denen, deren König Jandewi oder Jandovi mit den Holländern in Allianz ist, welche auch bei den Holländern meist bekannt sind. Ihre Landschaft stößt an die Capitania Rio Grande und erstreckt sich fern ins Land. Sie wohnen aber in keinen gewissen Dörfern oder beständigen Orten, sondern ziehen von einem Ort zum anderen nach der Jahreszeit oder Bequemlichkeit der fruchtbaren Orte. Sie [sind] von Statur ein wenig größer, auch etwas bräunlicher als die Brasilianer Tupinambus. Haben lange kohlschwarze Haare so ganz schlicht bis über die Schulter herabhangen ohne die vorderen Haare, [die] sind über den Augenbrauen gleich abgeschnitten. Der König allein läßt zum Unterschied des gemeinen Volks seine Haare in Form einer Kron oder [eines] Kranzes scheren. Sie sind mörderisch von Angesicht, gehen ganz nackend Manns- und Weibspersonen ohne Scham, färben sich mit allerlei bunten Farben unter dem Gesicht und am Leibe.

Viri tamen fistulam membri genitalis in se contrahunt et involvunt, ligula qvadam ligant, et qvando opus est ut urinam reddant, religant: magno enim pudore afficinntur non strando virgam explicatam.

Die Weiber bedecken zwar ihre Blöße auch etwas mit zwei Büschlein grünen Laubes vorn und hinten, deren sie alle Tage frische nehmen. Man kann aber doch leichtlich sehen dabei alles, was sie haben. Ihre Speise ist Mili (türkischer Weizen), Farinha, wozu sie allerhand Wildbret, Fisch, Krabben, auch wohl etliche Schlangen und allerlei Wald- und Gartenfrüchte essen. Sie kochen das Fleisch nicht in Töpfen, sondern machen ein Loch in die Erde. Darein legen sie erst ein wenig Laub, danach das Fleisch, hernach wieder Laub und Sand, und auf den Sand machen sie ein Feuer, davon brät das Fleisch im Loch. Ihr Trank ist ordinarie ein frischer Trunk Wasser. Machen zwar auch Getränk aus Früchten, darin sie sich auf ihre Festtage lustig-, toll- und vollsaufen. Ihre Wehr und Waffen sind Pfeil und Bogen, Haßegoyen und Kolben von hartem Holze.

Des Morgens, wenn sie aufstehen, laufen

Beschreibung der Tapoijer.

Die Tapoijer in Brasilia sind wegen ihrer Landschafften absonderlicher Könige und unterschied in der sprachen auch unterschiedlich, Ich bleibe aber nur bey denen deren König Jandewi oder Jandovi mit den Holländern in allianz ist, welche auch bey den Holländern meist bekand sind. Ihre Landschafft stösst an die Capitania Riogrande, und erstrecket sich fern ins Lande. Sie wohnen aber in keinen gewissen dorffern oder beständigen orthen, sondern ziehen von einem orth zum andern nach der Jahres Zeit oder bequemligkeit der fruchtbaren orther.

Sie seind von statur ein wenig grösser auch etwas stärcker alß die Brasilianer Tupinambus, haben lange kohlschwartze haar, so gantz schlecht biß über die Schulter herab hangen, ohne die fördern haar seind über den Augenbrauen gleich abgeschnitten; der König allein lässet zum unterschied des gemeinen Volcks seine haar in form einer Cron oder Crantzes scheren.

Sie sind wunderlich von Angesicht, gehend gantz nackend Manns und Weibs Persohnen ohne scham, färben sich mit allerlay bunden farben unter dem Gesicht und am Leibe.

sie stracks ins Wasser, reiben ihre Leiber mit Sand und Wasser rein, dehnen und recken sich aus, daß ihnen alle Glieder knacken, und lassen auch wohl Salven einen dazu hinstreichen, daß man es überweit hören kann. Also vertreiben sie die Trägheit und werden munter und hurtig davon.

Wann sie gegen ihre Feinde ziehen wollen, fragen sie zuvor ihre Priester, so Teufelsbeschwörer, um Rat. Und wann dieselbigen ihnen den Sieg zuvor verkündigen und sie erhalten auch den Sieg, so werden die Priester für heilige Leute gehalten. Trifft's aber nicht zu und werden geschlagen, so werden die Wahrsager von denen, so von der Wallstatt wieder zurückkommen, gewißlich wacker geprügelt. Und wann sie nach Proportion ihrer Feinde nicht drei oder vier Mann gegen einen haben, so gehen sie nicht daran, sondern sehen zu, daß sie durch Verräterei, und wenn es gleich unter dem Schein der Freundschaft geschehen sollte (so sie für keine Schande halten), dieselben mit Listen hintergehen.

Sie halten nichts von Gott oder seinem Wort, sondern auf gewisse Zeit im Jahr halten sie ein Fest drei Tage lang dem Wagen oder Großen Bären am Himmel zu Ehren, dafür sie auch niederfallen und halten sich an ihre Wahrsager oder Priester, die ihnen in allen Geschäften, so sie anfangen wollen, Rat mitteilen.

Wann aber eine wichtige Sache vorderhand ist, so gehen die Priester in einen Wald, murren und reden den ganzen Weg mit sich selber, und im Rückwege schreien sie mit heller Stimme: „Annes annes Iedas Iedas Hade condeg!" Darauf antwortet alsdann das Volk: „Hou!" Wann die Vögel schreien, so rufen sie denselben zu und fragen sie von zukünftigen Dingen. Wann sie auf die Jagd wollen gehen, so werfen sie eine Feder in die Höhe. Wohinwärts nun die Feder fleucht, daselbst hin wenden sie sich. Sie nehmen soviel Weiber als ihnen beliebet, und wann sie einander nehmen, so ritzen sich Bräutigam und Braut mit einer scharfen Muschel in einen Finger, bis das Blut herausgehet, mischen etliche Tropfen untereinander und lecken miteinander auf. Und dem Bräutigam werden von dem Priester zwei Löcher in die Backen oder den Mund gemacht, zum Zeichen des Ehestandes. In diese Löcher stecken sie rote oder grüne Steine, Metarabi oder Metara genannt, und lassen sie nicht wieder zuwachsen.

Wann die Weiber Kinder gebären, so schneiden sie dem Kinde den Nabel mit scharfen Muscheln ab, braten ihn mit der Aftergeburt und fressen es miteinander. Und wann auch die Kinder tot zur Welt geboren werden, braten sie dieselben gleichfalls und fressen sie, sagend, sie könnten nirgends besser verwahret werden. Stirbt jemand von ihnen, so kommen die Priester und hauen dem Körper den

20.
Tapoÿarisch Weib.
Wir wißen nichts von geld, von Sammet oder Seiden,
Mit einem busch von laub, wir Unsern leib bekleiden,
Der Waldt giebt schöne frucht viel wildprets jung und alt
Das waßer fisch die menig, zu Unserm unterhalt.

18
Wir gehen nackendt her und wißen nichts von gelde,
Mit Pfeil und bogen nur, marchiren wir zu felde,
TAPOIJAR
Uns schmeckt das Menschen fleysch, es sey arm oder bein
So muß es baldt gekocht undt aufgefreßen seyn.

Kopf samt Arm und Beinen ab und zerlegen dieselben von Glied zu Glied. Des Verstorbenen Weiber oder nächste Freunde beweinen und beklagen die Leiche und braten die zerteilten Stücke. Alsdann setzen sich die nächsten Freunde zusammen und begehren die Parentalia, und damit nichts übrig bleibe, so knagen die alten Weiber die Knochen mit den Zähnen rein ab. Diese Knochen verwahren sie bis auf ihr großes Fest. Da verbrennen sie dieselben zu Asche, mischen sie in den Trank und saufen sie mit ein. Und solches geschieht nicht aus Rachgierigkeit, sondern ihre große Liebe, so sie zu den Verstorbenen getragen, damit zu bezeigen. Endlich, wenn ein Vornehmer stirbt, so werden zu solchen Begräbnismahl auch die Vornehmsten gebeten, damit sie es helfen verzehren.

BESCHREIBUNG DES NIEDERLÄNDISCHEN BRASILIENS, DERER IN DEMSELBIGEN GELEGENEN STÄDTE, DÖRFER UND ZUCKERMÜHLEN WIE AUCH SEEHAFEN, FLÜSSE ETC.

Die brasilianischen Lande, und zwar diese, so unter der Holländer Botmäßigkeit sind, hat Seine Fürstliche Gnaden Fürst Johann Moritz von Nassau in vier Tafeln und Kupferstiche dergestalt abbilden lassen, daß die erste Tafel in sich begreift die Capitania oder Provinz Cirry oder Seregippe del Rey – hat den Namen Cirip von dem Fluß Cirijus, welcher sich fast mitten in derselben befindet; Seregippe aber von dem kleinen Städtlein Sirigy del Rey. Sie nimmt aber ihren Anfang von dem Fluß Potiipeba oder Rio de Vaborries und gehet bis an den Fluß St. Francisci, so einen breiten Ausgang in die offenbare See hat und sich weit hinauf bis in die innerste brasilianische Lande zu seinem Ursprung erstrecket. Die andere und die dritte Tafel halten in sich die Capitania oder Provinz Pharnambuco wie auch Tamarica. Die vierte und letzte stellet vor die Capitania Paraiba und Rio Grande.

Von der Capitania Seregippe. Seregippe ist wegen der Krieges-Durchzüge sehr verwüstet und meist unbewohnt, weil die Inwohner anderwärts hin geflohen. Hat auch sonst bis daher wenig Nutzen abgeben, daher hat der Fürst zur Defension des Landes allein das Castell Mauritia am Ufer des Flusses St. Francisci aufbauen lassen.

Von der Capitania oder Provinz Pharnambuco. Unter denen jetzt erzählten Capitanien oder Provinzen ist Pharnambuco oder Pernambuc – das in brasilianischer

Sprach soviel heißet als ein hoher Steinfels, unter welchem das Wasser hinschieße (welcher Steinfels dichte bei der Insel Tamarica gesehen wird), oder der Höllenmund – die größeste und fruchtbarste, welche an der See zwischen dem Ausgang des Flusses Francisci und der Landschaft Tamarica 60 Meilwegs lang ist.

Hochgedachter Fürst Johann Moritz von Nassau gab der Landshauptmannschaft Pharnambuco in ihrem Wappenschild eine Jungfrau, welche sich in einem Spiegel mit Verwunderung besahe und in der rechten Hand ein Zuckerrohr hielt – womit dieser Provinz Schönheit und Fruchtbarkeit vorgebildet worden. Die Städte oder Flecken, darinnen die Portugiesen ihre Wohnungen gehabt, sind an der Zahl drei. Die größte ist die Hauptstadt Olinda.

Olinda. Die Stadt Olinda liegt an der See. Sie war, als sie die Portugiesen noch innegehabt, eine schöne und lustige Stadt. Als aber die Niederländer dieselben Lande unter ihre Gewalt gebracht und die Hauptresidenz ihrer Regierung in dem

Reciff angestellet, ist sie zum Beispiel worden, wie gar kein Ding in diesem Leben beständig bleibe. Ihre zerbrochenen Stücke und Steine sind folgend verkauft und zur Erbauung der Moritz-Stadt gebraucht worden. Die Ursach dieser Verwüstung war: Dieweil im Hohen Rat beschlossen worden, daß man die Stadt Olinda, weil sie vom Hafen und Eingang der See etwas entlegen, ganz verließe und die Einwohner in das Reciff und Vaesen-Insel versetzte. Auch dieser (der Hohe Rat) das Reciff vermittels einer Brücke zusammenfügte, sintemal sie sowohl wegen der beiden umfließenden Ströme als auch wegen der Nähe der offenen See [für] unüberwindlich geachtet worden. Möchte auch [sein], daß man sich besorget hat, wenn sie stehenbliebe, so möchte sie dem Feind zum Vorteil und Unterschleif dienen. Es ist aber diese Stadt gelegen auf einem hohen Berge, 8 Grad Minuten süder Höhe oder 120 Meilen von der Äquinoctiallinien nach Mittag zu, daher sie wegen der ungleichen Berge und Hügel nicht wohl befestigt werden kann und wird

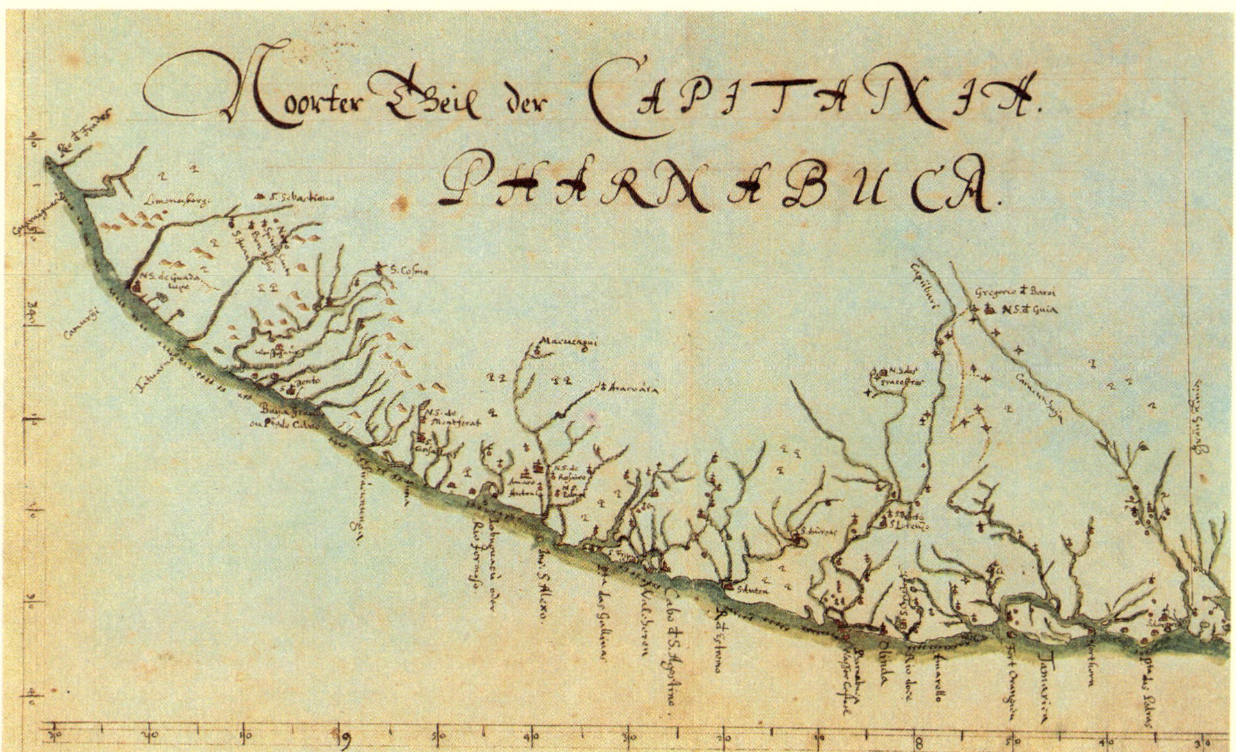

von einem Castell dem Port gleich über defendiert. Der Hafen an diesem Ort ist wegen der Felsen und gefährlichen Klippen im Wasser nicht allerdings bequem. An dieser Stadt fleußt ein kleiner Fluß, so nur kleine Schiffe oder Chaluppen träget und gehet neben den Felsen und festen Lande nach der Insel Vaes und vermischet sich mit dem Fluß Capiparibi. Dieser Fluß gehet an der Insel Vaes zur Nordseiten und der andere Rio des Afogados an der Westseiten besagter Insel, und wird also von diesen beeden Flüssen die Insel umschlossen.

Auf itzgedachter Insel Antoni Vaes findet sich jetziger Zeit der herrliche und stattliche Palast, Freyburg genannt, welchen Fürst Moritz mitten in dem von ihm angelegten Lustgarten erbauet hat. Zwei hohe Türme; oben auf dem einen derselben stehet eine sehr große Latern, in welcher bei Nacht die Lichter angestecket werden, wonach sich die Schiffer richten und ihren Lauf desto sicherer recht auf den Hafen richten können. Ingleichen hat er solche (die Insel Antoni Vaes) mit der von ihm aufgerichteten Moritz-Stadt und mit den von ihm über zwei große Wasserströme wundersamer Weise gelegten Brücken herrlich und ansehnlich gemacht.

Reciff. Ohngefähr eine halbe Meile südwärts von Olinda gehet ein gar schmaler, sandhaftiger Strich Landes zwischen der offenbaren See an der linken und dem Fluß Biberibi an der rechten Seiten.

Am Ende dieses Sandstrichs liegt der Flecken Reciffa, allda der meiste Vorrat an Waffen, Proviant und Kaufmannswaren vorhanden ist. An dem Ort, wo die See mitten durch gemeldeten Sandstrich herfleußt, da hat es einen sehr guten Hafen für große Schiffe, dieweil es eine treffliche Tiefe daselbst gibt. Gegen diesen Flecken Reciff über hat es einen andern, solchen schmalen aber nicht sandhaftigen, sondern einen steinern und felsichten Strich, da das Meer hin und wieder durchgehet, an dessen Ende ein achteckiger Turm aus dem Wasser aufgemauert, das Wasser-Castell genannt – zum Unterschied desjenigen, so am Ende des Sandstrichs stund und das Land- oder Sand-Castell genennet war. Nicht weit davon liegt auch das Castell de Bruin, worauf zu meiner Zeit commandierte Capitain N. Pistorius. Ebensoweit liegt die Warte oder der Wartturm, den man Juffer-Brauns-Schanz oder Redoute nennet, ist mit Pallisaden und zwei metallinen Stücken versehen. Das Castell Wartenburg lieget nach der NO-Seite des Reciffs zwar im Wasser, aber nahe bei dem festen Lande und an den Salzgruben. Die Linst-Schanze lieget nach Westen gegen dem Reciff über in erwähnter Antoni-Vaes-Insel, ist viereckig mit einem breiten Graben. Es stehen vier Stücke darauf, die defendieren den

Strom und die neu angelegte Moritz-Stadt, welche nach der Ernst-Schanze zu offen lieget, aber nach dem festen Lande zu mit einem hohen Wall versehen ist.

Von der Friedrichs-Schanz. Jetzt gemeldete Friedrich-Heinrichs-Schanz hat fünf Regulier Bollwerke, einen breiten Graben, einen Wall samt einer Hecken und zwei nacheinanderliegenden Hornwerken – einem größeren und einem kleineren. Es stehen fünf metalline Stücke auf demselben, mit welchen das ganze dabeiliegende ebene Land, welches bei angelaufener See ganz überschwemmet ist, samt den beeden Hornwerken überstrichen werden kann.

An der Nordwestseite der Insel Antoni-Vaes fleußt der Strom Capibaribi. Auf diesseits desselben und etwas ... nach dem Lande zu liegen drei Redouten oder Warten, welche aber verfallen. Nicht weit von der Moritz-Stadt oder der Insel Antoni-Vaes nach Südwesten, an dem Strom Afogada und in der Landschaft desselben Namens liegt Prinz-Wilhelm-Schanz recht auf dem Paß, der landwärts eingehet, ist wohl angelegt, viereckig, stark mit Graben und Pallisaden und mit sechs Stücken genugsam versorget.

Von der Mauritz-Stadt. Diese Stadt hat ihren Namen von ihrem ersten Erbauer, Herrn Johann Moritzen von Nassau. An der Ostseite stößet das Meer daran, und an der Westseite sind etliche Bollwerke mit tiefen Graben. Es ist dieser Raum an sich selbst ein so ungeschlachter wüster Platz gewesen, daß man nichts denn Wasser, Sümpfe und Strauchwerk gesehen, und niemand gedacht hätte, daß allda eine Stadt hätte können erbaut werden. Sie ist in wohlgeordnete Straßen, öffentliche Plätze, schöne und stattliche Wohnhäuser, die ihre sonderlichen Packhäuser für die Kaufmannsgüter haben, abgeteilet, und sonderlich hat sie eine schöne Kirche zum reformierten Gottesdienst. Es dürfte aber wohl diese Stadt wegen der Menge der Inwohner, so täglich zunehmen, zu enge fallen, und wird gar bis an die Friedrich-Schanz erweitert werden müssen.

Von dem Lusthaus Boa Vista. In mehr erwähnter Insel Antoni-Vaes nach der Nordwest-Seite und eben am Ufer des Stroms Capibaribi hat der Fürst noch ein gar schönes, lustiges Haus, davon es auch den Namen im Portugiesischen – Boa Vista – das ist Schöngesicht, hat, nicht allein zur Erlustigung der Einwohner, sondern auch zur Herberg und guten Bequemlichkeit der reisenden Leute, wie nicht weniger zur Verteidigung desselbigen Passes, weil es von Mauerwerk fast stark ist, auf sein eigen Grund und Kosten gebauet und solchen Bau, wie auch den Brückenbau ao. 1644, erstlich zu Ende gebracht.

Die übrigen Örter der Provinz Pharnambuco sind erstens Garati, welches vielmehr ein Dorf zu nennen. Liegt etwas von der See abwärts, der Insel Tamarica über, fünf Meilen von Olinda, ao. 1632 ist dieses Städtlein von den Niederländern mit Sturm erobert und abgebrannt worden. Zweitens Bella Pojuca. Drittens Formoso in Serienhagen. Die Dörfer sind Moribeca, St. Laurentz, St. Anton, St. Mari und andere mehr. In allem sollen in dieser Capitania siebzig erbauete Örter oder Dörfer sein, darinnen der Zucker gesotten wird.

Die vornehmsten Häfen der Provinz Pharnambuco, darinnen große Schiffe stehen können, sind diese: Erstens das Reciff hat zweierlei Häfen, den einen auswendigen der offenbaren See, welcher wegen des Ungewitters sehr gefährlich ist; den andern inwendig, welcher viel besser, auch viel sicherer und nicht so stürmisch ist. Zweitens das Vorgebirg St. Augustini, welcher Hafen nicht sehr tief und der Eingang fast enge und voller niedriger und langer Klippen ist, welche Klippen unterschiedlich längs der brasilianischen Küste liegen gleich als ein Damm, der gleichwohl hier und da seine Durchgänge hat. Drittens in der Insel St. Alexii. Viertens Barra

Grando. Fünftens Jaragoa. Sechstens De St. Frances. Siebentens der sehr berühmte Hafen Gorwyi. Die fürnehmsten Flüsse der Provinz Pharnambuco sind: 1. Rio de Extremo. 2. Formoso. 3. Porto Calvo. 4. Camarigibi. 5. St. Antonii. 6. des Langves. 7. de St. Miguel. 8. St. Francisci.

Von der Insel Tamarica und der Festung Oranien. Die Insel Tamarica, welche am nächsten an Pharnambuco und Paraiba grenzt, erstrecket sich in die Länge drei Meilen und in die Breite zwei Meilen und ist von Olinda fünf Meilen entlegen und hat einen sehr bequemen und sichern

Hafen gegen Süden, welcher auch im Eingang fünfzehn bis sechzehn Schuh tief ist. Bei diesem Hafen liegt ein Castell, sehr fest und fast unüberwindlich, auf einem hohen Felsen gebauet. Und weil es die Holländer öfters, aber vergeblich den Portugiesen aus den Händen zu reißen getrachtet, und sie, die Holländer... sicher in diesen Hafen einlaufen und den Portugiesen ihren Schiffen verwehren, auch endlich gar den Hafen ihnen abwehren möchten, haben sie eine viereckige Festung, Oranien genannt, dahin aufgebauet und solche mitten im Ausgang des Flusses ins Meer geleget, daß wegen der Klippen, großen Flut und anderen Ungelegenheiten solche schwerlich belägert und eingenommen werden kann – womit sie also die Portugiesen eingeschränkt halten. Sonst ist die Insel an etlichen Orten sehr fruchtbar, da es auch Zukkermühlen hat; an andern Orten aber unfruchtbar wegen [der] Menge der Ameisen, die alles wegfressen. Gemeldete Insel trägt auch Melonen und dergleichen Früchte im Überfluß wie ingleichen Weintrauben, die in ganz Brasilien nicht so groß und die schmackhaftigsten sind und in einem Jahr viele Male reif werden. Prinz Moritz auch erteilet dieser Land-

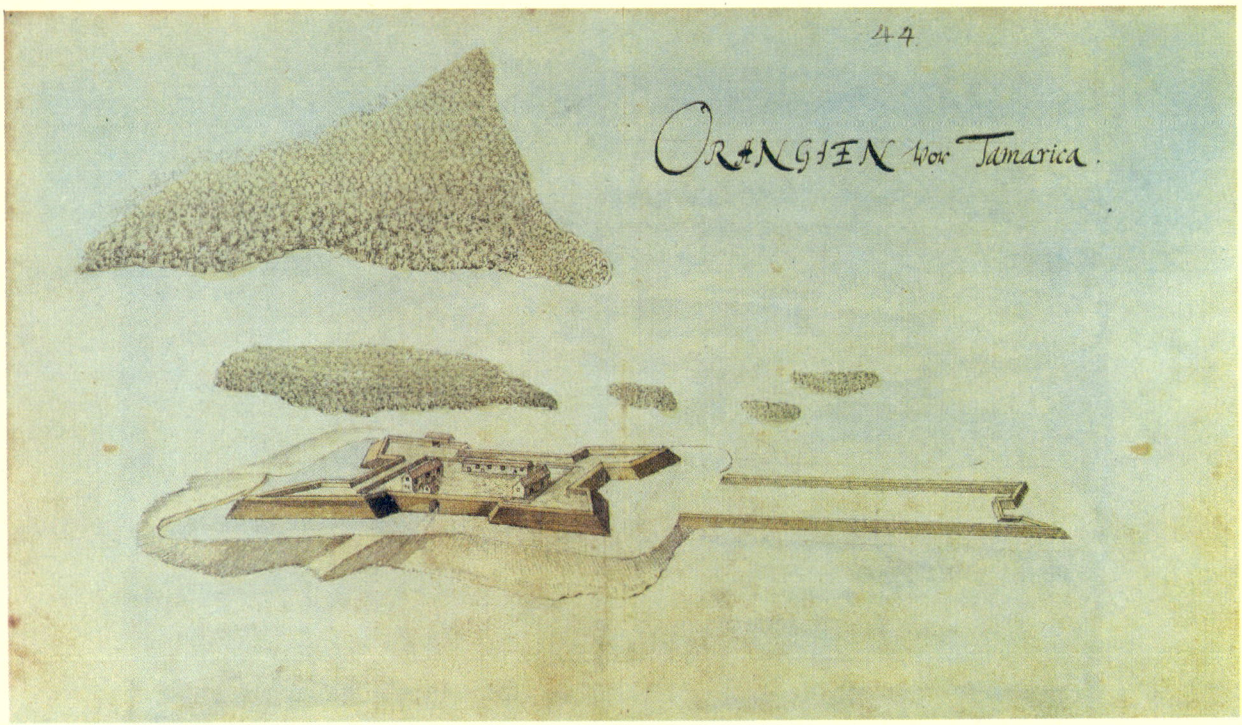

schaft ein solches Wappen, nämlich sie bekam in ihrem Wappenschild eine Weinranke.

Von der Landschaft oder Provinz Paraiba.
Paraiba, so den Namen von dem Fluß Paraiba, welcher, wie auch noch ein anderer Strom – Mongagoaba genannt – durch dieselbe Landschaft fleußt, ist nebst Rio Grande in der vierten Land-Tafel des Niederländischen Brasilien enthalten. An oberwähnten Fluß liegt ein Städtlein, welches hiervor den Namen des Königs von Spanien – Philipps-Stadt – hernach aber, als das Land von den Niederländern eingenommen worden, vom Namen des Prinzen von Oranien – Friedrichs-Stadt – genannt worden. Der Strom ist sonst so tief, daß große Lastschiffe auf demselben gehen können. Sie wird in keine Ämter, sondern in etliche Landgegenden, die ihre besonderen Namen haben, abgeteilet. Was vom Strom an landwärts einliegt, ist lauter eben Land und trägt Zuckerrohr. Hernach sind es allerlei schöne und lustige Berge und Tale, [da] die obgedachte Farinha-Wurzel, oder auf ihre Sprache Mandioca, wächset, dessen sie sich anstatt Roggens oder ander Getreidigs gebrauchen. Es trägt dieses Land auch noch andere Früchte wie in unserm Lande, als Reis, Hirsen, Kürbs, Gurken, Pfoben oder Melonen, teils auch bei uns bekannte Oranien-Äpfel oder Pomeranzen, Zitronen, vielerlei andere, bei uns ganz unbekannte und fremde Früchte, deren unten etliche angeführet und beschrieben werden; mancherlei Art Fische und Vögel; vielerlei unterschiedliche Gattungen und Arten vierfüßiger Tiere, aber mehrenteils wild, derer Arten etliche bei uns bekannt, etliche aber bei uns unbekannt sein. Von Papageien gibt es allda gar vielerlei Arten von vielfältigen bunten Federn und die leichtlich der Menschen Sprache lernen nachreden. Derer hat es dieser Orten eine solche Menge, daß sie mit sehr großen Haufen zusammenfliegen und gleich als eine Wolke oftmals den Sonnenschein verhindern; unterschiedlicher Art Schlangen, deren sie einige essen. Daraus dann die hohe Weisheit und Allmacht des Allerhöchsten klar erhellet, welcher alles dasjenige, was etwa dem Menschen zur Speise oder dem Vieh zu Futter dienen mag, aus seinen reichen Schätzen dargibt. Die Inwohner dieser Provinz – wie in allen – sind teils freie Leute, als Portugiesen, Niederländer und andere aus Europa, wie auch eingeborne Brasilianer, teils aber sind sie leibeigene Sklaven, als diejenigen Brasilianer, die im Krieg gefangen – wie auch die Mohren aus Angola und Cabo Verde, allda sie für Geld gekauft und in Brasilien gebracht worden. Von Leibe sind sie nicht so lang oder groß, noch auch zur Arbeit so bequem als die europäischen Leute. Sieben Dörfer werden in dieser

[Provinz] Paraiba gefunden, deren das fürnehmste, Pinda Una genannt, 1500 Einwohner, die anderen aber ein jedes kaum 300 haben. Dazu hat ein jedes Dorf nicht mehr als fünf oder sechs Behausungen, die sind aber fast lang, weil viel Haushaltungen zugleich in demselben wohnen, und hat eine jede Wohnung und Haushaltung ihre besondere, aber kleine Türen, da sie aus- und eingehen oder vielmehr kriechen können. Die Dächer, welche erhoben, decken sie mit Ziegeln oder mit Blättern von dem Baum, Cocos genannt. Sie halten sich gern zu ihren Weibern und sind nicht ohne Sorg und Argwohn, daß dieselben etwa mit einem andern buhlen. Von der Kinderzucht wissen sie ganz nichts, sondern lassen dieselben ohne einige Unterweisung wie das Vieh grob, dumm und plump aufwachsen, daher sie auch zu keinen ehrbaren Sitten, sondern nur zur knechtigen Sklaverei von Natur bequem sind.

Sie hassen die Portugiesen über alle

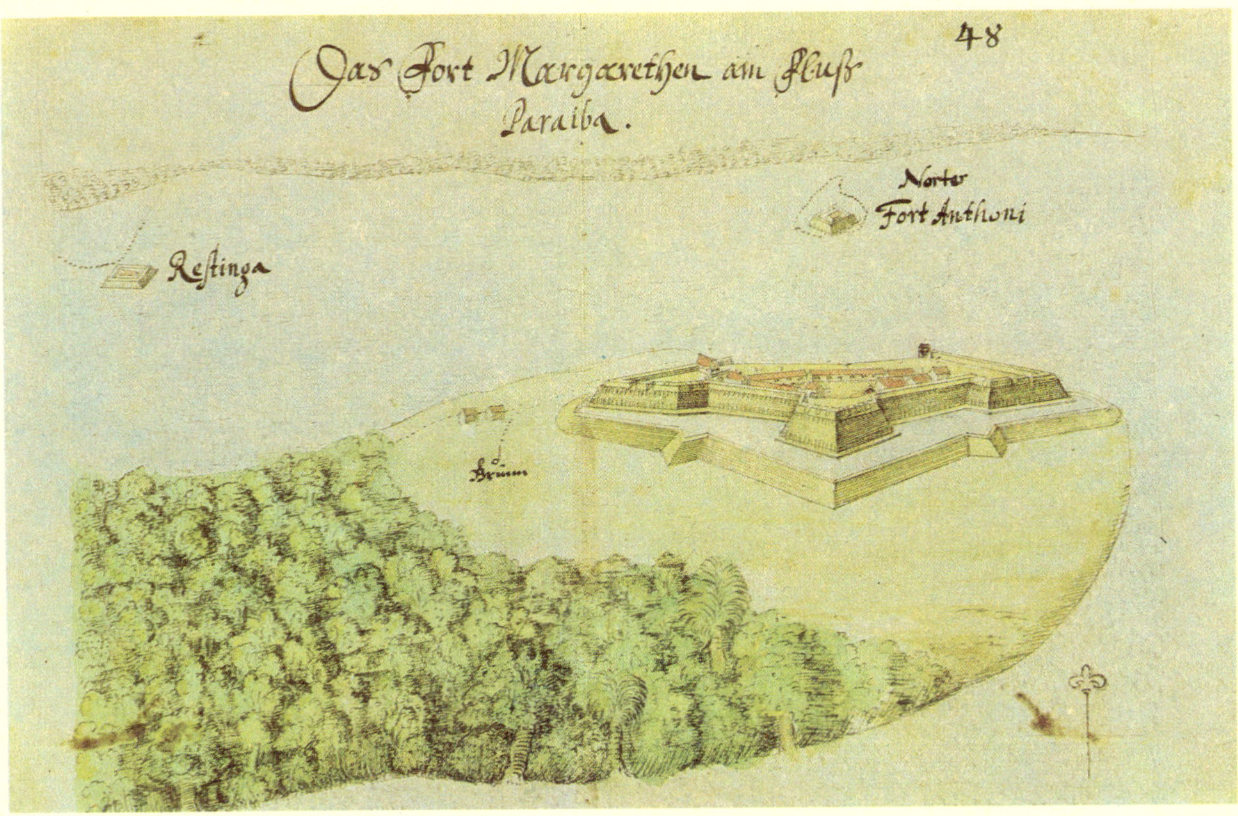

Maßen und werden von denselben ebensosehr wiederum gehasset als treulose, undankbare und leichtfertige Leute. Die Waren, die sie den Ausländischen im Handel zukommen lassen, sind: Zucker, Brasilien-Holz, Tabak, Ochsenhäute, Baumwolle und dergleichen mehr. Sie haben achtzehn Zuckermühlen, deren einige vom Wasser, die anderen von Ochsen umgetrieben werden und am Fluß Paraiba zu beeden Seiten nach der Reihe ... herstehen.

Von der Fortresse Margaretha. An vorgemeldetem Fluß Paraiba lag auch noch eine Festung, die hieß St. Catharina, welche etwas zerfallen war, derwegen sie Fürst Moritz wiederum aufbauen und mit einem tiefen und breiten Graben, auch mit einer Brustwehr versehen ließ – auch zu einem Zeichen, daß sie nun einer fremden Herrschaft unterworfen – nach seiner Schwester Margarethen nennete. Auf der andern Seiten des Wassers gegen Norden war noch eine Festung, St. Antonii genannt, die einst der Fürst zur Verminderung unnötiger Kosten unaufgebauet und wüst liegen und allein eine Warte oder Wartturm dahin setzen [ließ]. Die Schanz Restinga aber, die auf der Insel fast mitten im Munde oder Ausgange des Stromes liegt, [ließ er] mit Sturmpfählen und Staketen – wie auch das Kloster in der Stadt Paraiba mit einem Wall – wider einen unvermittelten feindlichen Einfall versehen und die Aufsicht zu desto besserer Verwahrung und Fortsetzung Elias Harckmann anbefehlen. Es ist aber diese Provinz Paraiba im Jahr 1634 durch den Obristen Schop, Artischoffsky, Hintersohn und andere unter die Gewalt der West-Indianischen Societät gebracht worden. Das Wappen dieser Provinz oder Capitania bestehet in sechs Zuckerbrot in pyramidalischer Form, womit angezeiget wird, daß in dieser Gegend der beste Zucker wächst. Zu meiner Zeit lagen in dieser Capitania oder Provinz Paraiba zwei Compagnien, nämlich eine amsterdamische unterm Major Sedneum de Printz in die drei Fortressen verteilet und eine seeländische unter Capitain Oigen, so halb in der Stadt Paraiba oder Friedrichs-Stadt, halb im Franziskaner-Kloster lag. Als aber Major Printz nach dem Vaterland gangen, ist Major Andreas N. ins Fort Margareth kommen, welches dazumal mit zehn metallinen und achtzehn eisernen Stücken besetzet war. Und nach Capitain Oigens Abreise hat Capitain Blawbeck die seeländische Compagnie bekommen.

Von der letzten Capitania oder Provinz Rio Grande. Nordwärts der Provinz Paraiba liegt die Provinz oder Capitania Rio Grande, die von dem Fluß, so durch dieselbe fleußt, denselben Namen hat. Das Land an dem Fluß ist über die Maßen anmutig und lustig, aber die Einfahrt zu Wasser ist wegen der vielfältigen Sandbänke und untiefer See sehr gefährlich und beschwerlich. Die Brasilianer nennen diesen Strom in ihrer Sprache Pote Nigi. Im Jahr 1633 haben sich die Niederländer unter dem Obristen Matthias von Cöln der Festung besagter Provinz Rio Grande und dadurch des ganzen Landes bemächtigt. Zuvor, als sie noch unter der spanischen Herrschaft gewesen, ward sie der Heiligen Drei Könige Schloß genannt, nachmals aber nach obgedachten Obristen die Festung von Cöln oder auch Ceulenburg genennet.

Diese Festung Ceulenburg liegt auf einem Felsen recht am Ufer gedachten Stroms, hat dazu die See selbst an der einen Seiten und ist mit Geschütz genugsam versehen auch dergestalt, daß sie durch eine geringe Besatzung verteidiget werden mag. Sonst wird diese Provinz in unterschiedliche Ämter geteilet, und liegt darin das Städtlein Puntele, welches aber in den vorigen Kriegen ganz zerstöret worden. Anstatt desselben haben die Einwohner erhalten

eine neue Stadt an einem Ort, der fruchtbarer ist, im Amt Poligiano, anderthalb Meilen von Pontale des Weges nach dem Castell von Cöln, aufzubauen. Hat auch überdies einen schönen weiten Hafen. Der Einwohner sind wenig, haben ihrer meist Nahrung von der Viehzucht, weil es allda gut Weidland gibt, ist aber durch die Kriege fast ganz verdorben und des größten und besten Teils seines Viehes verlustig worden. Hat nur zwei Zukkermühlen, deren dazu die eine stillesteht. Im übrigen befinden sich in dem ganzen Niederländischen Brasilien nicht mehr denn hundertsechsundsechzig Zuckermühlen, darunter aber nur hundertzwanzig – entweder daß sie verfallen oder wegen Mangel der Arbeitsleute – gangbar. Das Wappen, so die Provinz oder Capitania Rio Grande führet, ist ein Wasserfluß, womit der Fluß Rio Grande und ein Vogel Strauß, womit die Menge der Strauß-Vögel, so es allda gibt, angedeutet wird. Von Herrn Johann Moritzen, Prinzen von Nassau, hat diese Capitania dieses Wappen bekommen.

REISE VON PHARNAMBUCO NACH BALDIVIA IN CHILI

Im Jahr Christi 1643. Montags, den 12. Januari, bin ich von Pharnambuco nach Alexi ohngefähr sieben Meilen gegen Süden, allwo die Schiffer, so nach Chili zu gehen benennet waren, vor Anker lagen, auf das Vice-Ammiral-Schiff Vlyßingen kommen.

Die Flotte bestand in fünf Schiffen, welche genennet und mit Volk besetzet waren, als folget: das Schiff Amsterdam, Ammiral, auf welchem der Ammiral H. Heinrich Brouwer persönlich und Capitain Vortermanes Compagnie war; 2. Das Schiff Vlyßingen, Vice-Ammiral, auf welchem H. Elias Harckmann, Rat von Westindien, und Major Blawbecks Compagnie, worunter auch ich [war]; 3. Das Schiff Eintracht, Schout-by-Nacht, worauf H. Crispinus, auch Rat von West-Indien, und Capitain Floris Compagnie; 4. Das Schiff Oranien, welches nur mit einem Unter-Officier, etlichen Soldaten und darauf benötigtem Schiffsvolk besetzet, auch insonderheit mit Victualien als ein Magazin für die ganze Flotte beladen war; 5. Die Jacht Delphin, auf welcher nur etliche Matrosen ohne Soldaten waren.

Donnerstag, den 15. Januari gingen wir zu Segel und nahmen unseren Cours SOTS.

Den 20. war es gar still und heiß Wetter, hatten schlechten Fortgang.

Den 24. war der Wind OSO und fing an, hübsch zu wehen.

Den 26. hatten wir mittags 18 Grad 20 Minuten süder Höhe und die Sonne recht über uns: Dieser nach sind wir den gefährlichen Ort Aybrolhos (i. e. aperi oculos) vorbeipassieret.

Den 1. Februari legte sich der Wind und tät einen starken Regen. Den 24. fing unser Volk einen Hay, welcher 5 Schuh lang war. In seinem Magen funden sie einen eisernen Nagel, so kleinen Fingers dick, gekrümmet und an der Länge ohngefähr bis auf vier Zoll versehrt war. Es schiene, als wenn er anstatt einer Angel wäre gebraucht worden. Den 5. Marti war ungestüm Wetter und Wind. Wir mußten unser Segel zum Teil einnehmen lassen. WSW von uns sahen wir den Mund der Straße La Mair, zur linken Hand derselben das Staatenland, welches sich mit hohen, spitzigen Bergen, so mit Schnee bedeckt, schöner zeigete und zur rechten Hand das Land Maurity, welches nur Hügel von kleiner Höhe waren.

Dieser ungestüme Wind continuierte etliche Tage und blieb uns contrair, also daß wir nicht getraueten, durch das Fretum, viel weniger in Valentins Bay zu kommen. Ließen derhalben das Staatenland am Steuerbord liegen und stelleten unseren Cours östlich an. Den 11. der Wind wie vor. Wir gingen OTS an. Sahen einen großen Walfisch, so sich bald am Steuerbord und bald am Backbord sehen ließ.

Den 15. lief der Wind östlich. Wir hatten im Mittage 56 Grad 7 Minuten Höhe und gingen wieder westlich an.

Den 17. der Wind als vor. Wir gingen STN an und hatten das Staatenland allezeit am Steuerbord liegend. Wir hielten gänzlich dafür, daß wir in der Süder See und das Staatenland eine Insel wäre.

Den 18. Marti, mittwochs, sahen wir den Südostteil der Straße La Mair, gingen darauf zu und kamen nach Mittag in Valentins Bay. Allda ließen wir unsere Anker fallen.

Die Bay Valentini liegt an der Ostseiten des Landes Maurity auf 55 Grad 10 Minuten süder Höhe. Es ist ein bequemer Ort, mit Wasser zur Genüge versehen, im übrigen aber wenig zum besten. An den Klippen gibt es die Menge großer Muscheln und am Seestrande viel Meer-Vögel, Pinguins genannt, welche gut zu essen sind.

Pinguin. Dieser Vogel ist so groß als eine Gans, gehet aufgericht wie ein Mensch und hat anstatt der Flügel zwo Lappen mit kurzen Federn, die gleichsam als zwo Floßfedern oder zwo Arme zu beeden Seiten herabhangen.

Sein Schnabel ist etwas größer und breiter als eines Raben Schnabel. Er hat breite Füße wie eine Gans oder Ente. Der Kopf und Bauch sind weiß, aber sonst überall schwarz, doch haben etliche ein weiß Ringlein um den Hals und die Wachshaut (?).

Diese Vögel sind mehrenteils im Wasser

57

Pinguin.

Dieser Vogel ist so groß als eine Gans, gehet aufgericht wie ein Mensch und hatt an statt der flügel Zween lappen mit kurtzen federn, die gleichsam als Zwo flußfedern oder Zween armen zu beden seiten herab hangen.

Sein schnabel ist etwas grosser und breiter als eines Rabenschnabel, er hatt breite füße wie eine Ganß oder enten; der Kopf und bauch ist weiß aber sonst überal schwartz, doch haben etliche ein weißringlein umb den halß:
Diese Vögel sind mehrentheils im Wasser und kommen nicht

und kommen nicht viel eher an das Land, als wenn sie Junge ausbrüten wollen. Alsdann sitzen derselben wohl 3 oder 4 in einem Loch beieinander, daß man sie nicht siehet. Wenn man darüber hingehet, fallet man bisweilen hinein bis an die Knie, alsdann beißen sie einem in die Beine.

Wenn sie auf dem Strande gehen, scheinen sie von fern, als wenn sie kleine Kinder wären.

Fisch und Wildbret nicht zu bekommen, von Früchten ist auch nichts als kleine Beerlein, so an Sträuchern wachsen, rote und schwarze, taugen aber nichts.

Unserer etliche gingen auf Avantage ein wenig landwärtsein, da kamen wir bei Häuserlein, so in Form eines Backofens gebauet und mit Gras bedecket waren, funden aber nichts darinnen, als ledige Muschelschülpen. Wir sahen oder höreten nicht einen Menschen, und mußte doch kurz vor uns jemand allda gewesen sein, denn im Sande sahen wir Fußstapfen, wohl 3/4 Ellen lang, so noch frisch zu sein schienen. Müssen also gewißlich Menschen allda sein und wie vermutlich, von großer Statur, obgleich damals dieselben von niemand der Unserigen sind gesehen worden. In dieser Bay gibt es auch Seehunde, welche bei Sonnenschein auf den Klippen sitzen, und wenn man etwas nahe hinzu fähret, so springen sie ins Wasser.

Den 25. Marti gingen wir wieder zu Segel, unsere Reise zu fördern. Den 30. Marti ging der Wind sehr hart, das Schiff Oranien kam uns aus dem Gesicht, sahen es auch die ganze Reise nicht wieder, hatten ohngefähr 58 [Grad] süder Höhe.

Den 5. April war der heilige Ostertag, und ob wir zwar unlustig Wetter hatten, so war doch unser Cours noch päßlich, und wir Lutheraner, so viel unser auf dem Schiff waren, sungen miteinander: „Christ ist erstanden!"

Den 28. sahen wir das Land Chili, waren auf der Höhe von 49 Grad 30 Minuten.

Den 1. und 2. Mai sahen wir das Land noch allezeit und an etlichen Orten Rauch aufsteigen, hielten deshalben dafür, daß daselbst Leute wohnen müßten. Der Delphin, die Jacht, mußte so nahe es nur möglich längst dem Lande, und zwar mit einer weißen Flagge hinfahren, ob sich vielleicht einige Menschen wollen sehen lassen, daß man von ihnen etwas Nachricht bekäme.

Den 9. Mai kamen wir vor die Bay Chilone, kunnten aber wegen harten Windes nicht hineinlaufen, sondern ließen unsere Anker in den Grund fallen und schickten die Jacht voran hinein.

Den 10. ging der Wind noch stärker, daß wir noch einen Anker mußten fallen lassen. Unterdessen aber schlingerte das Schiff sosehr, daß wir gezwungen wurden, unseren großen Mast abzuhauen. Es waren aber nichtsweniger die anderen

Schiffe auch in großer Gefahr gewesen: Die Amsterdam hatte ihr Gallion abschneiden lassen, Eintracht war den Klippen sehr nahe kommen und die Jacht lag in der Bay und konnte nicht herauskommen. Unterdessen, als wir etliche Tage vor Anker lagen und die Schiffe wieder reparieren ließen, fuhr unser Major von [der] Vlyßingen etlichemal die Revier hinauf, ob man etwa einen Inwohner bekommen und ein wenig Nachricht von ihm erlangen möge.

Und wiewohl wir Häuser und Leute antrafen, ihnen auch freundlich zuriefen und allerlei Geschenk präsentiereten, so war es doch umsonst, denn sobald sie unser gewahr wurden, retirierten sie sich auf einen Berg und gaben uns für unsere guten Worte und Schenkagie, so wir an das Ufer legten, schnöde, lose Worte und wurfen es vor unsern Augen ins Wasser.

Den 15. nach Mittage kam der Capitain vom Schiff Eintracht, Floris Valck, und brachte einen chilesischen Mann, es hat ihn aber niemand verstehen können.

Den 16. wurde auch eine Frau mit zwei Kindern gebracht, waren aber noch weniger als der Mann zu verstehen.

Den 19. dieses Monates wurde unsere

gesamte Compagnie an das Land gesetzt. Den 20. Mai wurden fünfzig Mann von Capitain Voestermanns Compagnie commandieret, längs dem Revier landeinwärts zu marschieren, denen wir von unserem Schiff mit zwanzig Mann folgeten. Wir trafen den Feind, so ohngefähr hundert Mann zu Roß und Fuß stark war, am Strande an, kunnten sie aber mit unseren Rohren nicht erreichen. Es wurde von der Jacht mit kleinen Stücken unter sie geschossen, daß sie sich bald zertrenneten. Die Reiter gingen nach dem Busch zu, und das Fußvolk fiel platt auf die Erden. Als aber das Fußvolk der Reiterei nachfolgte, nahmen wir unsern Marsch recta auch nach dem Walde zu, trafen sie darinnen und gaben wacker Feuer unter sie. Sie wehreten sich zwar bei anderthalb Stunden, verwundeten auch Unterschiedliche von uns, mußten aber dennoch mit Hinterlassung [von] vierzehn Pferden und 1/4 toter Mannen die Flucht nehmen, und blieb unsererseits niemand. Nachmittage marschierten wir mit etlichen sechzig Mann wieder nach dem vorigen Walde, trafen den Feind auf der Höhe bald an. Ihr Officier kam weit vor seiner Reiterei her auf uns zu gallopieret, vermeinet gewißlich, uns mit seiner Lanzen zu erschrecken. Als er sich aber zu uns näherte und auf der Unsrigen Zurufen nicht stillhalten wollte und ohngefähr noch drei Piquen lang von uns war, wurde er aus dem ersten Glied solchergestalt mit drei Kugeln empfangen, daß er zur Erden fiel. Als uns nun die Reiterei nahe genug kam, wurde von etlichen Gliedern Feuer unter sie gegeben, welches sie nicht lange vertragen konnten, sondern gingen alle durch.

Den 21. kam der H. Ammiral nebenst unserer ganzen Compagnie auch zu uns, kunnten aber den Feind nicht antreffen, weil sie alle in den Wald geflohen waren. Folgenden Tages marschierten wir nach Carlomappa, welches anfangs Feuer herausgab, und wir auch dafür hielten, es würden etliche von uns dafür sitzen bleiben. So bekamen wir doch dasselbe ohne Verlust eines einzigen Mannes ein und blieben am Lande bis auf die Pfingsttage.

Den 15. war der andere Pfingsttag, ließ der Ammiral die Pferde, so wir jüngst bekommen, niederschießen. Carlomappa wurde in Brand gesteckt, und wir begaben uns wieder zu Schiff, segelten vor den Golf von Ancud und wären gerne in Osorno gewesen. Weil aber unsere Schiffe sehr tief im Wasser gingen, getrauten wir nicht hineinzukommen und nahmen also unseren Cours.

Den 29. gingen wir wieder seewärts und kamen bei zwei Eilande. Unser Volk fuhr mit dem Boot daran und brachte etliche Schafe mit an Bord.

Den 30. kamen wir wieder an ein Eiland und gingen alle Soldaten aufs Land. Wir gingen die ganze Insel durch, sahen aber keine Inwohner. Kamelschafe und gemeine Schafe aber bekamen wir so viel als wir wollten.

Den 6. Juni kamen wir vor Castro, ließen die Anker alle in Grund fallen, und sobald wir an das Land gesetzt waren, stelleten uns die Officiere und marschierten recta auf die Feinde zu. Als sie aber solches vernommen, wichen sie, wie vormals mehr geschehen, in das Gebirge. Wir aber kehreten uns und marschierten nach der Stadt zu. Und als wir ein Stück des Bergs hinauf waren, gedachten wir, die darinnen würden sich zur Wehr stellen und uns abschlagen. Wir kamen aber ohne Widerstand hinein, funden aber keine Beute, denn sie hatten schon alles aus der Stadt gebracht, die Häuser teils selber angesteckt und sich in den Wald retirieret.

Die erste Nacht hatten wir unser Logiment in der Kirchen. Und weil folgenden Tages kein Mensch in der Stadt anzutreffen und nichts darin zu gewinnen war, steckten die Soldaten noch etliche [Häuser] in Brand und begaben uns darauf wieder an Schiffsbord.

Den 8. gingen wir mit schlechtem Winde wieder zu Segel, mußten auch nachmittags wieder ankern. Das Schiffsvolk fuhr nun täglich an das Land und brachte Schweine und Schafe an die Schiffe. Sie hatten auch ein oder zwei Häuser in Brand gesteckt, welches ihnen nicht befohlen gewesen. Es wurde auch übel aufgenommen und hätte leicht auf ein Kielholen dürfen hinauslaufen.

Den 12. abends segelten wir wieder etwas fort, kamen an eine Insel.

Vom Schiff Eintracht fuhren sie des Tages an die Insel und brachten einen chilesischen Mann nebenst etlichen Schafen an ihr Schiff. Den 16. Juni mußten wir wegen des contrairen Windes wieder in die Bay Chilones laufen. Unser Ammiral H. Heinrich Brouwer wurde unpäßlich.

Den 17. erhub sich ein starker Wind und continuierte etliche Tage nacheinander.

Den 25. hielt der vorige Wind noch immer an und wurde uns deswegen an unserm Deputat Wasser abgezogen, also daß der Mann täglich nur zweieinhalb Nösel bekam. Es wurden auch auf allen Schiffen Patenta angeschlagen, daß bei Leibesstrafe keiner den andern sein Wasser aussaufen oder stehlen sollte. Und weil sich der Wind im letzten Viertel des Mondes nicht geändert hatte, dürfte er leicht bis zum vollen Mond also stehen bleiben. Nahmen derhalben unsere Reise wieder nach Carlomappa.

Den 11. Juli kamen wir vor Carlomappa, ließen unsere Anker alsobald fallen und fuhren an das Land, frisch Wasser zu holen. Nach unserer jüngsten Abreise waren die Spanier allda gewesen und hatten alles, was nur zu gebrauchen gewesen, weggenommen.

Alles Schiffsvolk brachte nur drei Schafe.

Den 17. brachte [man] Capitain Floris Valck einen spanischen Sergeanten, welcher bekennet hatte, er wüßte ein Kästlein mit Gold vergraben. Wollte auch solches auf Begehren unserem Volk zeigen.

Den 19. fuhr unser Major nebenst dem Fiscal und etlichen Soldaten mit dem Sergeanten an das Land und kamen den 20. wieder zurück und brachten den Schatz an den Ammiral, so sich auf dreihundert und etlichen dreißig Stück von Achten und etliche zwanzig Silber verstecket hatte.

Den 21. wurden etliche Soldaten und Matrosen commandieret, um mit Hacken und Schaufeln an das Land zu fahren und ein metallen Stück, so die Spanier vergraben und von den Chilesen verraten wurde, wieder auszugraben. Das Stück wurde zu Schiff gebracht, es war ohngefährt 8 Schuh oder 27 Mund lang und 1050 Pfund schwer und schoß eine Kugel von 6 Pfund.

Den 27. kamen etliche Chilesen, worunter auch Caciquen namens Don Philippo und Don Diego waren, an unseren Ammiral. Hatten zum Geschenk eines Spaniers Kopf, [welchen] sie einem Spanier abgehauen, bei sich. Der Ammiral hatte ihnen wiederum fünfzehn Piquen, fünfzehn Degen und sechs Musqueten geschenket, welches sie mit großem Dank angenommen und dagegen noch etliche Kühe versprachen.

Den 2. Augusti kamen etliche zwanzig Chilenen, brachten Schafe und allerlei Küchenspeise zu vertauschen. Etliche wollten gern mit nach Baldivia fahren, welches ihnen der Ammiral auch vergönnet hatte.

Den 6. mußten alle hohen Officiere an das Ammiral [-schiff] fahren, weil der H. Ammiral Brouwer sehr schwach wäre.

Den 7. zwischen 10 und 11 Uhr vormittags ist der H. Ammiral Brouwer Todes verblichen. Gott verleihe ihm am jüngsten Tage eine fröhliche Auferstehung! Der Körper ist in einen Sarg geleget und auf dem Schiff beigesetzt worden.

Den 9. kam des Ammirals Boot vom Land, welches an die Pferd-Insel durch contrari Wind getrieben gewesen und auf derselben den Fiscal und Untersteuermann halb verhungert und verschmachtet angetroffen: Diese waren vor etlichen Tagen auf ihrer Schaluppen vierzehn Mann stark, als sie an das Land hatten fahren wollen, gleichergestalt vom Winde an dieselbe Insel getrieben worden. Und waren die zwölf Mann, welche die Schaluppen hatten aufholen wollen, mit der Schaluppen, so vom Winde umgeschlagen worden, zugrunde gangen.

Den 15. haben die Chirurgi des seel. Ammirals Körper anatomieret ... Die Intertina sind an Land begraben worden.

Dienstag, den 18. Augusti wurde allen Officieren, Soldaten, Schiffsvolk ein Commisionsbefehl publicieret, welcher von den Hl. Bewindhebers der Octroierten Westindischen Compagnie in Holland unterschrieben und versiegelt war, dieses Inhalts: „So etwan auf dieser Reise der H. Ammiral Brouwer, so schon von Jahren und mehrenteils im Valetudinariy mit Tode abgehen sollte (welches doch der liebe Gott verhüten wolle), alsdem sollte der Vice-Ammiral H. Elias Harckmann an desselben statt zum Ammiral über die ganze Flotte gestellet sein", wozu ihm denn jedermann gratulieret.

Den 21. ließ sich der Wind wieder gut an, wunden derhalben die Anker auf und setzten unsere Reise fort nach Baldivia.

Den 24. montags kamen wir in das Revier von Baldivia. Weil aber im Mittel desselben ein klein Eiland, da sich der Fluß in drei Teil scheidet, lieget, und wir nicht wußten, welches das rechte Fahrwasser wäre, ließen wir unsere Anker im mittelsten Fluß fallen und blieben die Nacht vor Anker allda liegen.

Den 25. kamen Chilesen an Bord und brachten allerlei Küchenspeise und Fresserei zu vertauschen.

Den 27. lichteten das Schiff Eintracht und die Jacht Delphin ihre Anker auf und liefen voraus nach der Stadt zu.

Den 29. kam die Jacht wieder zurück, und damit die Schiffe Amsterdam und Vlyßingen etwas erleichtert werden und desto besser aufkommen möchten, gingen alle Soldaten samt dem H. Ammiral auf die Jacht und fuhren nach der Stadt zu. Sobald wir an das Land kamen, marschierten wir in die Stadt nach dem Markt zu, allwo sich die vornehmsten Caciquen versammelt, und etliche sechzig Mann mit Piquen in Bereitschaft stunden. Und nachdem wir Ordre gestellt waren, fing der H. Ammiral laut an, spanisch zu reden, verständiget sie, nebenst Überreichung eines Reditivs vom Prinzen von Oranien, [über] die Ursach unserer Ankunft und schenkte ihnen zur Bezeugung aufrichtiger Freundschaft etliche Piquen und soviel Degen.

Den 3. Septembris wurden unsere Kisten und Bagage von den Schiffen in die Stadt gebracht.

Den 16. wurde des H. Ammirals seelige Leiche in der Stadt Baldivia auf Soldatenmanier begraben.

Den 17. ging unser Ammiral H. Harckmann von [der] Amsterdam auf das Schiff Eintracht, und das Schiff Amsterdam, auf welches H. Crispiny überging, nahm seinen Cours wieder nach Brasil, um mehr Volk, Munition und Proviant zu holen.

Den 23. wurde der Anfang gemacht an der Fortresse, so auf dem Markt abgestochen war, zu arbeiten.

Den 27. brachte ein Cacique fünf Kühe und elf Schweine zum Präsent, und er bekam wieder zwei oder drei Beile und etliche Schnür Corallen.

Den 5. Octobr. kam wieder ein Cacique mit einer Schenkagie von etlichen Stück Viechern. Der Ammiral ließ ihm einen Degen nebenst etlichen Schnüren Corallen geben und als er von Bord fuhr, mit zwei Canonenschüssen Ehr erweisen.

Den 10. wurden die Soldaten und Bootsgesellen miteinander uneinig, denn diese hatten jenen, als sie bei der Arbeit gewesen, einige Speise und chilesische Decken aus den Kisten gestohlen. Und wenn nicht Officiere wären dazwischenkommen, hätte es leichtlich „a verbis ad verbera“ kommen können.

Den 14. mittwochs waren vier Soldaten unseres Volks davongelaufen, denen etliche Chilesen begegnet waren. Diese hatten jene gefragt, wo sie hingedächten, darauf sie geantwortet, sie müßten nach Conception, wären von dem holländischen Ammiral dahin verschicket, ob dieses auch der rechte Weg wäre? Sobald aber die Chilesen in die Stadt gekommen, haben sie solches angezeigt, und sind deswegen ein Leutenant, zwei Sergeanten mit ohngefähr dreißig Mann ihnen nachzueilen commandieret worden, die Überläufer entweder gefangen mit in die Garnison zu bringen oder darniederzuschießen.

Den 16. kam das Volk wieder zurück, so denen Überläufern nachgejaget hatten. Sie hatten zween derselben erschossen und brachten zween gefangen mit. Nach diesem ging unterschiedliches Murmeln unter dem Volk und etlichen Officieren von heimlichen Conspirationen. Und ließe sich ansehen, als wollte es auf eine Rebellion hinauslaufen. Die Rationen wurden uns ziemlich beschnitten, also daß, wer nicht etwa dabei einen Zubrocken hatte, sich damit nicht behelfen kunnte. Als aber solches etlichen Ober-Officieren zu Ohren kommen, haben sie die Notdurft auf ein Memorial gesetzet, dasselbe insgesamt unterschrieben und auf allen Schiffen an den großen Mast schlagen lassen. Der Inhalt war ohngefähr also: Weil man augenscheinlich vermerke, daß die Caciquen uns nur mit geschmierten Worten aufhalten, auch unser eigen Volk, welches bei jetziger Verkürzung der Ration Hunger leiden müßte, von uns heimlich abtrünnig zu machen gedächten, bis wir etwa unsern Vorrat ganz verzehret hätten, so wäre für jedermann für ratsamst gehalten, daß wir uns bei Zeit wieder nach Brasilia wendeten.

Den 18. wurde alles Volk gemustert und die Soldaten vom Schiff Amsterdam auf Eintracht und Vlyßingen verteilet.

Den 19. kam der H. Ammiral Harckmann an das Land und nahm Abschied von den Caciquen. Nachmittage kamen die Schaluppen von den Schiffen und holeten die Soldaten wieder an Bord.

Montags, den 26. wurde auf dem Ammiral-Schiff über die Überläufer und ihre Consorten Kriegsrat gehalten, wozu alle Officiere berufen wurden: Sechs haben müssen von der Rahe ins Wasser fallen, fünfe derselben sind arquebusieret worden und hat der zwölfte, dem schon die Augen verbunden gewesen, Pardon bekommen.

Den 27. kamen noch etliche Chilesen und brachten dem Ammiral ein Camelschaf zur letzten Verehrung.

Kurzer Bericht von der Situation des Landes Chili. Chili lieget an der Westseiten Amerikas oder der Neuen Welt. Gegen Norden stößet es an Peru, gegen Süden an die Patagonen-Landschaft, gegen Westen an die große Süder-See und im Osten an die Wildnis, so Brasilien davon scheidet. Chili soll auf Peruanisch so viel heißen als kalt, weil Peru in der Zona torrida – und also ein Warmland ist –, Chili aber in der Zona temperata – da es etwas kälter ist – lieget.

Es wachsen allerlei Früchte darin, als Äpfel, Birn, Kraut, Rüben, Weizen, Korn, Gerste, Erbsen, Bohnen, Linsen, Hirsen und dergleichen. Es ist auch allerhand zahmes Vieh darinnen wie in Europa, als Pferde, Kühe, Schweine, Ziegen, zweierlei Schafe, Hunde und Katzen. Anfangs, als die Spanier dieses Land eingenommen, sollen weder von Früchten noch Vieh dergleichen Gattungen darin gewesen sein, sondern alles von Zeiten zu Zeiten aus Spanien hineingebracht und fortgepflanzet worden sein.

Baldivia. Die Stadt Baldivia liegt auf 39 Grad 40 Minuten süder Breite, fünf Meilen von der See an einem Fluß. Die Stadt ist fast ganz öde und verwildert, denn auf den Gassen stehen allerlei Bäume und Sträucher, auch ist die Stadtmauer mehrenteils eingefallen.

Brouwershafen. Brouwershafen liegt auf 41 Grad 30 Minuten in dem norder Mund des Golfs de Ancud, auf der Insel Chilones. Er ist ein bequemer Ort allda und allerlei Notdurft zu bekommen.

Carlomappa. Carlomappa liegt auch an bemeldetem Golf auf dem festen Lande Chili am Seestrande. Es ist eine schlechte Schanze mit zwei Flanken und ringsherum mit Pallisaden bewahret.

Castro. Castro liegt auf einem Berge und ist auch sehr verwüstet. Es ist aber aus denen Ruderabergen und sonderlich denen noch vorhandenen drei Kirchen abzunehmen, daß es vor diesem wohlgebauet gewesen.

Die Kirchen werden genennet: 1. die Hauptkirche, 2. Gnaden-Kirche und 3. Jesuiten-Kirche. Unten am Berge läuft der Fluß Jamboa hin und fället endlich in den Golf Ancud. Es ist ein fruchtbarer Ort, und sollen in dieser Gegend die Goldminen sein, es wollen aber die Inwohner nichts davon wissen oder hören.

Von den Chilesen. Die Inwohner in Chili sind nicht großer, sondern mittelmäßiger Statur, von Farbe wie die Mestizen, so von einem weißen Vater und schwarzer Mutter gezeuget werden. Etliche sind denen Spaniern untertänig, etliche aber wollen ihnen nicht parieren, sondern ihre eigenen Herrn sein. Diese schneiden ihr Haar kurz und rupfen ihre Bärte aus, damit sie von ihren Feinden nicht dabei gefasset werden können. Sie leben nur in (den) Tag hinein und wissen nichts vom wahren Gott. Sie halten den Donner für ihren Gott, nennen ihn Pillan. Und wenn es donnert, fürchten sie sich sehr, fallen auf die Erden und tun ihm Ehr an. Jene aber, so den Spaniern untertänig sind, sind viel humaner und sittsamer, haben auch einige Empfindlichkeit des Gottesdienstes bei sich und tragen längliche Haar. Die vornehmsten Manspersonen tragen Stirnbänder um den Kopf mit kleinen Steinlein besetzet. Der gemeine Mann aber trägt nur schlechte Stirnbänder oder wohl auch Wolliges von kleinen Tierlein oder Häute von Vögeln, welche samt den Federn abgezogen sind. Sie binden dieselben also um die Köpf, daß die Köpfe der Vögel mit den Schnäbeln vor auf die Stirn und die Schwänze hinten in den Nacken hinabhangen. Um den Leib tragen sie wollene Decken, die ein jeder selber weben kann. Sie sind [in] der Größe und Farben den hiesigen Schalamurs nicht ungleich. In diese Decken schneiden sie gleich in der Mitten längs dem Faden einen Schlitz, ohngefähr einer halben Ellen lang. Durch denselben stecken sie die Köpfe und hängen ihrer so viel übereinander um sich, danach daß es kalt oder warm Wetter ist.

Unten um den Leib tragen etliche, als die in dem Golf, Hosen bis an die Knie, halbe Stiefeln um die Bein und gehen barfuß. Etliche aber haben keine Hosen an.

Die Weibspersonen gehen alle mit bloßen Häuptern. Etliche binden ihre Haar ein wenig mit Bänderlein zusammen, etliche aber lassen dieselben frei hangen. Über den Leib tragen sie zwar auch solche wollenen Decken wie die Männer, doch aber auch eine andere Mode: Denn sie hangen solche nicht über die Achsel mit dem Kopf durch den Schlitz, sondern sie binden von jeder Decke zwei Zipfel zusammen und hangen sie alsdann übern Kopf und Achsel, also daß der rechte Arm frei bleibet. Zu Unterkleidern binden sie ein Tuch unter den Brüsten um den Leib, welches ihnen herab unter die Knie hanget. Wenn sie Kinder säugen, hangen sie dieselben in ein Tuch auf den Rücken und reichen ihnen die Brüste (die so lang sind als Ziegeneuter) über die Achseln und lassen sie trinken, bis sie satt haben.

Camelschaf, chilenisch Paco. Ein solch Schaf ist ohngefähr vier Schuh hoch, und wenn es den Kopf recht in der Höhe trägt, über sechs Schuh bis an den Kopf. Mit dem Kopf, Maul und Füß ist es den Camelen nicht ungleich: an den vorderen Füßen hat es vier und an den hinteren nur zwei Klauen. Es ist zahm und willig zur Arbeit, kann auch eine große Last tragen. Wenn man es aber über seine Zeit treibt, daß es müde wird, steht es still und ist mit keinen Schlägen fortzubringen, sondern man muß es streicheln und ihm gute Worte geben. Sonsten, wenn es trotzig wird, speiet es seinen Meister unflätig an. Von Farben find man deren unterschiedlich: schwarze, bunte, weiße und dergleichen. Das Fleisch davon ist gut zu essen und die Wolle auch nützlich zu gebrauchen.

Rückreise von Baldivia wieder nach Pharnambuco. Mittwochs, den 28. Octobr. zogen wir unsere Anker wieder auf und gingen in Gottes Namen wieder in See.

Den 1. Novembr., sonntags, hatten wir schlechten Wind und die Höhe 51 Grad 10 Minuten.

Den 6. hatten wir guten Fortgang. Mittags 53 Grad 40 Minuten Höhe und hielten unseren Kurs OSO.

Ein Cameelschaaff.
Chilesisch Paco.

Den 15. Novembris, sonntags, hatten wir 58 Grad 5 Minuten Höhe und waren nach dem Besteck in der Paßkarte longitudinal vom Cap de Horn. Den 18. war dunkel Wetter mit starkem Wind. Wir gingen NO und NOTO an zwischen beiden.

Den 21., sonntags, sind wir mit gutem Winde die Straße La Mair passieret, haben aber, weil es sehr neblich Wetter, kein Land gesehen, wären sonst in die Bai gelaufen, frisch Wasser zu holen. Den 1. Decembr. hatten wir schön Wetter, schönen Fortgang und mittags die Höhe von 43 Grad 25 Minuten.

Den 19. den Tropicum passieret und den 22. die Abrolhos.

Den 28. sahen wir das Land Brasil ohngefähr fünf Meilen vor uns liegen, kamen gegen Abend auf die Ree und des Morgens 29. Decembr. an Land.

UND WIEDER IM LANDE BRASIL

Vom Zuckerrohr oder Zuckerrieth. Das Zuckerrohr wächst in Ost- und Westindien, und weil dasselbe keine Samen trägt, so wird es auf nachfolgende Art fortgepflanzet: Das Zuckerrieth wird in Stücke, ohngefähr eines guten Schuhs lang, gehauen und in Bündlein in hundert zusammengebunden ins Wasser geleget. Dann mit Steinen beschweret und solang darin gelassen, bis es an den Gliedern anfänget zu keimen oder Knosplein zu bekommen. Danach werden solche Stücke oder Wächser in einen gepflügten Acker, auf welchen zuvor der Länge nach die Furchen dazu gemacht sind, einer halben Ellen lang voneinander mit ein wenig Mist eingescharret. Und damit sie hernach desto eher bekleiben und wachsen mögen, wird das Unkraut etlichmal jährlich auf den Äckern ausgejätet. Wenn nun das Zuckerrieth in einem Jahr recht reif wird und seine völlige Größe, ohngefähr sieben Schuh hoch, bekommen hat, wird es abgehauen – so aber nicht, bleibt es noch ein Jahr stehen, und wachsen alsdann neben den alten Stengeln noch mehr junge.

Von den Zuckermühlen. Es sind zweierlei Zuckermühlen, nämlich Wasser- und Ochsenmühlen: Die Wassermühlen sind am bequemsten, wenn nur Gelegenheit ist, dieselben zu bauen. Sie mahlen viel geschwinder und mehr Zucker als die Ochsenmühlen. Diese hergegen kosten nicht viel und können allenthalben hingebracht werden, es müssen aber allezeit etliche Ochsen darauf gehalten werden.

Das ganze Werk bestehet fürnehmlich in drei starken Wellen von hartem Holze, deren mittelste rundum starke Kämme und die anderen zwei starke Getriebe haben, darein die Kämme im Undrehen greifen. Alle drei Wellen sind oben und unten mit starken eisernen Ringen beschlagen und verwahret. Sie schließen so dicht aneinander, daß man kaum dazwischen durchsehen kann. Und wenn die mittelste umgedrehet wird, müssen sich die andern zwei auch drehen, und zwar eine aus- und die andere einwärts.

Wenn die Mühlen gehen, müssen kontinuierlich zwei oder drei Personen dabeistehen: eine dieser, so das Zuckerrohr zwischen die Wellen, so einwärts gehet, steckt, und die andere jenseits der Wellen, welche das durchmahlende Rohr annimmt, und steckt es wieder zwischen die andere herausdrehende Welle. So kömmt es auf dieser Seiten wieder heraus.

Wenn nun das Zuckerrohr also zwei- oder dreimal durchgepresset worden, so ist es ganz zerquetscht und aller Saft oder Zuckerwasser heraus, welches in einen großen Trog, so gleich darunter eingegraben ist, läuft.

Die Zuckermühlen werden genennet:

Deutsch: Wassermühlen, Ochsenmühlen

Portugiesisch: Engenho s agao, Engenho de Boys

Brasilianisch: Ibira paranga, Ibira babaca

Wie der Zucker gekocht wird. Das Zuckerwasser, welches also ausgepresset sich unten im Troge versammelt hat, muß alsbald ausgeschöpft und in einen Kessel geschaffet werden. Und wenn es über 24 Stunden darinnen stünde, versauerte es in starken Essig und wäre ganz untüchtig, Zucker daraus zu kochen.

In diesem ersten Kessel wird es nur gelinde gekocht und der gröbste Schaum abgeschäumet und heißet „call“ oder „caldo“. In den andern und dritten Kessel wird der caldo stärker gekochet und stets abgeschäumet. Damit der Zucker schön weiß und klar werde, wird bisweilen ein wenig Laugen hineingegossen. Alsdann wird er durch ein Tuch in eine kupferne Pfann gesaiget und daraus ferner in den vierten Kessel gegossen, in welchem er gleichfalls wohl gekochet wird. Und damit er nicht anbrenne, muß er ohn Aufhören gerühret und bisweilen mit ein wenig frisch Wasser abgekühlet werden. Im Rühren und Vermischen wird er über dem Kessel hoch in die Höhe geworfen, das Anbrennen dadurch zu verhüten.

Hiernach wird er wieder in einen andern Kessel getan, darinnen kochet er solange, bis er dick wird wie ein Brei, muß aber stets umgerühret und zu gewisser Zeit mit etlichen Tropfen Baumölen beträufelt werden, daß er nicht anbrenne. Endlich wird er in einen Kessel getan, darinnen er nicht kochen darf, sondern muß etwas überschlagen, und ist nunmehr guter Zucker, aber gleichwohl noch gar braun und dünne. Wird derhalben in die Form getan und solang umgerühret, bis er ganz gerinnet. Alsdann werden die Löcherlein unten an den Formen geöffnet, so treuft der Sirup heraus in die untergelegte Rinne und läuft in das [da-]zu verordnete Gefäß. Der Zucker aber bleibt in den Formen bestehen. Auf daß aber der Zucker schön weiß werde und nicht braun bleibe, werden die Formen oben über dem Zucker her ganz mit Leimen oder Ton verschmieret. Und wenn dann der Sirup aller herausgelaufen, wird der Zucker aus den Formen getan, an die Sonne gesetzet, bis er ganz trocken ist, und letztlich in die Zuckerkisten getan.

Die Formen sind ohngefähr so groß als eine töpferne Blasen, oben aber weit – unten enge wie eine umgekehrte Pyramis. Unten ist ein Löchlein, welches anfangs, wenn der Zucker noch zu weich ist, zugemacht – wenn er aber hart ist, aufgemacht wird.

Es [ent-]hält eine ohngefähr 32 Pfund Zucker. Sie stehen in einem absonderlichen Hause reihenweise in ausgelöcherten Brettern, und liegen Rinnen darunter, daraus der Sirup treuft.

Von der Farinha-Wurzel, brasilianisch Mandioca genannt. Die Farinha-Wurzel, welche man in West-Indien anstatt des Brotes isset, wird ohngefähr ein paar Schuh lang und eines Armes dick. Es wächst eine Staude oder Strauch, darauf gleich wie Weiden oder Sälenholz sechs oder sieben Schuh hoch. Die Blätter teilen sich in neun Teile wie ein Stern, trägt weder Blüt noch Samen. Wenn diese Wurzel ausgegraben wird, muß sie bald entweder auf einem Reibeisen (brasilianisch Tapiti) oder auf einem dazu gemachten Rade, so gleich einem Schleifstein umgedrehet wird und oben auf der Bahn so scharf ist als ein Reibeisen, gerieben und mit einer Pressen oder Kelter der Saft herausgepresset werden. Denn sie hält sich nicht über drei oder vier Tage.

Brasilienholz. Ibirapitanga, brasilianisch. Pão Brasil, portugiesisch. Dieweil das Brasilienholz in großer Menge hierhergebracht und verbrauchet wird, habe ich auch ein klein Ästlein hiereinsetzen wollen, damit man sehen könne, wie dasselbe wächse und was es für Blätter oder Früchte trüge. Der Baum wird größer und stärker als ein Apfelbaum, wächst auch also ungleich in

87
Brasilienholtz. Ibirapitanga Brasilianisch.
Pao Brasil. Portugesisch.
Dieweil das Brasilien holtz in grosser menge hieher gebracht
und verbraucht wird, habe ich auch ein klein ästlein hierein setzen
wollen, damit man sehen könne, wie dasselbe wachse und was
es für bletter oder früchte trage: der baum wird grösser und

die Höhe und drei- oder vierspannig dick. Die Rinden ist schwärzlich und an den Ästen sind kurze, spitzige Stacheln gleich wie an den Holzäpfelbäumen. Die Äste und Blätter stehen nicht in zwei gegeneinander, sondern einer um den andern. Die Blätter sind hart und auf der Oberseiten glatt, vergleichen sich am besten mit dem Buxbaum, nur daß sie ganz kurz von Stiel seien. Im Januario blühet dieser Baum und bekömmt Blümlein wie Äpfelblüt, so einen guten Geruch geben. Auf dieser Blüt folgt eine Frucht, welche der Frucht so auf den Buchsen wachsen, ähnlich ist, taugt aber nichts.

Mangabes. Mangaiba, brasilianisch. Die Mangabes werden mit unter die besten und lieblichsten Früchte in ganz Brasil gerechnet. Die Bäume, darauf sie wachsen, sind an der Größe und [den] Blättern den Pflaumenbäumen fast gleich, nur daß die Blätter ein wenig schmäler und viel härter, auch die Äste mehr weißer und dicker von Laub sind. Die Blütezeit der Mangabes ist ohngefähr im September, und die beste Zeit der reifesten Früchte ist im November, Dezember, Februario. Sie werden so groß als die Pflaumen und so gelb wie die Stilling mit etwas roten Strichlein.

Sie haben ein zartes Häutlein und inwendig einen weißen Saft mit etlichen kleinen Körnlein wie in den Weinbeeren. Wenn sie am Baum noch so reif scheinen, kann man sie doch nicht essen, sondern sie müssen zuvor einen Tag oder zwei liegen, so werden sie also delikat, daß sie einem auf der Zungen wie Honig zerschmelzen.

Caju-Äpfel. Acajaiba. Die Caju-Äpfel sind am gesundesten unter allen Früchten in Brasilien. Etliche sind süß wie ein guter Most und etliche weinsäuerlich. Inwendig haben sie keine Kern, sondern sind belzig oder weichlich und voll Saft. Auswendig aber ist anstatt der Kern die Castanie. Die Castanien sind grün nicht wohl zu essen wegen des scharfen Öls, so in den Schalen ist. Denn wenn außen solches an den Mund kömmt, so brennet es wie Feuer, daß auch Blasen davon werden. Wer sie aber essen will, der muß sie erst auf Kohlen braten, damit das Öl herausbrenne. Die Bäume sind so groß als allhier die Apfelbäume und die Blätter wie die Welsche-Nuß-Blätter – sind aber härter und riechen nicht. Die Blüt ist schön weiß und wird inwendig ein wenig rötlich, geben auch einen guten, lieblichen Geruch von sich, daß man die Bäume fern riechen kann. Die Äpfel werden im Dezember und Januario reif und sind sehr gut zu essen.

Waßer-Limonen, Jace, brasilianisch. Balancia, portugiesisch. Waeter Limoen, holländisch. Die Waßer-Limonen wachsen auf der Erden wie die Kürbis oder Gurken – werden auch fast so groß als die Kürbis und

96

Mangaber.

Mangaiba Brasil:

Die Mangabas werden mit
unter die beste und lieblichste
früchte in gantz Brasil gerech-
net: Die Bäume darauf sie
wachsen sind an der größe und
blättern den pflaumen bäu-
men fast gleich, nur dass die blätter ein wenig schmä-
ler und viel härter, auch die äste mehr weißer und
dicker von laub sind. Die Blüte Zeit der Man-
gabas ist ohngefehr im September und die beste Zeit
der reiffesten früchte ist im November December und Febru-
ario: Sie werden so groß als die pflaumen und so
gelb wie die Stilling, mit etwas rothen strichlein;
Sie haben ein zartes häutlein und inwendig einen
weißen safft mit etlichen kleinen körnlein, wie in
den Weinbeeren: Wann sie am baum noch so reiff schei-
nen, kan man sie doch nicht essen, sondern sie zuvor ei-
müssen

haben auch solche Kern, sind aber glatt und an beiden Enden rund. Etliche Kern sind braun, etliche schwarz und etliche gelb. Inwendig sind die Limonen, wenn sie reif sind, schön rot marmoriert, sie sind von gutem Geschmack, dienen mehr für den Durst als für den Hunger und sind durchs ganze Jahr zu bekommen. Ihre Blüten sind kleine gelbe Blümlein mit fünf Blätterlein.

Ritzschgen. Quiya, brasilianisch. Pimenta, portugiesisch. Die Ritzschgen wachsen auf Sträuchern und sind unterschiedlicher Größe. Die grünen oder unreifen sind schärfer als die roten oder reifen. In Ost-Indien werden große Töpfe voll eingemacht: erstlich ein wenig abgesotten und hernach in Essig gelegt – so halten sie sich sehr lang, werden viel auf Schiffen mitgenommen, sie schmekken gut in der Speise und machen Appetit zu essen.

Nana, brasilianisch. Ananas, portugiesisch. Diese liebliche Frucht wächst zwischen eitel dicken Blättern, welche an den Seiten scharf und inwendig nach dem Stammende zu, da die Frucht stehet, schön rot sind. Sie wird ohngefähr, wenn sie recht reif ist, so groß als ein Rettich oder kleiner Kürbis, aber recht ovalisch. Inwendig ist sie schön gehl, auswendig aber ist sie voller Narben, aus welchen grüne scharfe Spitzlein von Blätterlein gehen, sonsten auch gelb. Die Narben sind fast wie ein Nabel am Menschen. Der Geschmack ist sehr anmutig und vergleicht sich schön, wie auch der Geruch, mit den reifesten Erdbeeren. [Sie] ist ganz voll Saft. Oben auf der Frucht wächst ein Strauß von Blättern, die auch scharf sind. Derselbe Strauß wird abgeschnitten, wenn man die Frucht essen will, und wieder in die Erden gesetzet, so wachsen nicht allein die Blätterlein in die Höhe, sondern auch ein Jahr hernach ein andere Ananas. Ansonsten trägt die Frucht keinen Samen. Im November, Dezember und Januario sind in Brasilien die Ananassen reif.

Feigen. Jamacaru, brasilianisch. Cardon, portugiesisch. Die westindianischen Feigen sind etwa drei querer Finger lang, schön von Farb und haben eine dicke, weiche Schalen. Sie gehen leicht auf, wenn man sie ein wenig drücket. Die Körner oder das Inwendige, so man ißt, ist wie ein Eierlein, welches von weißen Mohnkörnlein, worunter auch etliche schwarze gemengt sind, zusammengezwilgert ist und schmeckt wohl. Die Blätter sind dick, dreieckig oder viereckig und an den Ecken voll Stacheln. Diese Feigen werden im Oktober oder November reif.

Bacobes oder Pisang. Dieses ist eine liebliche und anmutige Frucht. Sie wird gemeiniglich von drei bis sechs Zoll lang und ohngefähr einen Zoll dick. Die Schalen

92.
Wasser Limonen. Jace Brasilianisch.
Balancia Portugesisch. Water Limoen, Hollandisch.
Die Wasser Limonen wachssen auf der erden wie die Kürbis oder
Gurcken, werden auch fast so gross als die Kürbes und haben auch
solche Kern, sind aber glat und an beyden endes rund, etliche Kern sind braun
etliche schwartz und etliche gelb: Inwendig sind die Limonen

schälet sich in drei Teil ab. Das Inwendige, so man isset, ist schön gelb und mürbe wie ein gesottenes Eierdotter. Wenn sie wohl reif ist, schmelzet sie einem auf der Zungen und schmecket fast wie die beste und süßeste Honigbirn. Es wachsen 30 oder 40 an einer Traube rings um einen. Es finden sich auf einem Baum auch gemeiniglich nicht mehr als eine Trauben, und wenn dieselbe reif ist, wird sie abgeschnitten und etliche Tage, bis sie fein gelb wird, aufgehanget. Wenn nun die Frucht vom Baum abgeschnitten ist, wird er auch abgehauen, weil er nicht mehr als einmal, auch nur ein Jahr trägt. Aus der Wurzel wachsen hernach andere heraus, welche fortgesetzet werden und gleichfalls auch nur einmal Früchte bringen. In Westindien wird der abgehauene Baum, weil es kein Holz, sondern nur von Blättern wie ein Krauthaupt zusammengewachsen ist, zu nichts gebrauchet. In Ostindien aber ist es eine gute Speise für die Elephanten. In gedachtem Ost-Indien werden diese Bäume wohl zwölf oder dreizehn Schuh hoch und dicker als ein einstämmig Holzen. Im Westen aber werden sie wohl um einen dritten Teil

kleiner. In Ost-Indien wächst noch eine Gattung von Pisang, inwendig mit Körnern, so gleich sind als Körner von Türkischem Weizen, sind aber nicht hart, sondern sind auch gut zu esssen. Sie stopfen sehr und werden vor den Durchlauf gegeben. Es ist auch ein Gattung, Bananen genannt, dieselben sind etwas länger und spitziger als vorige, aber gar trocken zu essen.

Soorsack, holländisch. Jaca, indianisch. Diese Frucht ist mit unter die größeste unter allen eßbaren Früchten in Osten und Westen zu rechnen. Sie wächst auf hohen Bäumen recht am Stamm oder dickesten Ästen. Etliche werden bei dreiviertel Ellen lang und dreiviertel Ellen in der Runde. Die Rinden oder Schalen an diesem Obst ist wie ein dick Fell: auswendig grün mit etwas gelb vermischt, voll kleiner, spitziger Knösplein und inwendig wie ein dicker Bolzen, in welchem rund um den Griebs, so vom Stiel durch die ganze Frucht gehet, kleine gelbe, glatte Täschlein oder Säcklein, welche einen Kern wie eine breite Castanien in sich haben, die nicht zu essen ist. Die Fächlein aber sind so weit, daß

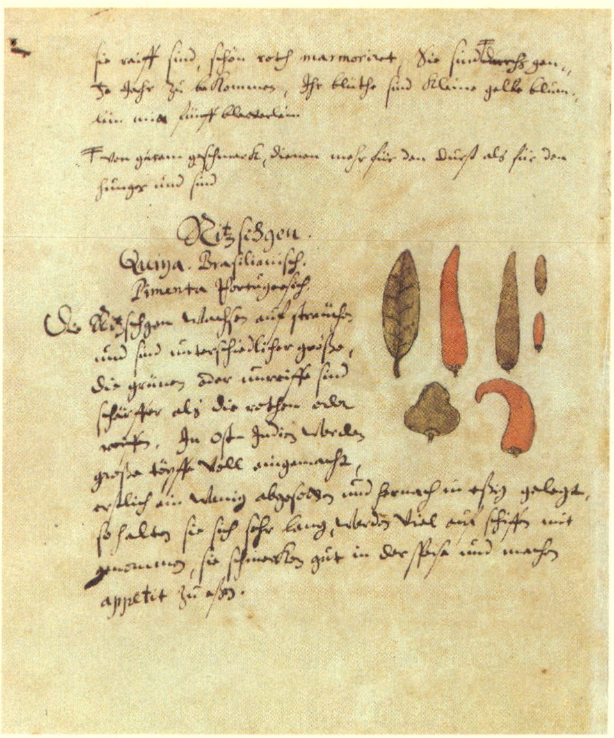

man kann einen Daumen hineinstecken, und gut zu essen. Ihr Geschmack ist fast wie Geschabtes von süßen gelben Rüben. Wenn man einen Soorsack aufschneidet und die Täschlein zu essen herausklaubet, so dringet aus der Schalen ein klebendes Harz, welches einem an den Händen und Mund wie Tannen- oder Kiefernharz klebet. Und lasset sich mit Wasser nicht bald abwaschen, es sei denn, daß man zuvor den Mund und Hände mit ein bißlein Butter oder Fett bestreiche – alsdann gehet es gern ab.

Von den Coques- oder Klappers-Nüssen. Die Coquesbäume wachsen sehr hoch und haben bis ganz in der Höhe keinen Ast, sondern oben gehen die Äste (Gabegabes genannt) alle auf einmal auseinander wie an den Palmitbäumen. Diese Gabegabes werden zehn oder zwölf Schuh lang und haben auf beiden Seiten schmale Blätter, davon die längsten fast zweieinhalb Schuh lang sind und vorwärts immer kürzer [werden]. Zwischen den Gabegabesen wachsen grüne Reiserlein herfür, welche ganz zähe wie ein Riemen, rund, knötlich und spitzig zugehen, an welchen die Nüsse

wachsen, so recht am Stamme hangen. In Ostindien wird aus diesen Reiserlein ein Trank, Thoac thoac genannt, getröpfelt, welches sie dikern nennen, und geschieht auf folgende Art: Die Sklaven binden gedachter Reiser je eine Handvoll zusammen und schneiden dieselben vorn an den Spitzen gleich ab, damit die Äderlein geöffnet werden, so fangen sie an zu tröpfen. Alsdann hangen sie ein Gefäß darunter, darein es triefen kann, so treuft aus einem solchen Bündlein in Tag und Nacht wohl eine Kanne Thoac. Auf Batavia stehen diese Bäume mehrenteils in der Ordnung und gleicher Weit voneinander, und damit die Sklaven, wenn sie auf den Bäumen zu tun haben oder den Thoac zusammengießen, nicht allezeit so hoch dürfen auf- und absteigen, haben sie zwischen die Gabegabes von einem Baum zum anderen lange Bambousen oder Stangen geleget, darauf sie immer von einem zum andern kommen können.

Die Coques- oder Klapperbäume geben vielfältigen Nutzen: Erstlich ist der Thoac Kühltrank, daraus täglich Geld gelöset wird; die Nüsse geben Essen und Trinken, und wenn sie jung sind, so ist das Wasser süße und klar, und die Kern oder Rütt inwendig an den Schalen ist wie das Weiße von einem Ei, so halb und halb gesotten ist, schmeckt wie süßer Rahm, kühlet aber sehr. Sind die Nüsse alt (denn je älter sie werden, je härter die Kern, auch soviel unschmackhafter wird das Wasser), wirft man sie doch nicht weg, sondern es wird Öl, Klappers-Öl genannt, daraus gepresset, welches in ganz India viel gebrauchet wird.

Es werden auch dieser Nüsse sehr viel mit zu Schiffe auf ferne Reisen genommen, nicht allein um des frischen, süßen Trunkes willen, den man daraus tun kann, sondern auch wegen der Kern oder Pütt, welche nicht allein also gegessen werden, sondern – wenn dieselben auf einem Eisen, welches dazu gemachet ist, fein geschabet, ein wenig Wasser darübergetan und hernach rein ausgedrücket wird – gibt es eine gute Milch, die auf den Schiffen wohl zu gebrauchen ist. Die rechte Nußschale gibt hübsche Trinkgeschirr, derer hierzulande auch gesehen werden.

Aus dem auswendigen Bast um die Nuß machen die Brasilianer gute Lunten, so auch von den Holländern in den Wachen gebrauchet werden. An etlichen Orten in Ostindien wissen die Indianer diesen Bast von den Nüssen so subtil zu schleißen und zu spinnen, daß hübsch Zeug daraus gemachet wird.

Ferner die Blätter an den Gabegabes werden an etlichen Orten anstatt Papier, darauf zu schreiben, gebraucht und Bücher daraus gemachet. Insgemein aber werden alle indianischen Häuser damit gedecket. Endlich, weil der Stamm nicht von Holz ist, kann er nicht sonderlich gebrauchet, sondern nur zu Stützen unter die Häuser gebraucht werden.

Stachelwerken. Coendau, brasilianisch. Ein Stachelwerken ist so groß als eine Katz, hat Ohren wie ein Mensch. Anstatt der Borsten hat es spitzige, harte Stacheln von zweierlei Farbe, nämlich, wenn ein Daumen breit weiß ist, so folgt ein Daumen breit schwarzbraun. Etliche derselben sind wohl zwei Spannen lang und so dick als eine Gänsespule. Wenn dieses Tier in ein enges Loch kriechen will, legt es die Stacheln nieder wie ein Pfau seinen Schwanz. Und wenn es böse ist, schießt es die Stacheln nach seinem Feinde, kann aber nicht weit damit reichen. Im September 1646 habe ich dergleichen in Afrika an dem Capite bonae spei gesehen, desselben längste Stacheln waren zwei Spannen lang.

Schildwerken, Tatu, brasilianisch. Armadillo, hispanisch. Encuberto, portugiesisch. Ein Schildwerken ist ein wunderbares Tierlein. Oben über den ganzen Rücken und Kopf, um die zwei vördern Beine und um die hinteren Beine, soweit als es dieselben nicht kann einziehen, ist es mit einem hörnern Harnisch gewappnet. Am Hals hat es zwei Gelenke und auf dem Rücken sieben gleich wie ein eisern Handschuh. Sonsten wo es bloß ist, als unten am Hals, Bauch und zweien Hinterbeinen, ist die Haut etwas gelb mit rot vermischt und gar einzeln mit dünnen weißen Haaren (eines Fingers lang) bewachsen. Es hat kleine Augen und kleine Zähne. An jedem Fuß wie an einer Hand fünf lange Klauen. Es ist an der Gestalt wie ein Schweinlein, in der selben Größe und ist auch gut zu essen.

Es lebt unter der Erden wie ein Maulwurf, durchbohret dieselbe mit solcher Geschwindigkeit, daß es oft ganze Graben über einen Haufen wirft und schwerlich gefangen werden kann.

Ameisenfresser. Tamandua-guasu, brasilianisch. Dieses Tier ist so groß wie ein ziemlich großer Hund. Es hat einen runden und langen, spitzigen Kopf, eines Schuhes lang, kleine schwarze Augen, rundliche Ohren, so vorn etwas spitzig sind, ein kleines Maul und eine dünne runde Zunge wie eine Saite, so wol zwei Schuh lang ist, welche es im Maul zehnfach zusammenleget. Es frißt nichts als Ameisen, und wenn es fressen will, so kratzet es mit seinen Klauen die Ameisenhügel auf, steckt die Zunge heraus, so lang sie ist, und legt sie darauf, [wo sie] ganz voll Ameisen wird. Alsdann zieht es dieselbe wieder ein und verschluckt also die Ameisen. Der Schwanz, womit es den ganzen Leib bedecken kann, ist breit und dick von Haar wie ein Fliegenwedel. An den Vorderfüßen hat es vier Klauen, an den hinteren aber fünf. Über den ganzen Leib sind die Haar schwärzlich mit grauen darunter, ausgenommen die Vorderbeine.

Sie sind weiß bis hart an den Füßen, [dort] ist ein schwarzer Ringel darum.

Buschratte. Carigueya. Sarigoy, brasilianisch. Die Buschratte ist so groß als eine Katz, hat auch einen solchen Bart, einen spitzigen Kopf, schwarze helle Augen, große durchscheinende Ohren, die so weich und glatt sind wie Papier. An den Vorderfüßen hat sie fünf krumme Klauen oder Pfoten wie an einer Hand. Die Hinterfüße sind etwas länger als die vorderen wie [bei] den Meerkatzen. Sie sind ohngefähr eines Schuhs lang und der Schwanz ist ein wenig länger, welchen sie allezeit krumm trägt, und kann sich mit demselben aufhängen wie eine Meerkatz. Unten am Bauch nach den Hinterbeinen zu hat dieses Tierlein ein Fach zwischen Fell und Fleisch, etwa so weit, daß ein ziemlicher Apfel darin liegen kann, ist rauh und sind auch Zitzlein darin. In diesem Fächlein oder Täschlein trägt es seine Jungen, welche allezeit aus- und einlaufen. Sie saugen inwendig an den Zitzlein, und wenn sie allein fortkönnen, läßt sie die Mutter nicht wieder hinein.

Man sieht das Loch nicht, als wenn man es fühlt und voneinander tut.

Tiger. Jaguara, brasilianisch. Onca, portugiesisch. Ein Tiger ist so groß als ein Wolf. Mit dem Kopf, Vorderfüßen und Schwanz ist er gleich wie eine Katze, [hat] auch einen Knebelbart wie eine Katze. Seine Auen sind gräulich und leuchten des Nachts wie Feuer, die Zähne spitzig und so groß als Wolfszähne. Die vorderen Beine sind nicht so stark als die hinteren. An den Vorderfüßen sind an jedem fünf Klauen, an den hinteren aber nur vier. Die Klauen sind krumm und sehr hart. Über den ganzen Leib ist er weißgelb mit vielen schwarzen Flecklein.

Maccack. Guariba, brasilianisch. Der Maccacken gibt es in Brasil sehr viel und halten sich gemeiniglich viel beieinander im Walde auf. Sie machen ein solch Geschrei, daß man es sehr weit höret. Einer schwätzet unterweilen ganz allein, und die anderen hören ihm zu. Alsdann fängt der ganze Chor zugleich an und wird

ein solch Heulen, daß man denket, es wären ihrer etliche hundert.

Ihre Jungen tragen sie allezeit auf ihren Rücken bei sich. Dieselben halten sich an den Müttern hinten, da der Leib nicht dicke ist, so fest an, daß sie im Springen nicht herabfallen mögen. Im Fort Margarethen habe ich dergleichen eins gehabt und wollte es aufziehen. Es wollte aber angebunden nichts fressen und tate nichts als schreien, daß ich ihn mußte wegwerfen.

Sagui, brasilianisch. Saguin, holländisch. Dieses kleine artige Tierlein ist ohngefähr einer guten Spanne lang bis an den Schwanz. Derselbe ist auch wohl zwei Spannen lang. Es ist recht der Proportion und Gestalt nach wie ein kleines Löwichen, Um die Öhrlein hat es ganz weiße Haarlöcklein wie ein Jüngferlein. Es hat Hände wie ein Aff mit fünf Fingern. Seine Farb ist gräulich und weiß mitunter. Es kann keine Kälte vertragen. Darum, wenn es soll nach Holland gebracht werden, muß es von einer Weibesperson geschehen, die es meistenteils zwischen ihren Brüsten warm liegen lasset. Seine Speis ist Brot, Bacobes und andere süße Früchte.

105

Jaguara Brasilianisch. Onça Portugesisch.
Ein Tiger.

106

Ein Maccach. Guariba Brasilianisch.

Leugart. Ai, brasilianisch. Pigriza, portugiesisch. Dieses Tier wird wegen seiner Langsamkeit und Trägheit von den Portugiesen Pigriza und von den Holländern ein Leugart genannt. Es ist samt dem Kopf ohngefähr anderthalb Schuh lang und so groß als ein ziemlicher Hund. Die Vorderbeine sind etwas länger als die hinteren. An jedem Fuß hat es drei lange Klauen, womit es dasjenige, was es zu fassen kriegt, frißt und festhalten kann. Auf beiden Seiten sind die Haar gräulich oder aschenfarben, auf dem Rücken aber sind sie ein wenig weißer und auch länger als sonsten. Seine Speise ist Laub, trinkt aber niemals. Wenn es gestoßen wird, schreiet es: „Iii!" wie eine junge Katz. Es hat keine Ohren, aber immer Speichel um das Maul.

Noch eine andere Art von Leugart. Haut, brasilianisch. Dieser Haut oder Leugart ist größer als eine Katze. An der Farbe wie der Ai, auf dem Rücken aber länger Haar, und gehet nicht auf ausgestreckten Beinen, sondern kraucht auf dem Bauch mit allen vieren noch langsamer als der Ai. Die Natur hat dieses unbewehrte Tier mit zwei sonderlichen Waffen versehen. Erstlich hat es in seinen Klauen eine solche Stärke, daß, wo es seinen Feind damit ertappet, so läßt es ihn nicht los, und sollte es auch Hungers mit ihm sterben. Zum anderen sehet es die, so sich ihm nahen, mit solchen bärmelichen und kläglichen Gebärden an, daß nichts mehr als die Tränen aus den Augen mangelen, sie dadurch zu Barmherzigkeit und Mitleids zu bewegen.

Es wird auch von diesem Haut wunderbarlich gemeldet, daß es die sechs Arten musikalischer Elemente ut, ce, mi, fa, sol, la – la, sol, fa, mi, ce, ut auf- und absteigend recht intonieret und zwischen jedem Laut ha im Suspirium oder halben Schlag pausiere, daher es auch vielleicht von den Brasilianern Haut genennet wird.

Guineischer Brock. Die Brocken sehen dem Menschen und sonderlich den schwarzen fast gleich. Sie haben lange weiße Bärte, oben längs dem Rücken sind sie schwärzlich, auf beiden Seiten aber fahl und am Bauch und Hals weiß. Sie werden in Brasil nicht gefangen, sondern aus Guinea hineingebracht.

Malle Meewe. Die Mallen Meewen sind ohngefähr so groß als ein Raab, an Farbe aber nicht so schwarz, sondern an den Flügeln ein wenig fahl und am Bauch weiß. Die Federn oben auf dem Kopf gehen ein wenig über, also daß es scheinet, als hätten sie eine Mützen auf. Ihre Beine sind länger als Raabenbeine und haben Füße wie die Enten. Sie werden darum mall (das ist albern) genennet, weil sie sich vor den Menschen nicht scheuen, sondern wenn jemand zu Schiff ein wenig in die Höhe steigt und reckt die Hand aus, setzen sie sich darauf und lassen sich fangen. Und ob sie gleich nicht von gutem Geschmack sind, sondern schmecken sehr nach Fischtran, werden sie doch gebraten und gegessen.

Touian. Der Touianen habe ich zweierlei gesehen. In Ostindien sind dieselben auf dem Rücken und [an den] Flügeln schwärzlich und am Bauch fahl und sind ohngefähr so groß als eine Amsel.

In Westindien aber sind sie schön bunt, der Kopf und [die] Flügel sind umbrafarben, die Brust und der Rücken bis zum Schwanz rot, der Bauch gelb und die Beine fahl. Und [sind] so groß als eine junge Taube. Die Schnäbel sind fast so lang als der ganze Leib, obenher schwarz, auf beiden Seiten weiß aus rot, und haben anstatt der Zungen eine natürliche Feder in solcher Form.

Guainumbi oder Guaracyaba („Sonnenstrahlen"). Pejafrol, portugiesisch. Blumenspecht, holländisch. Dieses ist das kleinste, aber artigste Vöglein unter allen Vögeln. Sein ganzer Leib ohne den Schwanz ist nur eines Fingergliedes lang, seine Farb ist

109

116

Touian.

gold und grün. Es soll die Natur haben, daß es nicht länger lebt als die Blumen auf dem Felde währen. Sobald dieselben vergehen, soll es sich mit seinem Schnäblein an einen Baum einbeißen und solang bis die Blumen wieder wachsen, hängen bleiben.

West-indianischer Rabe. Tracaca, brasilianisch. Die Ost- oder West-indianischen Raben sind größer als die Kolkraben allhier. Sie haben einen starken krummen Schnabel, kurze Beine mit scharfen Klauen. Die Schwänze sind über eine halbe Elle lang. Unter den Augen haben sie eine weiße Haut ohne Federn, so mit etlichen Runzeln zusammengeringelt ist. Es sind ihrer zweierlei Arten: etliche, und zwar die gemeinsten, sind oben übern Rücken und Flügel schön rot und am Bauch gelb. Etliche aber, sonderlich die von den Tapoyern gebracht werden, sind über dem Rücken und [an den] Flügeln schön himmelblau und am Bauch gelb.

Sie lernen etliche Worte nachklappen wie die Papageien, insonderheit aber, in welchem viel „A“ sind, als „Tracaca“ – ihren eigenen Namen, „Guten Tag Schwager“ und dergleichen.

Anhima. Dieses ist ein Raubvogel, an der Größe, Farb und Federn einem Adler und an dem Kopf einer Henne gleich, nur daß der Schnabel länger und vorn krumm ist. Auf dem Kopf hat er ein Horn eines Fingers lang, welches oben ist wie ein Zahn aus einem hörnern Haarkamm. Seine Flügel sind sehr breit und ganz schwarz, auch an jedem vorn ein dreieckig Horn, womit er die anderen Vögel im Fliegen beschädigen kann.

Er hat einen Schwanz wie eine Gans. Um die Augen herum hat er gelbe Federlein, und am Bauch ist er weiß. Er schreit sehr helle, fast wie ein Geier: „Wyhu, Wyhu.“ Es soll keiner allein, sondern allezeit Männlein und Weiblein beieinander fliegen. Und wenn einer von beiden stirbt, soll der andere nicht von dem toten Aas gehen, sondern auch dabei sterben. Das Horn auf dem Kopf soll sehr gut für Gift sein, wenn etwas davon abgeschabet, in Wein gelegt, und wenn es eine Nacht gestanden, der Wein getrunken wird.

Jabiru, Negersvogel. Dieser Vogel ist nächst dem Strauß der größte Vogel in Brasilia. Er hat einen langen, schwarzen Schnabel und keine Zungen. Der Hals ist braun, der Leib weiß und die Beine schwarz.

Die Holländer nennen ihn deswegen Negervogel, weil er von fernen scheinet, als wäre er ein Negro oder schwarzer Mensch, so ein weiß Tuch um den Leib gebunden hat. Wenn er aufgerichtet gehet, kann er einen Mann auf den Kopf picken.

Schwerdtfisch. Araguagá, brasilianisch. Pexe de Espada. Ein Schwerdtfisch ist an der Ge-

118.
118
Ein West = Indianischer Rabe,
Brasilianisch Trarara.

stalt gleich wie ein Hay – ohne Schuppen, grau von Farbe, am Bauch aber weiß. Ohngefähr einen Daumen breit hinter den Augen hat er zwei Luftlöcher. Die größten werden wohl neun oder mehr Schuh lang ohne das Schwert. Das größte Schwert, so ich gesehen hab, war ganze fünf Schuh lang und hinten, da es am breitesten ist, fast einen Schuh breit. Den anno haben die Fischer des Fortes Margarethen einen gefangen, der ohne das Schwert sieben und mit demselben elf Schuh lang war.

Sauger. Iperuquiba oder Piruquiba, brasilianisch. Peixe Pogador, portugiesisch. Ein Sauger hat das Maul aufwärts und nächst dem Maul eine ovalische Figur, zwei Finger breit lang, welche voll kleiner Borsten ist und alle in gewissen Reihen stehen, kratzen auch wie eine Bürsten. Damit kann er sich so stark ansaugen und sonderlich an des Hayen Bauch, daß man ihn nicht davon reißen kann, sondern lässet sich viel eher mit den Hayen fangen.

Er hat keine Schuppen, sondern eine glatte Haut. Auf jeder Seite hat er nächst den Kiemen zwei Floßfedern, und kurz nach dem Mittel des Rückens und Bauchs gehen zwei Floßfedern bis an den Schwanz. Er hat auch keine Zähne, ist überall aschenfarben.

Delphin. Guaracapema, brasilianisch. Der Delphin, das Dorado-Männlein ist ziemlich breit, aber nicht dick. [Er] hat scharfe Zähne, große runde Augen und gar keine Schuppen, die man fast nicht fühlet. Seine Farbe ist grünlicht aus Silberfarben und mit roten Flecklein eingesprengt – gleich den Korallen. Der Bauch ist ganz weiß. Er übertrifft alle anderen Fische an Geschwindigkeit und ist sehr gut zu essen.

Curvata Pinima, brasilianisch. Boineto, portugiesisch. Bonit, holländisch. Dieser Fisch wird wohl... Schuh lang, hat weite Kiemen, ist glatt, ohne Schuppen. Außen auf jeder Seite geht in der Mitte ein gelblicher Strich von den Kiemen bis an den Schwanz mit kleinen, zweifachen, spitzigen Schuppen. Auf dem Rücken und beiden Seiten ist er grünlich, auf dem Bauch aber weiß. [Er] hat sieben Floßfedern mit dem Schwanz. Von den zwei Floßfedern auf dem Rücken und Bauch gehen schmale Floßfederlein bis an den Schwanz. [Er] ist sehr gut zu essen.

Gúarerúa. Dieser Fisch ist ohngefähr drei Finger breit und vier lang. Hat sehr kleine Zähnlein, einen schwarzen Augapfel mit einem gelben Ringlein, sechs Floßfedern und sehr kleine Schuppen, welche wie schwarzer Atlas glänzen. Auf beiden Seiten sind vier krumme Strich, so übereinander just zusammentreffen. Der fünfte geht um den ganzen Schwanz. [Sie sind] von schöner gelber Farbe.

Hay. Die Hayen sind Raubfische im Meer, werden zum längsten sieben oder acht Schuh mit dem Schwanz. Sie haben platte Köpfe, worin auch das Herz ist, darum leben auch dieselben noch wohl etliche Stunden, nachdem sie abgehauen sind. Die Augen stehen etwas heraus. Das Maul ist nicht vorn am Kopf, sondern unten, zwei oder drei Finger breit hinterwärts in Form einer halben Mandel. Etliche haben drei Reihen Zähne im Maul, welche sehr spitzig sind. Das Hayfell ist so scharf wie eine Feile, wie es denn auch die Drechsler anstatt einer Raspel oder Feilen, das harte Holz glattzumachen, gebrauchen. Das Fleisch ist ganz weiß, aber sehr trocken und wird nur von den jungen Hayen gegessen.

Jacob Evertzen. Cugupu-guacu, brasilianisch. Meros, portugiesisch. Dieser Fisch hat einen großen Kopf und ein großes Maul, welches beim Auftun ganz rund wird, schwarze Augen [mit] einem gelben Circel darin [und] fünf Floßfedern mit dem Schwanz. Um den Kopf und auf beeden Seiten ist er aschenfarben mit viel schwarzen Pricklein, unten am Bauch weiß. Wird

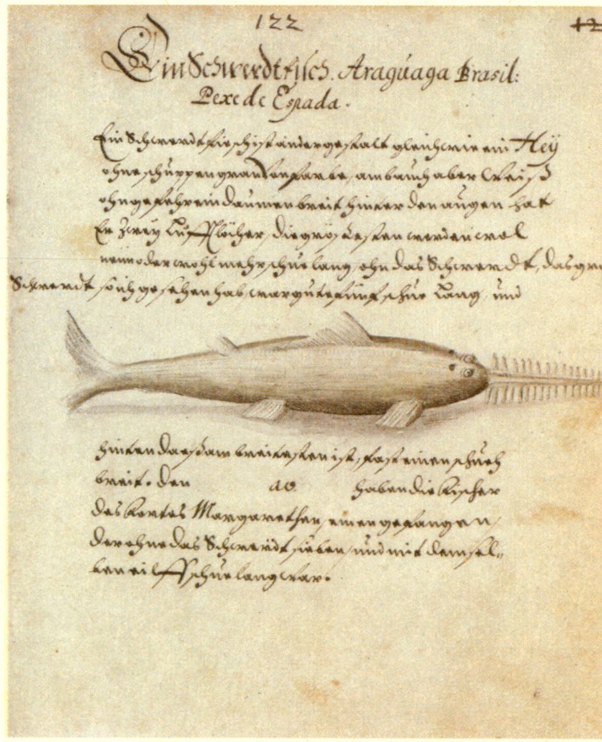

wohl sechs Schuh lang und ist gut zu essen.

Aramaca, brasilianisch. Lingoada, portugiesisch. Tonge, holländisch. Dieser Fisch ist breit und dünn wie eine Zunge (darum er vielleicht also genennet wird), hat scharfe Zähne aber keine Zunge. Auf einer Seiten ist er lederfarben und auf der andern weiß. Er hat gar kleine Schuppen. Auf der Lederfarbenseiten hat er zwei Augen, auf der weißen Seite keine. Hat vier Floßfedern ohne den Schwanz, weite Kiemen, und über den ganzen Rücken und Bauch gehen dünne Finnen bis an den Schwanz. Ist gut zu essen.

Guama jaçúapè. Dieser Fisch ist dreier Ruten und etwa einer guten Spanne lang. Auf den zwei Oberseiten ist er allenthalben mit sechs Ruten-Figuren und kleinen Sternlein darin gezieret, ist aschenfarben bis auf den Bauch, so gehl ist. [Er] wird nicht gegessen, sondern auch für schädlich gehalten.

Guama jaçu apé. Dieser Fisch ist nicht groß, sondern nur drei oder dreieinhalb

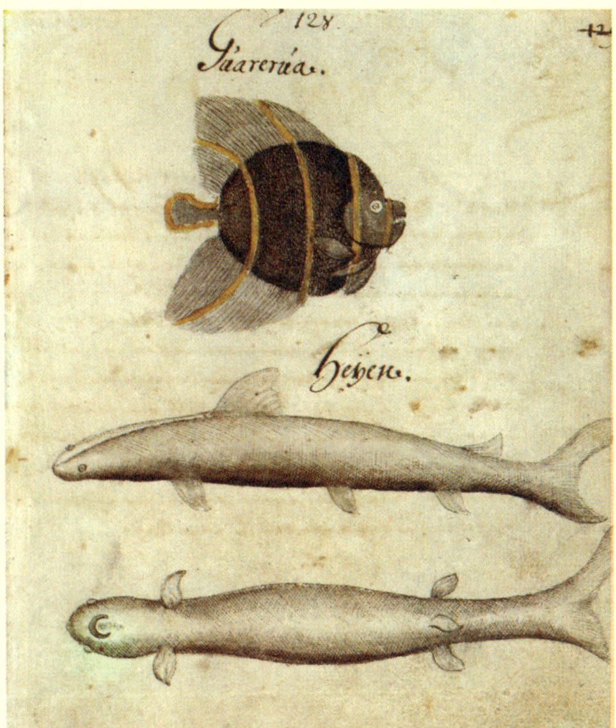

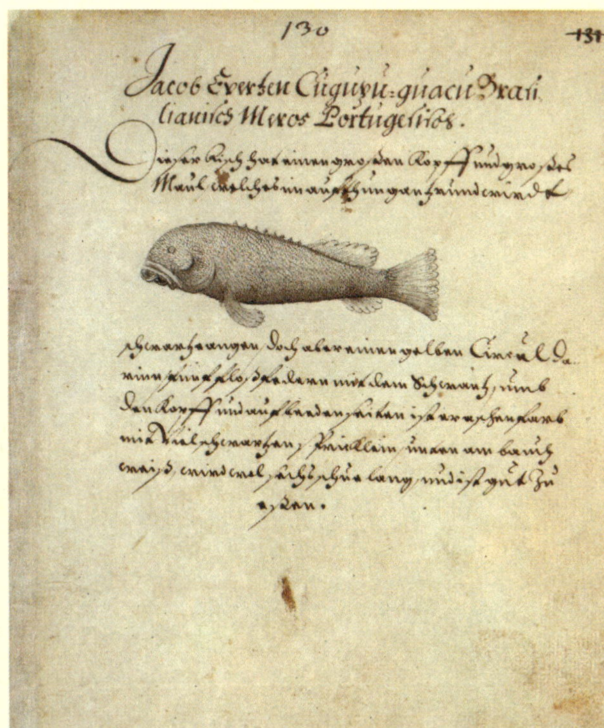

Zoll lang, ohne Schuppen. Seine Höhe und Dicke macht ein Scatenum triangulum. Er hat vier Hörner, zwei vor- und zwei hintenaus, und nur eine Floßfeder auf der Schärfe des Rückens über dem Schwanz.

Blaser. Guama jaçu quara, brasilianisch. Peixe porco, portugiesisch. Ein Blaser ist rund aufgeblasen, eines Schuhs lang und im Diameter einer Spannen dick. Ist ganz voll Stacheln, hat ein kleines Maul und vier Floßfedern. Wenn man auf ihn tritt, so schreiet er: „Hulch". Die Stacheln sind etwas giftig. Darum muß man sich fürchten, damit man nicht barfuß darauf trete, denn bei gefallenem Wasser liegen derer allezeit am Seestrande.

Acaramucú, brasilianisch. Dieser Fisch ist eines Schuhes lang und hat auf dem Kopf ein Horn eines Fingers lang, hat keine Schuppen, sondern ein rauhes oder etwas scharfes Fell. Er ist grau von Farbe und taugt gar nicht zu essen.

Den 14. Febris anno 1645 hat einer von unserem Schiffsvolk zwei solcher Fische in einem Sturz gefangen, es war jeder eines Schuhes lang.

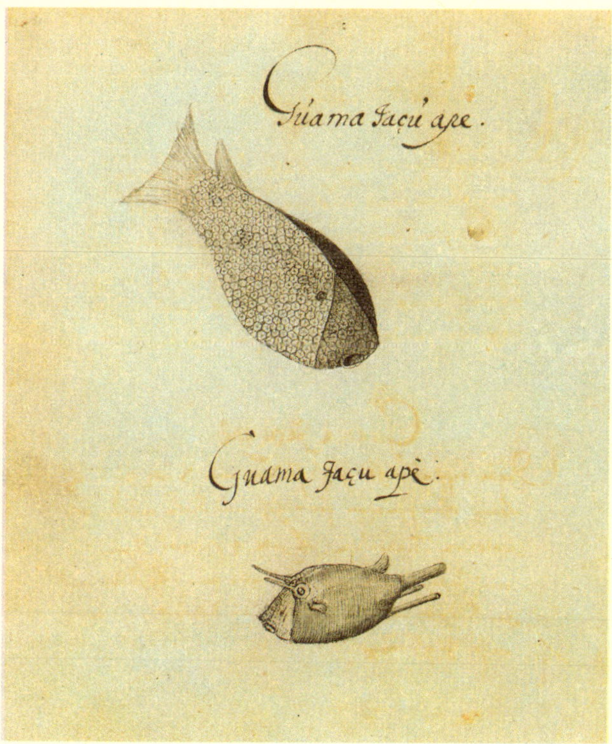

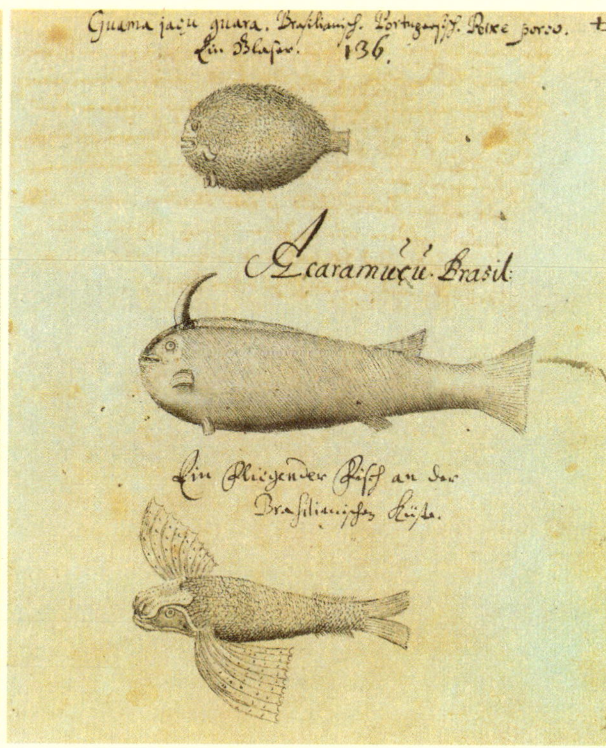

Fliegender Fisch in Brasil. Pirabebe, brasilianisch. Peixe volador, portugiesisch. Dieser Fisch wird an der Küste von Brasil gefangen. Er ist ohngefähr einer Spannen lang, hat einen dicken Kopf mit einem harten Schild, so oben etwas eingedrückt ist und nach dem Rücken zu mit zwei spitzigen Stacheln. Seine Augen sind schwarz mit einem gelben Ringel darum. Und soll auch zu essen sein.

Narinari, brasilianisch. Roia, portugiesisch. Pylsteert, holländisch. Narinari, ein Pylsteert, ist ohne Schwanz vier Schuh und mit dem Schwanz wohl sieben Schuh lang und vier breit. Hat auf beiden Seiten breite Finnen, dick von Fleisch, und hintennach am Schwanz zwei runde Floßfedern. Der Kopf ist etwas eingebogen und hat einen Rüssel fast wie ein kleiner Schweinskopf. Das Maul ist nicht voran, sondern eine gute Handbreit hinterwärts nach dem Bauch zu. Er hat keine Zähne, sondern anstatt derselben eine beinerne Zungen von vielen Stücken, die sich immer eins ums andere fügen und mit einem dünnen Häutlein zusammengehalten werden. Hinter den Augen hat er zwei Löcher, so groß, daß man wohl drei Finger hineinstecken kann. Anstatt der Kiele auf dem Schwanz hat er zwei Häklein gleich zweier Angeln, ist schwarzer, dunkler Farb mit vielen weißen Flecklein, oben herunter ab ganz weiß. Und ist gut zu essen.

Fliegender Fisch. Diese Art der fliegenden Fische gibt es sehr viel in Ost- und Westindien in der Zona torrida, um die Gegend der Aequinoctial-Linie. Sie sind ohngefähr so groß als ein kleiner Hering. Sie haben Flügel gleich der Fledermäuse Flügel. Wenn die Hayen oder andere Raubfische hinter sie kommen, so fliegen sie bei großer Menge fast einen Pistolenschuß weit über dem Wasser solang, bis ihnen die Flügel trocken werden. Alsdann fallen sie wieder ins Wasser. Und wenn sie über die Schiffe fliegen wollen und ohngefähr an etwas stoßen, so fallen sie in das Schiff und können nicht wieder aufkommen, [über die] Maßen dann derselben viel auf den Schiffen gefunden werden. Die Matrosen gebrauchen dieselben anstatt Aases an den Angeln und fangen andere große Fische damit als Hayen, Halbe Corden und dergleichen.

Seepferdlein. Dieses Tierlein fangen die Fischer in ihren Netzen, wenn sie im Meer fischen. Wird deswegen ein Seepferdlein genennet, weil es mit dem Kopf und Hals den Pferden etwas gleich siehet. Man findet ihrer zweierlei von Farbe: etliche sind lederfarben und etliche braun. Werden aber nicht größer oder länger gefunden als etwa sechs Querfinger lang und eines Fingers dick. Es hat vorn am Rüssel kein Maul, sondern unten am Hals ein Löchlein, welches auf und zu geht. Die

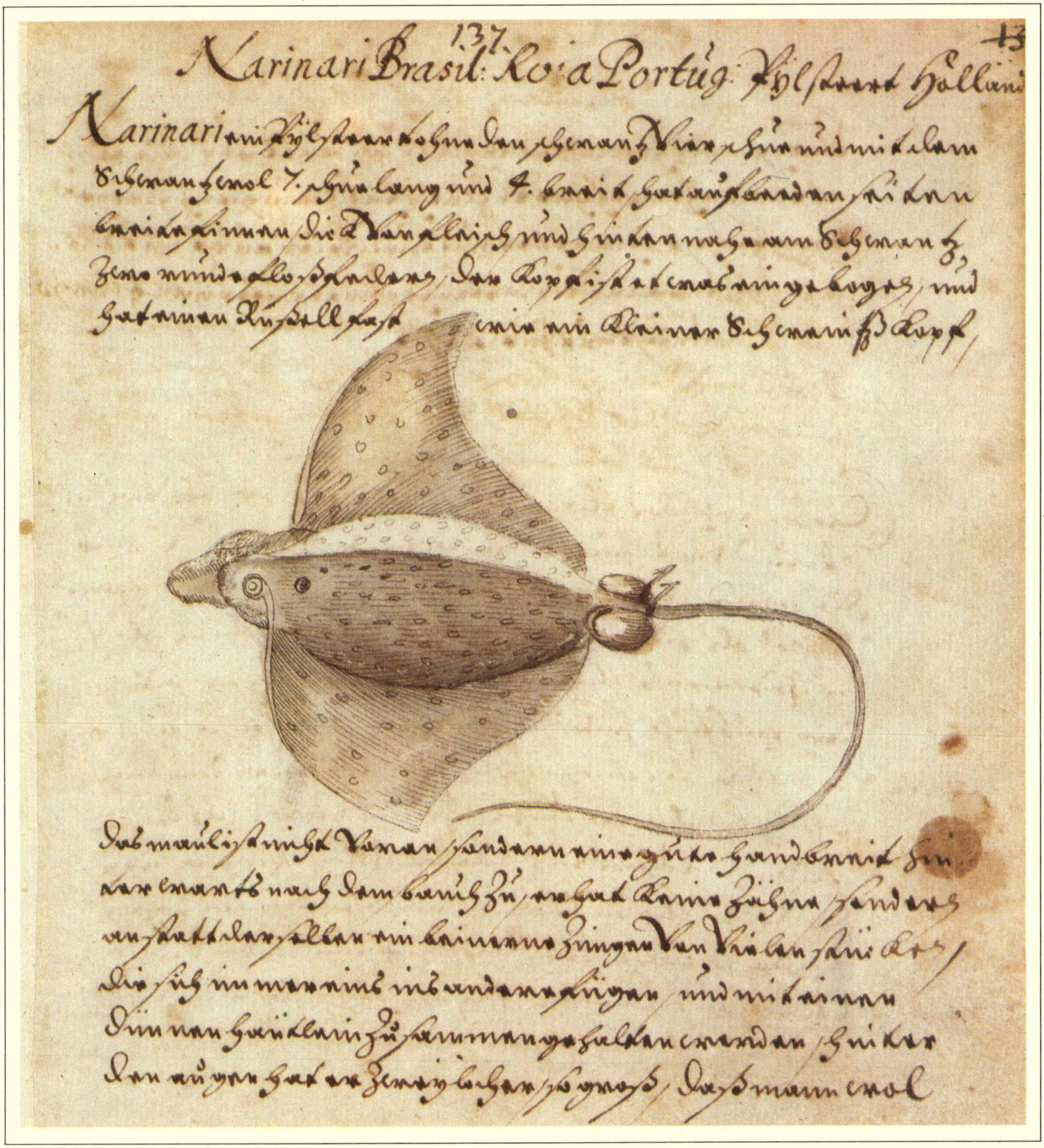
137
13
Narinari Brasil: Roia Portug: Pylsteert Holland

Augen stehen etwas heraus, und über denselben ist auf jeder Seiten ein kleines Floßfederlein, gleich als wenn es Ohren wären. Unten am Bauch hat es auch zwei kleine Löchlein, aus denen aus einem die Eierlein und aus dem andern die Excrementa kommen. Der Schwanz ist viereckig und spitzt sich hinterwärts zu. Es ist nur eine zähe Haut und sonst weder Fleisch noch Bein daran. Wenn es noch frisch ist, läßt sich's biegen, wie man will.

Meer-Sonn. Die Meer- oder See-Sonn ist im Diameter ohngefähr einer Spannen breit und ist wie ein bucklichter Spiegel erhoben, auswendig herum hat sie viel Spitzen oder Radien. Auf der unteren Seite ist sie hohl und hat sehr viel Beinlein. Die Materien daran ist weder Fleisch noch Fisch, sondern wie eine Gallerte oder Zitterfincken. Sie ist mit nichts besser zu vergleichen (beides, nach dem Ansehen als Angreifen) als mit Leim, so mit Wasser dünn gesotten und wieder kalt worden.

Seestern. Diese Sterne sind unterschiedliche Arten nach der Größe und der Zahl der Spitzen, oben sind sie aschenfarben

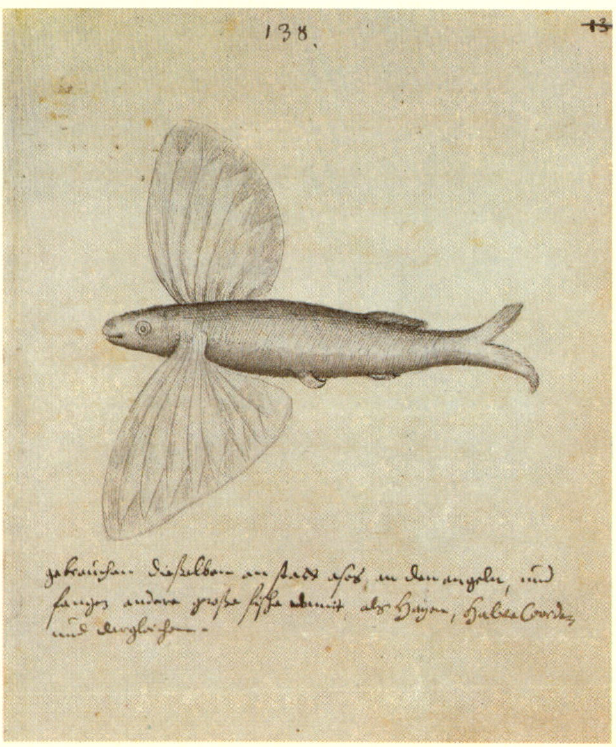

und fein gemödelt, unten aber gehl, dazu hohl und voller Beinlein. Es ist weder Fleisch noch Fisch daran, sondern eine ganz mürbe Substanz, bricht leicht entzwei wie Eierkuchen.

Mouciçu, brasilianisch. Besaon, holländisch. Excrementum Maris. Dieses Gewächs ist nur ein Schaum des Meeres, welcher auf dem Wasser hin- und herschwimmt, bis er etwa an den Seestrand kommt, da er bisweilen mit fallendem Wasser liegen bleibt und von der Sonnenhitze verdorret. Es ist nicht anders gestaltet als eine Fischblase, schön hell und durchsichtig, an Farb wie die Blasen von Seifenwasser durch einen Strohhalm gemacht, doch aber nicht rund, sondern in Form obiger Figur. Wenn man darauf tritt, so gibt es einen Knall wie eine Fischblase, und so jemand mit bloßen Füßen darauf tritt, der vergiftet die Füße, daß er's etliche Stunden fühlen wird.

Iguan, vulgo Leguan. Senembi, brasilianisch. Ein Iguan ist ohngefähr drei Schuh lang, hat schwarze Augen, so ziemlich groß sind, ist über den ganzen Leib schön grün wie ein Laubfrosch, hat sehr kleine

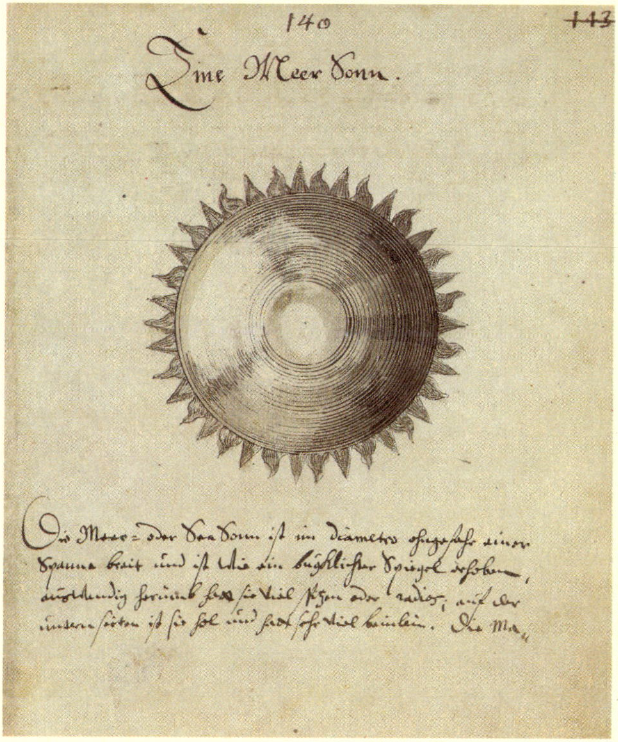

Schüpplein und glänzet wie Seide ... Etliche haben längst des ganzen Rückens und unten am Hals einen Kamm wie eine Säge. Etliche aber sind ganz glatt.

Ich habe auch Iguane gesehen, so ganz grau oder silberfarben und auch länger waren als die grünen, von welchen ich mir habe sagen lassen, daß es alte, und die grünen junge wären – würden aber mit der Zeit alle silberfarben oder grau.

Tunga, Bicho. Bootien. Die Bootien sind erstlich kleine Würmlein, noch kleiner als ein Floh. Sie wachsen gemeiniglich in den Zuckermühlen oder wo man Hühner hält. Sie kommen den Menschen gern unter die Nägel vorn an den Zehen oder hinten an den Fersen, insonderheit wenn man viel barfuß gehet. Wenn sie erstlich in die Haut kommen, so kitzelt und juckt es einem, so muß man dieselben bald mit einem spitzigen Messer oder Nadel ausgraben lassen, sonsten werden sie in vier oder fünf Tagen jedes so groß als eine Erbse und hecken noch mehr Junge um sich herum. Im Ausgraben muß man das Bootlein rundumher losmachen, damit es gut herauskomme und nicht zerstochen werde, denn sonst würde nur Wasser herausgehen, viel Junge wieder wachsen und der Ort anfangen zu schwären. Kommt es aber ganz heraus, so streut man ein wenig Tabakasche in das Löchlein oder drückt ein wenig Limonsaft hinein, so heilt es bald wieder.

Baumschlangen. Boigaçu, brasilianisch. Cobre de Veado, portugiesisch. Diese Schlangen sind die größten unter allen Schlangen, so in Ost- und Westindien gefunden werden. Sie sind zwanzig bis sechsunddreißig Schuh lang und mannesdick, aschenfarbig und schön schattieret, sollen aber nicht so giftig sein wie andere, kleinere Art Schlangen. Sie halten sich mehrenteils auf niedrigen Bäumen oder starken Büschen am Wege, und wenn Tiere oder Menschen (insonderheit Schwarze, so ohne Kleider sind) vorüber gehen, schießen sie herab und schlingen sich um dieselben herum, erdrücken sie und saugen ihnen das Blut aus. Mons. Capitain Oyens Wildschütz und ein Schottländer Soldat von unserer Compagnie, mit Namen Jan Janßen, haben ao. 1644 dergleichen Schlange am roten Lande, auf der Nordseite des River Parayba geschossen, welche vierundzwanzig Schuh lang war. Die Brasilianer haben ihr alsbald den Kopf abgehauen, das Fell abgezogen (welches der Capitain bekommen) und das Fleisch zu essen mit in ihre Häuser genommen.

Rattel- oder Rasselschlange. Boicininga, brasilianisch. Cahca vela, portugiesisch. Die Rattelschlange ist ohngefähr fünf Schuh lang, in der Mitten eines Armes dick. Sie hat einen platten Kopf, kleine Augen, eine gespaltene Zunge und scharfe Zähne. Ihre Haut ist schuppig, und hinten am

Schwanz sind kleine Fächerlein gleich einer Panzerketten aneinandergefügt. Die Substanz derselben ist wie dünnes Horn, fahl von Farbe und sehr leicht. Alle Jahre soll ein Fächerlein mehr daran wachsen, denn soviel eine Schlange Ratteln oder Fächerlein am Schwanze hat, so viel Jahre soll selbige alt sein. Weil wider den Biß dieser Schlangen kein Antidotum zu finden [ist], hat die Natura derselben solche Bellen oder Schellen angehanget, damit sich Mensch und Vieh vor derselben hüten können.

Svinnenkop, holländisch. Nhamduguaçu, brasilianisch. Ein Svinnenkop ist gleich wie eine Landkrabbe, doch auswendig nicht glatt, sondern rauh, lorbeerfarbig und ein wenig gräulicht. Er hat kleine Augen und auf beiden Seiten am Obermaul einen Zahn, ohngefähr eines halben Fingerglieds lang. Diese Zähne sind inwendig hohl und an Farbe und Material wie die Schrötershörnlein. Der ganze Corpus ist etwa drei Finger breit lang. Auf dem Rücken hat er ein Loch als... und hat zehn Beine, an jedem fünf Glieder und kleine Scherlein wie die Krebse. Er frißt Würmlein und Fliegen.

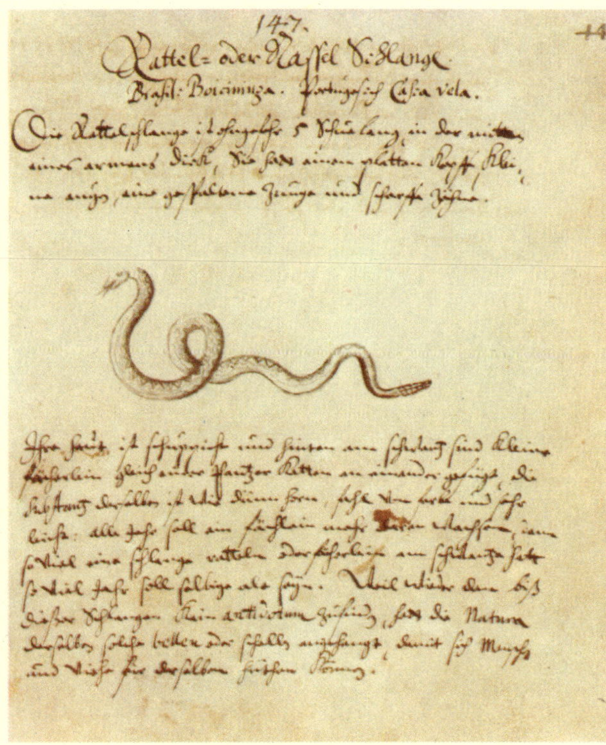

146 14

Baumschlangen. Boiguacu Brasilianisch.
Cobre de Veado Portugesisch.

Diese Schlangen sind die grösten unter allen Schlangen so in Ost- und West Indien gefunden werden, die sind von 20 biss 36 Schue lang und mannes dick, aschenfarb und schön schattiret,

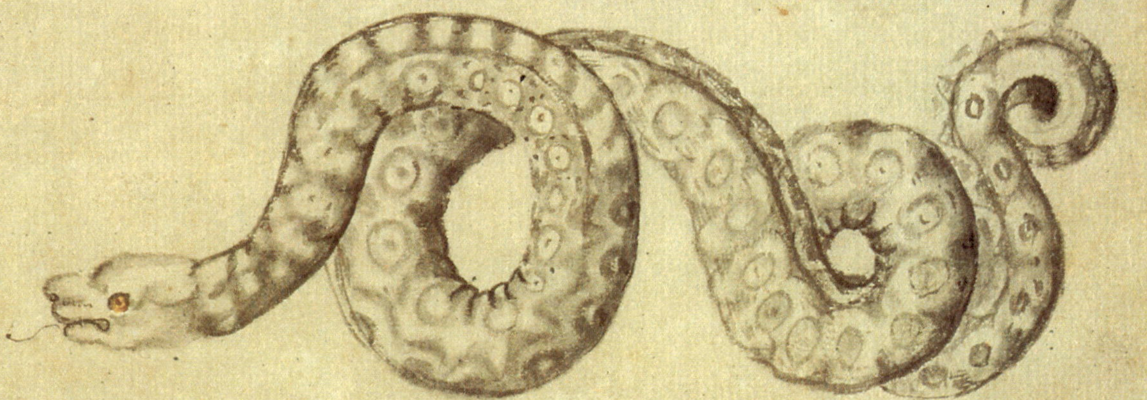

sollen aber doch nicht so giftig seyn wie andere kleinere arth schlangen. Die halten sich mehren theils auf niedrigen bäumen oder starcken büschen am wege und wann thiere oder Menschen, insonderheit schwartze so ohne kleider sind, sich fürüber gehen, schiessen sie herab, und schlingern sich umb dieselbe herumb, erdrücken sie und saugen ihnen das blut auss. Monsr. Capitain Ojans Wildschütz, mit Nahmen Jan Janssen

REISE VON PHARNAMBUCO NACH HOLLANDT

Den 27. Mai St. n., war der Sonnabend vor Exaudi, bin ich auf das Ammirals-Boot von Reciff an Bord gefahren, um mit Gottes Hilf wieder ins Vaterland zu kommen. Das Schiff gehörte der Stadt Gröningen in Ost-Friesland zu, davon es auch den Namen Gröningen und hinten am Spiegel derselben Stadt Wappen führte. Seine Ladung war Zucker, Brasilienholz und Tobak. Es war mit sechs metallenen und sechzehn eisernen Stücken versehen. Der Schiffer war ein Gröninger, namens Jan Dircksen, ein tapferer Seemann. Wir waren in allem fünfzig Personen, als siebenundvierzig Mann (worunter ein Prädicant und zwei Fähnriche und deren Weibspersonen) stark.

Den 8. Juni, Donnerstag nach Pfingsten, sind wir, an der Zahl sieben Schiffe, mit einem SO-Wind zu Segel gangen.

Den 9. kamen wir auf die See vor das tote Land gegen den Mund des Flusses Parayba, ließen unsere Anker fallen, uns mit süßem Wasser zu versorgen.

Den 17. Juni kam die Post von Reciff, daß das Cap St. Augustin von Capitain Hogstraten an die Portugiesen verräterisch verkauft und übergeben wäre.

Den 18. fuhren alle Schiffer an das Land ins Fort Margarethen.

Den 19. wurden alle Soldaten mit Gewehr an das Land zu fahren commandieret, und unter dem Prätext, als wenn die ganze Flotte lange im Lande bleiben sollte, mußten auch die Matrosen nebst deren Soldaten mit Gewehr ans Land marschieren. Als wir nun alle in die Boote verschicket und ausgesetzet werden sollten, konnten die Boote wegen gefallenen Wassers und schwerer Ladung auf einen Pistolenschuß fern nicht an das Land kommen, sondern wir mußten alle durchs Wasser baden. Hernach gingen wir am Seestrande fort bis ins Norder-Fort, Antony genannt. Alle versammelten wir uns eine Stunde, bis das Wasser wieder etwas wuchs.

Mit wachsendem Wasser wurden wir folgends auf unsere Boote über den Fluß Parayba vor das Fort Margarethen gebracht, allwo das Tor bald aufgemacht und wir eingelassen wurden. Diesen Tag kam Order von Reciff, daß ein Schiff von unserer Flotte, welches am besten segeln könnte, sollte voraus nach Hollandt laufen, um von dieser Verräterei Kundschaft zu überbringen. Die anderen Schiffe aber sollten vor Anker liegenbleiben und fernere Order gewarten. Hierauf ist beschlossen worden, daß die Fluit Morian alsobald nach dem Vaterlande laufen und die anderen Schiffe möglichsten Fleiß anwenden sollten, um wieder nach Pharnambuco zu kommen. Und mußten demnach alle Matrosen, so mit Gewehr an das Land commandiert gewesen, wieder zu Schiff, und die Soldaten allein an Land (dahin ihnen auch ihre Kisten und Schlafzeug geführet wurde) bleiben. Dieweilen nun auch das Schiff Gröningen zurückbleiben mußte, und der darauf verordnete Prädicant H. Johannes Haßelbeck gleichwohl gern ins Vaterland zu den lieben Seinigen gewesen wäre, erhielt er von dem Polidikken H. de Witt zwei Pässe, einen für sich, auf dem Morian mit ins Vaterland zu gehen, und einen für mich, daß ich wieder auf das Schiff Gröningen gehe, seine darauf habende Mobilia in acht nehmen, auch solang darauf bleiben möchte, bis es, beliebt es Gott, auch ins Vaterland ginge, da er dann meiner erwarten wollte. Der Prädicant säumete sich nicht lange, sondern nachdem er seine Mobilia inventieret, stellete er mir ein Inventarium zu und ließ sich an den Morian ansetzen, und ich fuhr nachmittage mit fallendem Wasser auch wieder an Bord. Kurz darauf kam auch unser Schiffer vom Lande, dem ich meinen Paß zeigete, und wurd stracks auf seinen Befehl in die Rolle geschrieben. Den 20. Juni des Morgens ging der Morian von uns, gab mit drei Kanonenschüssen Valet, welches von allen Schiffen dreimal beantwortet wurde.

Den 21. kam der Fiscal an Bord, ließ die Rolle derjenigen, so auf dem Schiff bleiben sollten, verlesen, und als einer von den beeden Fähnrichen nicht auf derselben funden wurde, wollte ihn der Schiffer an Bord nicht leiden, sondern sollte sich wieder an das Land begeben, gleich andere Soldaten auch tun mußten. Und als er sich solches weigerte, ließ der Schiffer, alles, was ihm, dem Fähnrich, zustund aus dem Schiff in ein Boot werfen und an Land setzen, dem er als dem Nolens volens folgen mußte. Es war auch eine Weibsperson im Schiff, so vielleicht gedachten Fähnrichs Küre gewesen war, selbige wollte sich seiner annehmen und für ihn reden. Der Schiffer aber stopfte ihr das Maul bald und ließ sie samt ihren ganzen Plunder mit an das Land setzen. Folgende Zeit bis zu Ende dieses Monats blieben wir vor Anker liegen. Warteten vielleicht auf fernerweise Befehl von Reciff. Unterdessen aber versahen wir unser Schiff mit notdürftigem Wasser und Holz.

Den 2. des Morgens fuhren die Schiffer noch einmal an Land. Gegen Abend kam unser Schiffer an Bord und brachte Ordre, daß wir den 4. dieses [Monats] sollten in See laufen.

Diesen Tag, den 4. Juli, zogen wir des Morgens unsere Anker auf und gingen im Namen Gottes mit einem NO-Wind zu Segel. Wir hielten erstlich recht vom Lande ab und gingen seewärts um, hernach aber nahmen wir unseren Kurs gegen Süden nach Reciff zu.

Den 5. gingen wir wieder nach dem Lande zu, sahen an der Gegend, daß wir wegen des starken Stroms, so um solche Jahreszeit nach Norden gehet, mehr verloren als gewonnen hatten. Und weil es also unmöglich war, gegen den Strom nach Pharnambuco zu kommen, wendeten wir uns und gingen nach Rio Grande zu.

Den 7. abends bekamen wir die Höhe von Rio Grande, sahen das Land ohngefähr zweieinhalb Meilen von uns und ließen unsere Anker in Grund fallen.

Den 8. morgens lichteten wir unsere Anker wieder, fuhren auf die See vor Rio Grande und ankerten daselbst ohngefähr zwei Musquetenschuß vom Castell. Unser Schiff aber schlingerte also so sehr vom starken Strom und ungestümen Wellen, daß in der Nacht unser Ankerzug entzwei-

riß, und wenn es die Wache nicht bald wäre gewahrworden, hätten wir leicht auf eine Klippen oder an ein ander Schiff treiben können. Wir ließen aber alsobald unser Focken fallen und segelten gegen den Strom auf einen bequemeren Ort, allwo wir sicherer zu liegen vermeinten.

Den 9. Juli erhub sich ein harter Wind, und der Himmel umzog sich allenthalben mit schwarzen Wolken, also daß wir noch einen Anker auswerfen und uns alle in Bereitschaft halten mußten.

Den 10. fuhr der Ammiral nebst allen Schiffern an Land ins Castell Ceulenburgck.

Den 11. wurde ein Soldat von des Capitains Pouroon Compagnie commandieret, über Land nach Parayba und förders nach Pharnambuco zu laufen, von unserem Schiffer Bericht dahin zu bringen, auch unseren Schiffen Verhaltungsbefehl zu holen. Folgende Zeit haben wir auf der See vor Rio Grande stillgelegen, unmittelst aber unsere Schaluppen täglich an Land geschickt, eines und anderes zu holen. Es kamen auch täglich viel Brasilianen an unser Schiff, brachten Papageien, Porquitten und Meerkatzen, desgleichen allerhand Früchte zu verkaufen und zu vertauschen.

Den 5. Augusti gegen Abend ist der Soldat von Pharnambuco wieder angekommen.

Den 6. mußten alle Schiffer an das Land fahren, und als sie wieder zu Schiffe kamen, brachten sie uns die Bona nova, daß wir nach Hollandt zu gehen sollten.

Den 7. Augusti, des Morgens um 4 Uhr, sind wir im Namen Gottes mit unseren vier Schiffen zu Segel gegangen. Der Wind war SO und unser Cours OTN und ONO zwischen beeden.

Den 8. hatten wir ONO-Wind, gingen recht nördlich an und bekamen mittags 3 Grad 33 Minuten süder Höhe. Diesen Tag sahen wir viel fliegende Fische.

Den 11., vorige Nacht, bin ich die Äquinoctiallinie zum anderenmal passieret. Der Wind war OSO, und hielten noch vorigen Cours.

Den 30. der Wind NOTN. Cours NTW und im Mittag 10 Grad 5 Minuten Höhe im Norden. Um diese Zeit kamen wir in die Gruß-See. Die Gruß-See hat diesen Namen von einem grünen Kraut „Gruß“ genannt, welches aneinanderhanget und schwimmet auf dem Wasser wie Meerlinsen, also daß es scheinet, als wenn man bei Inseln oder durch grüne Wiesen führe. Das Kraut ist fast wie Petersilien und hanget voll kleiner Beerlein, so den Stachel- oder Eichen-Mispelbeeren nicht ohnähnlich sind.

Den 3. September bin ich den Tropicum cancri zum andernmal passiert. Wir hatten ONO-Wind, gingen NTO und bekamen mittags 24 Grad Höhe.

Den 4. Wind und Cours als vor. Vorige Nacht ist ein Soldat gestorben und des Morgens über Bord gesetzt worden. Wir hatten mittags 28 Grad 40 Minuten Höhe.

Den 9. September war es stilles Wetter, bekamen um Mittag 32 Grad 26 Minuten Höhe. In voriger Nacht hatten sich unsere Schiffsofficierer fast alle miteinander toll- und vollgesoffen – und war ein großer Tumult und nichts als Schänden, Schmähen und Hadern auf dem Schiff, so endlich auf eine Schlägerei hinauslief und währte bis an den Morgen. Da wurden die Schuldigen im Gallion in die Boy geschlossen, und die andern legten sich zur Ruhe.

Den 14. war noch still Wetter wie vor. Unser Volk fing in einem Eimer zwei Fische. Jeder war eines Schuhs lang und hatte ein spitzig Horn vorn auf dem Kopf, eines Fingers lang, als der Abriß ausweiset.

Den 8. Octobris kamen zwei Schiffe zu uns von Lyßabon. Gegen Mittag wurd es still und blieb also bis auf dem 11. ejusdem. Nachmittag erhub sich wieder ein Wind, war uns aber mehrenteils contrar, mußten derowegen nach dem Canal lavieren, am Steuerbord sahen wir Boulogne in Frankreich liegen.

Den 13. Octobris war der Wind noch sehr hart und contrar. Wir hatten deshalben uns vorige Nacht wenden und nach Wicht zu, in England, kehren müssen. Nachmittag um 3 Uhr kamen wir in den Hafen, ließen unsere Anker fallen und gingen unser etliche an das Land.

Den 16. gingen wir in das Städtlein Nauport, welches ohngefähr dreiviertel Stunde vom Hafen liegt, und kehrten in das Wirtshaus „Zum vergüldeten Schlüssel“ ein.

Den 8. November war guter Wind. Wir machten uns bald fertig, aber indem wir aus den Hafen liefen, verfiel unser Schiff auf eine gefährliche Sandbank und stieß dreimal sehr auf den Grund, also daß sich ein Mastbaum aus der Spur verrückte, und jedermann vermeinte, das Schiff würde wegen seiner großen Last zerborsten sein. Es verursachte unter den Mannespersonen ein großes Schrecken und unter den Weibspersonen ein jämmerlich Geschrei, denn wo wir nur das Lot hinauswurfen, war es untief. Wir riefen den lieben Gott um Errettung an, welcher uns auch, nachdem wir großen Fleiß angekehret und fast eine halbe Stunde in solcher Gefahr geschwebet, errettet und wieder in den rechten Strom half.

Den 9. war der Wind noch gut, aber sehr ungestüm, also daß ein Mann das Ruder nicht steuern konnte, sondern es mußte auf jeder Seiten noch einer dasselbe mit einem Strick regieren helfen. Wir nahmen unser Marsseil und Blinden ein. Gegen Abend erhub sich der Wind noch stärker, und die Meereswellen gingen schrecklich hintereinander her. Das Schiff, Der Ochs genannt, trieb so nahe an uns und fehlte kaum eines Schuhs lang, daß wir nicht zusammenstießen.

Durch Schickung Gottes aber kam eine große Welle, die uns einen Augenblick voneinanderwarf, daß wir einander nicht sehen konnten. Wir dankten dem lieben Gott, denn es hätten sonst beede Schiffe zerschüttern und versinken müssen.

Den 11. kamen wir mit dem Schiff Gröningen in die Schluys-Bay [?] Den 13. erreichten wir schließlich die Stadt Gröningen.

Den 22. Novembr. reiste ich von Gröningen auf Schwartzen Schluys, allwo viel Freudenfeuer angezündet waren wegen Eroberung der Stadt Hülst, und kamen den 23. wieder in Amsterdam.

Gott sei Lob und Dank für diese Reise!

CASPAR SCHMALKALDENS REISE NACH OSTINDIEN

VON AMSTERDAM ZUM CABO DE BONA ESPERANCA

Im Jahr Christi 1646, den 6. Aprily, war der Freitag, sind wir im Namen Gottes mit vier Schiffen, als Elephant, Ammiral; Banda, Vice-Ammiral; König David, Schout-by-Nacht und Patientia aus Texel zu Segel gangen. Der Wind war SWTW. Gott verleihe uns eine glückliche Reise.

Den 17. mußten wir wegen contrari Winds des Morgens zu Thunis in Engelau einlaufen und allda ankern.

Den 4. May gegen Abend wurde der Wind gut, die anderen Schiffe zogen nach Mitternacht ihre Anker auf. Des Morgens gegen 3 Uhr erhub sich wieder ein heftiger Sturmwind; das Schiff Banda kam gleich auf uns an und blieb mit seinen Oberblinden an unserm Bauchspriet hangen. Wir ließen einen ganzen Kabelzug samt dem Anker ausschlippen, auf daß wir voneinanderkommen möchten; Banda aber mußte seinen Oberblinden im Stich lassen. Kaum waren wir diesem Unglück entgangen, überfiel [uns] ein größeres, denn unser Ammiral kam ohnversehens auf uns zu getrieben, stieß mit seinem Gallion über unser Steuerbord und reichte mit demselben über unser ganzes Schiff hin. Unser Schiff fing sehr an zu knacken und zu krachen, worüber das Volk zum Teil, sonderlich diejenigen, so nicht mehr auf dem Meer gewesen waren, sehr erschraken. Unser Kaufmann und [der] Vorsänger meineten, wir müßten bald zugrunde gehen, salvierten sich derhalben auf des Elephanten Gallion und gingen auf demselben oben in den Ammiral. Wir ließen abermals einen Kabelzug über die Holst mit einem Anker ausschlippen, verhoffend, also davonzukommen, es konnte aber nicht sein, sondern mußten den Ankerzug entzweihauen. Da scheideten uns die Wellen voneinander, und kamen also mit Gottes Hilfe, unsererseits mit Verlust zweier Anker und anderhalber Züge ohne sonderbaren Schaden davon.

Den 9. May hatten wir OSO Wind,

gingen WSW an, bekamen im Mittag 49 Grad 44 Minuten Höhe. Nachmittage kamen vier englische Schiffe zu uns, welche ringsum mit roten Schanzkleidern bekleidet waren. Sie gaben die Losung, daß wir für ihren König streichen sollten, es tat aber solches keines unserer Schiffe. Sie gaben Feuer nach unsers Ammirals Flaggen, es ging aber ohne Schaden ab. Darauf brachten wir unsere Stücke auch an Bord, uns zur Wehr zu stellen, und als sie solches vermerkten, ließen sie von uns ab, und wir gingen unsern Kurs.

Den 24. nachmittags sahen wir den Canarischen Pico Teneriffa ohngefähr zehn Meilen OTS von uns, dergleichen die Insel Gomera anderthalb Meilen STO vor uns.

Der Canarischen Inseln sind sieben. Auf der Insel Teneriffa ist der Pico de Terraira. Er wird für den höchsten Berg in der ganzen Welt gehalten, kann sechzig Meilen weit im Meer gesehen werden, und seine Spitzen sollen drei Tagesreisen über die Wolken gehen.

Den 4. Juny, des Morgens, sahen wir

die Inseln Cabo de Verde. Nachmittags kamen wir mit drei Schiffen, als Elephant, König David und Patientia, auf die Ree vor Sant Jacob. Wir setzten alsobald unser großes Boot aus und ließen unsern Anker fallen. Das Schiff Banda konnte nicht auf die Ree kommen, es mochte vielleicht garzuweit abgetrieben sein, zog also seine Segel wieder auf und lief von uns ab.

Von [den] Inseln Cabo de Verde sind [es] zehn, und sollen anno 1440 von Ludovico Cadamusta, einem Genueser, erfunden sein. Vordem hat man sie Gorgonides oder Hesperides genennet, itzo

aber werden sie von dem Vorgebirge in Afrika, so Caput Viride heißet, Insule Cabo de Verde oder Insule Virides genennet.

Auf Sanct Jacob, welches die größte [Insel] ist, nämlich sieben Meilen lang, liegt ein Städtlein, so ao. 1443 soll gebauet worden sein. Auf dieser Insel ist gut süß Wasser und allerlei gute Erfrischung von Früchten und Vieh.

Sobald wir nur auf die Ree kamen, brachten uns die Inwohner allerlei an Bord zu vertauschen und zu verkaufen: als spanischen Wein, Böcke, Schweine, Limonen, Zitronen, Orangien, Äpfel, Bacobes, Kokosnüsse, item lebendige Schildkröten, derer allda viel sind und dergleichen. Die Inwohner auf dieser Insel sind Spanier, und zwar mehrenteils Banditen und leichtfertig Gesindel. Sie suchten allerhand Ursachen, sich an unser Volk, so täglich frisch Wasser am Lande holen mußte, zu reiben, haben es auch einmal mit Steinen davon abtreiben wollen und zu selbiger Zeit einen von den Unserigen ein Loch in [den] Kopf geworfen.

Den 10. Juny, als wir unsern Anker wieder aufwinden wollten, wurde unser Ammiral, so seinen Anker bereits eingeholet hatte, von dem harten Strom schier auf die Klippen getrieben, mußten derohalben unsern Anker liegen lassen und dem Ammiral-Schiff mit unserm Boot zu Hilfe kommen. Da er nun von den Klippen befreiet war, ging er und die Fluit Patientia, so ihre Segel schon beigemacht hatte, voraus. Wir konnten aber mittlerzeit unsern Anker mit aller Macht nicht aus dem Grunde ziehen, er hatte sich gewiß in eine Klippe gefasset. Damit uns aber unsere Schiffe nicht gar aus dem Gesichte kämen, hieben wir unsern Kabelzug entzwei, ließen den Anker im Grunde liegen und folgeten ihnen mit einem OSO-Wind, unser Kurs war STW.

Den 11. hatten wir NOTN-Wind, gingen SOTS an und kamen wieder zu unsern zwei andern Schiffen.

Den 23. war uns der Wind ganz entgegen, mußten derowegen nur lavieren.

Den 25. war der Wind noch contrair, in voriger Nacht waren wir durch das Lavieren von unsern Schiffen kommen, daß wir also ganz alleine fuhren.

Den 5. Juliy sind wir die Äquinoctiallinie passieret, und ist's mein drittes Mal. Unser Volk hat einen Fisch, fünf Schuh lang, gefangen, Halve Cord genannt, er war gut zu essen.

Den 20. sahen wir ferne von uns ein groß Schiff, konnten die Flaggen nicht erkennen, hielten es aber für ein Spanisch-Schiff.

Den 25. July kam das Schiff Delft zu uns, welches auch nach Ost-Indien wollte, und hatten wir also wieder Gesellschaft.

Den 8. Augusti sind wir die Abrolhos vorbeipassieret.

166.
16
Tafel bergh an dem Cap de bona Esperancia.
OCEAN MERIDIONAL.

Den 25., in vergangener Nacht, ist das Schiff Delft von uns kommen. Wir waren auf 30 Grad 59 Minuten Höhe.

Den 4. September kamen wir wieder bei unseren zwei Schiffen, als den Ammiral Elephant und Patientia [an], hatten dieselben in zehn Wochen nicht gesehen.

Den 5. sahen wir des Morgens die Insel Tristan de Cunha vier Meilen SO von uns und noch eine kleine Insel westlich von uns. Der Ammiral ließ seine Flaggen halb streichen, damit anzudeuten, daß die Schiffer, so unter seine Flotte gehörten, als unser Schiffer und der auf Patientia, an sein Bord kommen sollen. Unser Schiffer und [der] Kaufmann fuhren alsobald an den Ammiral, und nachdem sie wieder zurückkommen, wurde die Glocke geläutet, das Schiffsvolk alles hervorzurufen. Da brachte der Schiffer an, es hielten der Herr Ammiral und andere Oberofficiere der Flotte für ratsam, daß die Fluit Patientia, so am besten segeln könnte, recta nach India, der Elephant aber, auf welchem viele Kranke wären, und König David an das Cabo de bona Esperanca anlaufen sollten. Doch sollten diese beiden Schiffe die Hälfte ihres süßen Wassers auf Patientia übergeben. Was nun hierauf unsere Meinung wäre, sollten wir uns kürzlich erklären. So fielen zwar anfangs unterschiedliche Widerwärtigkeiten wegen Weggebung unsers Wassers, weil man uns bereits an [der] täglichen Ration Wasser ziemlich abgebrochen und das Maß kleiner gemacht hatte. Vermittelst gütlichen Zuredens und vernünftiger Remonstration aber, und daß der Wind favorabel nach gedachten Cabo de bona Esperanca wäre, wurde der getane Vorschlag von jedermann freiwillig akzeptiert, und sobald [wurden] etliche Typen Wassers an das Schiff Patientia verabfolget, welches noch selbigen Abend von uns abging.

Den 19. September sahen wir des Morgens das Cabo de bona Esperanca OTS von uns. Des Abends kamen wir in die Bay und ließen unsern Anker auf sechs Klafter tief in [den] Grund fallen. Sobald wir nun an das Land kamen, schlugen wir zwei Zelte auf – eines für des Ammirals Volk und das andere für unser Schiffsvolk.

VON DEN HOTTENTOTTEN

Es waren bereits über hundert Hottentotten am Strande, welche grün Kraut zur Erfrischung, lebendige Schildkröten, Straußeneier und dergleichen an unser Volk gegen Zwieback oder Tobak zu vertauschen brachten. Und weil ihrer auch viele waren, so nichts hatten und gleichwohl den ganzen Tag ohne Essen vor den Gezelten saßen, ließ der H. Ammiral täglich etwas Zwieback unter sie austeilen, worauf ihrer immer mehr ankamen, also daß von unserm Volk etliche Schildwachen mußten ausgesetzet werden, dieselben zurückzuhalten und sollten doch an ihnen keine Gewalt üben.

Als sie nun gesehen, daß keinem nichts widerfahren, haben sie die Schildwachen nicht geachtet und sind gleich zugelaufen.

Den 22. Septembris begab sich's, daß eine Schildwache die ankommenden Hottentotten mit der Musqueten bedrohen wollte, winkte ihnen, sie sollten zurückbleiben oder er wollte Feuer auf sie geben. Als sie aber nichts darauf geben wollten, passet die Schildwache ihre Lunten auf, bläst sie ab (läßt aber doch die Pfanne zu), schlägt auf einen an, und als er... Weise den Hahn aufzieht, fähret ein Fünklein Feuer zwischen dem Deckel in die Pfann und schießet einen Hottentotten, daß er sich überwirft. Da nun dieses die andern gesehen, kamen sie alle zugelaufen, huben den Körper auf, stopfeten ihm die Wunde zu mit Gras und schreien ihm zu, er sollte mit ihnen gehen, es wäre nur ein klein Löchlein und blute nicht mehr.

Vermerkend aber, daß kein Leben mehr in ihm war, fingen sie abscheulich an zu heulen und trugen ihn davon. Nachdem sie nun den Körper auf die Seite gebracht

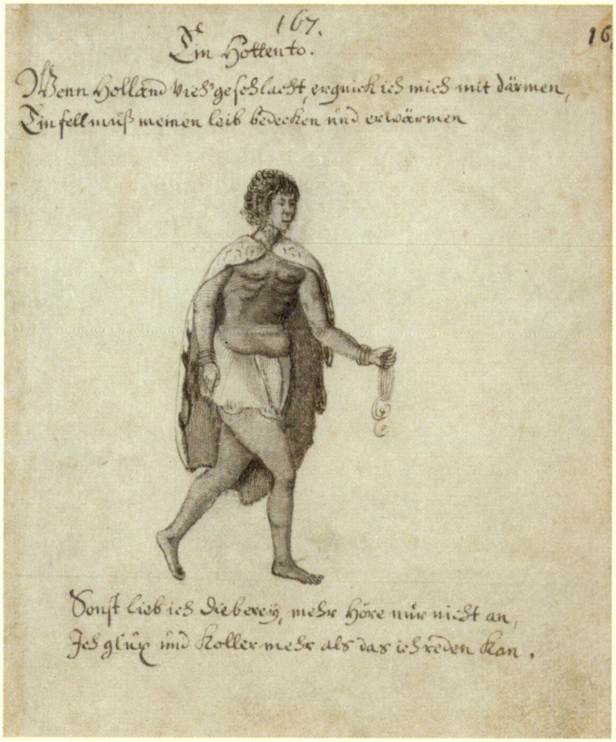

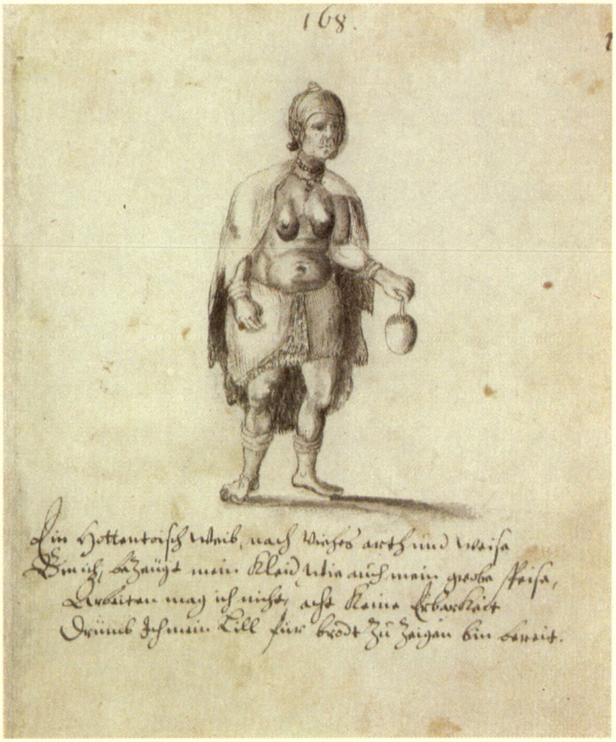

hatten, kamen des Erschossenen Freunde nebenst den Vornehmsten unter ihnen vor des Ammirals Gezelt, begehrend, daß der Täter auch möchte erschossen werden, welches ihnen der Ammiral zwar, damit sie sich nicht mit ihrem Viehe, davon wir noch etliche Stücke zu unserer Erfrischung vonnöten hatten, von uns weg, landeinwärts begeben möchten, zusagte. Ließ alsbald in ihrer Gegenwart den Soldaten an Händen und Füßen schließen und an Schiffsbord bringen, allwo er sollte erschossen werden, womit sie sich zur Ruhe gaben. Der Soldat aber wurde auf dem Schiff wieder freigelassen.

Die Hottentotten oder Inwohner des Capitis bona Spei sind nicht großer Statur, bräunlich von Farbe und haben schwarzes Haar, welches die Männer etwas abkürzen, die Weiber aber wachsen lassen.

Die Kleidung der Manns- und Weibspersonen sind wilder Tiere Häute, welche sie unzubereitet als Mäntel umhangen und um den Hals zubinden. Desgleichen die Scham zu bedecken, brauchen sie auch Stücklein solcher Häute. Die Männer gehen gemeiniglich mit bloßen Häuptern, so sie nicht, wenn es kalt ist, etwan einen alten europäischen Hut aufsetzen. Die Weibspersonen lassen ihr Haar nur ungekämmet hangen, etliche aber binden dasselbe etwas zusammen und tragen Mützen von gedachten Häuten darüber. Die vornehmsten Mannespersonen tragen zum Zierat viel messingene und kupferne Ringe um die Arme, die Weiber aber tragen solche an den Fingern und Zehen, dergleichen Ringe von Leder oder Därmen um die Beine, an der Stirne und an den Ohren Stücklein Messing oder gelbe Rechenpfennige.

Sie haben weder Ackerbau noch Gärten. Sind auch ganz ungeschickt zur Arbeit, also daß sie nicht einmal einen Fisch weder mit Netzen noch mit Angeln fangen können, obgleich der süße Strom und die Bay daselbst fischreich genug sind. Brot und Salz haben sie nicht, als was ihnen von den Europäern gegeben wird. Ihre meiste Nahrung bestehet im Vieh, dessen sie von Rindern, Schafen und Ziegen eine ziemliche Herde haben, von welcher sie zwar nicht leichtlich etwas für sich selbsten schlachten sollen, sondern vertauschen solches mehrenteils an die Europäer gegen messingene oder kupferne Ringe und Draht. Wenn aber die fremden Nationen, als Holländer oder Engländer, ein Stück Vieh, so sie von ihnen ertauschet, schlachten und das Eingeweide wegwerfen, so nehmen die Hottentotten dasselbe auf, strümpfeln den Unflat heraus, legen es ein wenig auf die Kohlen und fressen es ohne Salz und ohne Schmalz. Etliche sind auch so hungrig, daß sie solch Eingeweid samt den Unflat darin um den Hals und Arme hangen und fressen davon wie die Hunde. Als unser

Volk gefischet hatte und die Fische ausnahm, so kamen die Hottentotten, raffeten das Eingeweide von der Erden auf, ließen es ein wenig auf dem Feuer braten und fraßen es hernach halb gebraten und halb rohe.

Ihre Wohnungen sind sehr schlecht von Erdschollen in Form eines Backofens, ohngefähr so weit, daß vier oder fünf Personen darin sitzen können, gemachet. Die Löcher hineinzukommen, sind ohngefähr zwei Ellen hoch, also daß man sich sehr bücken muß, wenn man hinein will gehen. Zwischen dem Tafel- und Löwenberg stehen etliche solcher Häuserlein. Unser Ammiral ließ sich auf einem Stuhl (weil er das Podagra hatte und nicht gehen konnte) von etlichen Matrosen tragen, dieselben zu besehen. Von Hausrat war nichts drinnen als ein großer Stein zu einem Hauptkissen, etliche Pfeile, Bogen und Werfpfeile, an welchen voran anstatt des Eisens scharfe Fischbein gemacht waren.

Ihre Sprache betreffend, so reden sie alle Wort in sich und glupen wie die Caleontischen Hähne und pfeifen auch etwas mitunter. Man kann nicht ein Wort von ihnen verstehen, als was sie von den Holländern und Engländern oftmals haben nennen hören. Selbiges klappen sie ein wenig nach, als Brogua = Brot, Eir = ein Ei, Sirigou = eine Schildkröte,
Brass = Kupfer.

Anno 1646 war ein Hottentott, so mit in England gewesen, unter ihnen. Derselbe konnte ein wenig gebrochen Englisch und Deutsch und mußte allzeit dolmetschen, wenn unser Volk Vieh von ihnen tauschete.

Die Schafe an dem Cap de bona Esperanca sind sehr groß, lang von Beinen und an Wollestatt mit länglichen bunten Haaren bewachsen wie die Ziegen, welche sie an Größe übertreffen. Ihre Schwänze sind lang und dick, ja vom Fette zuweilen so schwer, daß sie kaum fortgehen können.

Haben also gleichsam fünf Viertel. Denn solche breite, dicke Schwänze, so, wie gesagt, von klarem Fett sind, können für das fünfte Viertel gerechnet werden. Und hat man etliche gewogen, welche 18, 20 und mehr Pfunde schwer waren.

Den 25. Septembris kam eine englische Fluit in den Hafen, hatte in Goa Waren nach Lyßabon geladen.

Den 28. Septembris. Weil schön Wetter, der Tafelberg fein klar und nicht mit Wolken bedecket war, machten wir uns, achtzehn Personen stark, worunter der Kaufmann, Assistent, zwölf Soldaten mit ihren Musqueten nebenst andern Soldaten und Matrosen ohne Gewehr, so etliche Flaschen Wein und Wasser trugen, frühe auf, auf den Tafelberg, auf welchen vor uns kein Europäer gewesen, zu gehen. Hatten zwar anfangs gut gehen, es währet aber nicht lange. Denn als wir hinauf an

170

Die Schafe an dem Cap de bona Esperance sind
sehr groß, lang von beinen und an Wolle statt
mit länglichten bunten haaren bewachsen, wie die
Ziegen welche sie an größe übertreffen. Ihre Schwä-
tze sind lang und dicke, ja von fette zuweilen so schwer
daß sie kaum fortgehen können: haben also gleich-
sam fünf Viertel, dann solche breite dicke Schwän-
tze, so, wie gesagt, von claren fett sind, können für

das fünfte Viertel gerechnet werden: und hat man
etliche gewogen, welche à 18, 20. und mehr Pfunde
schwer waren.

die Felsen [kamen], welche eine schreckliche Höhe perpendi wie eine Mauer in die Höhe steigen, schien es unmöglich, weiterzukommen. Wollten [deswegen] wieder umkehren. Indem aber rief uns unser Schiffsböttcher, welcher ein ziemlich Stück von uns war, er hätte einen Weg gefunden, ob wir wollten zu ihm kommen. Darauf begaben wir uns zu ihm, kamen in eine Kluft, vier bis sechs Schuh breit und bei dreißig hoch. Durch selbige gingen wir bis ganz oben auf den Berg.

Als wir nun auf dem Berge waren, gingen wir erstlich darauf herum und sahen uns wohl um. Landwärtsein sahen wir unerhört große Klippen und nach dem Meer zu nichts als Wasser und Himmel. Unsere Schiffe lagen in der Bay wie kleine Bottiche. Hernach liefen wir alle auf dem Berge herum, etwas Holz von den Krüppelbüschen, so darauf stehen, und dürr Gras zusammenzutragen, machten damit ein Feuer vorn auf der Zinne des Berges und ließen unsere Musquetier zwei Salven geben in Meinung, unsere Leute bei den Gezelten würden es sehen und hören. Sie haben aber nichts gehört, sondern nur den Rauch gesehen.

Der Berg ist oben ganz platt und fast im Geviert. In den hohlen Felsen steht Regenwasser, welches recht frisch ist wie eine Quelle, und einzeln herum stehet etwas von Krüppelbusch.

Unterdessen, solange als das Feuer brannte, setzten wir uns ein wenig zu ruhen, trunken jeder einmal, soweit als der Wein hinlangte. Die andern mußten mit Wasser vorliebnehmen. Als nun solches geschehen, begaben wir uns wieder auf den Rückweg, und war es uns sauer worden, hinaufzukommen, so war es herabwärts zehnmal schlimmer: denn sobald wir durch die Kluft passieret waren, fing zugleich die jähe Sticklichkeit des Berges, so mit langem, dürrem Gras bewachsen war, an. Und war das Gras so glatt, daß man darauf weder gehen noch stehen konnte, sondern man mußte sitzend abhütschen, und wenn einer gar zu sehr ins Laufen kam, daß der Kopf bald wollte unten gehen, mußte man ein Büschel Gras ergreifen und sich alsdann wieder in rechte Positur setzen. Solches trieben wir solange, bis wir die größte Höhe des Berges hinter uns hatten, und kamen endlich um drei Uhr bei unseren Gezelten [an].

Den 5. Octobr. kam eine englische Fluit zu uns in die Bay, hatte Fracht von Goa nach Lyßabon.

Den 7. Octobr. gingen wir wieder zu Segel.

Den 31. gegen Abend sahen wir die Insel St. Paulo ohngefähr zwei Meilen NOTO von uns, liegt auf 38 Grad 16 Minuten Höhe und 94 Grad 20 Minuten Länge.

Den 5. Decembr. haben wir die Insel Nahsau NNO vor uns gesehen, ohngefähr um 9 Uhr vormittages, auf der Höhe von

39 Grad. Den 6. haben wir des Morgens die Küste von Summatra gesehen, item noch eine kleine Insel.

Den 8. sahen wir des Morgens die Insel Cracaton, lieget vor der Straße Sunda. Gegen Abend kam eine javanische Prauw an unser Bord und brachte allerhand Erfrischung zu vertauschen. Den 10. kamen wir auf die Ree und den 11. an das Land in die Stadt Batavia.

VOM URSPRUNG UND ERBAUUNG DER STADT BATAVIA

Die Stadt Batavia liegt auf der Nordseiten der Insel Java an einem Fluß. Vordem ist sie Jacarta genennet worden und nur mit Pallisaden verwahrt gewesen und hat ein indianischer König allda residieret.

Auf der Westseiten des Flusses haben die Engländer mit Bewilligung des Königs eine Logie gehabt, daher dieselbe halbe Stadt noch itziger Zeit die englische Seite genennet wird.

Im Jahr 1628 haben die Holländer angefangen, auf der Ostseiten gedachten Flusses, auch mit Consens des Königs von Jacarta, einen festen Fuß zu setzen, worüber sich zwischen ihnen und den Engländern (mit denen sie sonst gute Freundschaft gehalten) kein geringer Zwiespalt erhoben, also daß es auch zur öffentlichen Seeschlacht gediehen, in welcher zwar die Engländer, als achtzehn Schiffe stark seiend, den Holländern, so nur sieben Schiffe stark gewesen, obgesieget, und diese sich deswegen nach Amboyna, allwo noch etliche holländische Schiffe gelegen, zu verstärken retirieren mußten.

Der König von Jacarta, diese Gelegenheit in acht nehmend, hat seinen Akkord mit den Holländern gebrochen und mit den Engländern einen neuen Vertrag contra die Holländer geschlossen und dieselben in ihrer aufgeführten Fortresse mit gesamter Hand zu Wasser und zu Lande hart belagert.

Die Belagerten aber auf gewissen Succurs verhoffend, haben sich selber mutig gemachet und in die sechs Monat tapfer gewehret, binnen welcher Zeit die nach Amboyna gelaufenen Schiffe die andere, in den molluccischen Inseln liegende holländische Flotte angetroffen, sich mit ihnen conquengieret und achtzehn Schiffe stark worden, mit welchen sie recta nach Java, ihren belagerten Landsleuten zu succurieren, gesegelt.

Sobald nun die Engländer von diesem Succurs Nachricht bekommen, haben sie ihr Lager aufgehoben, die Stücke an Bord gebracht, durch die Straße Sunda ihren Cours genommen und der Holländer nicht erwartet.

Darauf hat der holländische Commandant, Jan Pietersen Coen (aller des Königs

228.
Eine Sclävin.

von Jacarta Entschuldigung, womit er wieder Freundschaft suchen wollte, ungeachtet), 1100 (Mann) zum Stürmen an die Stadt Jacarta commandieret, sie selbst angeführet und die Stadt sonder einiger Gegenwehr erobert, alles darinnen, was sich zur Wehr gestellet, niedergemacht und die Stadt in Brand gestecket.

Der König – sobald er vernommen, daß die Holländer die Stadt erobert hätten – hat sich mit den Seinen auf die Flucht begeben.

Auf diese erhaltene Victoria haben die Holländer ihre Grenzen erweitert, die Stadt förmlicher angelegt und nach des Orts Gelegenheit befestiget, auch außer der Stadt neben dem Fluß eine Redoute, Magdalen genannt, geleget.

Da nun der Kaiser auf Japarra als absoluter Herr über der Insel von diesen Handel Nachricht bekommen, daß nämlich die Holländer auf seinen Grund und Boden eine Festung gebauet, allen Handel und Wandel samt dem Zoll von den Sinesen, Japanern, Sumatresen, Siamers und vielen andern Nationen zu seinem großen Schaden und ihrem Profit an sich gezogen, hat er solches mit neidischen Augen angesehen und in kurzer Zeit etliche tausend Mann zusammengebracht, im folgenden Jahr die Holländer hart belagert und viel Stürme auf die Stadt getan, und insonderheit hat er im October einen Generalsturm auf die Stadt und [das] Castell tun lassen. Es haben aber doch die Holländer, möcht Gott, die große Menge der Feinde mit Musqueten, Granaten und Geschützen dermaßen abgetrieben, daß sie mit großem Verlust zurückweichen mußten.

In währender Belagerung ist unter allen Trübsalen nicht die geringste gewesen der große, giftige Gestank der toten Körper, so von den Javanen in den Strom geworfen und an den eingeschlagenen Pfählen gehemmet worden, daß also beides, die Luft als auch das Wasser, einen unmenschlichen Gestank von sich gegeben. Es ist auch denkwürdig die Tapferkeit der sechzehn Soldaten, so sie auf der Redoute Magdalena gegen den ganzen hellen Haufen, mehr denn alles Volk erwiesen. Denn als die Redoute von dem Feinde ganz umringet, bestürmet und besteiget werden sollte, haben sie denselben mit Schießen solang zurückgehalten, solang ihr Kraut und Lot gewehret, und als ihnen dasselbe ermangelt, den Feind mit Ziegeln und Steinen auch eine gute Zeit abgehalten, und als endlich von solchem auch nichts mehr vorhanden, haben sie doch darum nicht verlorengegeben, sondern, Salva venia, den Menschenkot mit Töpfen aus den heimlichen Gemächern geschöpfet, den Javanen denselben auf die bloße Haut gegossen und sie damit abgetrieben.

Als nun die Javanen unterschiedliche Male mit großem Verlust abgeschlagen

Eine Mastiein 227,

worden und dieser sechzehn Soldaten Tapferkeit genugsam gekostet, erhebt sich gleich in ihrem Lager ein Alarm, die Holländer in der Stadt wären herausgefallen, dem Volk auf der Redoute zu secundieren. Da haben die Javanen alle das Hasenpanier erwählet, sich aufs Laufen begeben und die Holländer nicht erwarten wollen, mit großem Geschrei in ihrer Sprache rufend: „O Seytang Seytang Orang Hollanda de baikaley sammy tay“ (d. i. „Ihr holländischen Teufel wehret euch mit Kot“).

Den 1. Decembr. gegen Abend haben die Holländer gesehen, daß das Lager an 3 Orten im Brande gestanden, haben sich aber aus Furcht vor Verräterei nicht hinausmachen wollen. [Am] andern Tag sind etliche Reiter und Musquetiere zu recognoscieren hinausgeschickt worden, welche befunden, daß der Feind geflohen, mit Hinterlassung [von] mehr als achthundert Mann – teils Halbtote, teils durchstochen, teils die Köpf ab und viele ganz tot – alle in Ordnung reihenweise geleget. Die Ursach aber dieses Mords soll gewesen sein wie hiernach folget:

Ein Jahr vor dieser Belagerung, nämlich ao. 1627, als der Kaiser auf Java die Stadt Batavia auch belagert gehabt und mit großem Verlust wieder abziehen mußte, hatte sich der Prinz von Madura (diese Insel liegt ohngefähr einhalb Meile von Batavia unter dem Gebiet des javanischen Kaisers) nicht ohne Verachtung der andern gerühmt, er wollte mit einem solchen Kriegsheer einen stärkern Ort, als Jacarta es wäre, erobern oder wollt nicht von dannen kommen. Da hat ihn der Kaiser lassen vor sich kommen, ein groß Kriegsheer, worunter auch der vorige Feldherr gewesen, so das vorige Mal hat abziehen müssen, aufgebracht und ihm übergeben, mit welchem er seinen Worten nach die Stadt Jacarta erobern und einnehmen sollte. Als er nun, wie vor erzählet, von den Holländern also empfangen und total geschlagen worden, auch seiner vorigen ruhmrätigen Wort ganz vergessen, hat der alte Feldherr zu ihm gesagt: „Dies muß nach deinen Worten geschehen!“ Drum sollte [er] nicht wieder lebendig von Jacarta wegkommen, und hat ihn nebst seinem ganzen Anhang niedermachen lassen, welche daselbst sind liegen blieben und bei achthundert an der Zahl gewesen. Der Kaiser von Java hat sich auch mit solcher Entschuldigung begnügt und den alten Feldherrn ohne Strafe passieren lassen.

JETZIGE BESCHAFFENHEIT DER STADT BATAVIA

Batavia ist itziger Zeit die Hauptstadt und Colonia der Holländer in India, allwo alle Schiffe, so aus Holland kommen, anfahren und ausladen müssen. Sie werden auch allda wieder aufs neue beladen und hin und wieder an viele Orte in ganz India verschicket.

Das Castell oder Fort samt der halben Stadt liegt an der Ostseiten des Flusses Jacatra, das Vierkant aber und die andere halbe Stadt an der Westseiten und wird die englische Seite genannt.

Die Stadt ist mit einer hohen Mauer und tiefen Wassergräben umgeben, und stehen in der Mauer gegen alle Gassen große viereckige Türme, welche mit vielen Stücken versehen und mit Soldaten besetzt sind. Durch die Gassen, so alle nach der Schnur gleich angeleget, gehen Wassergräben, so mit wachsendem Wasser voll- und mit fallendem ablaufen.

In dem Castell wohnet der General in einem schönen, steinern Hause, welches zu meiner Zeit erst gebaut worden, desgleichen alle Ordinar- und Extraordinar-Räte

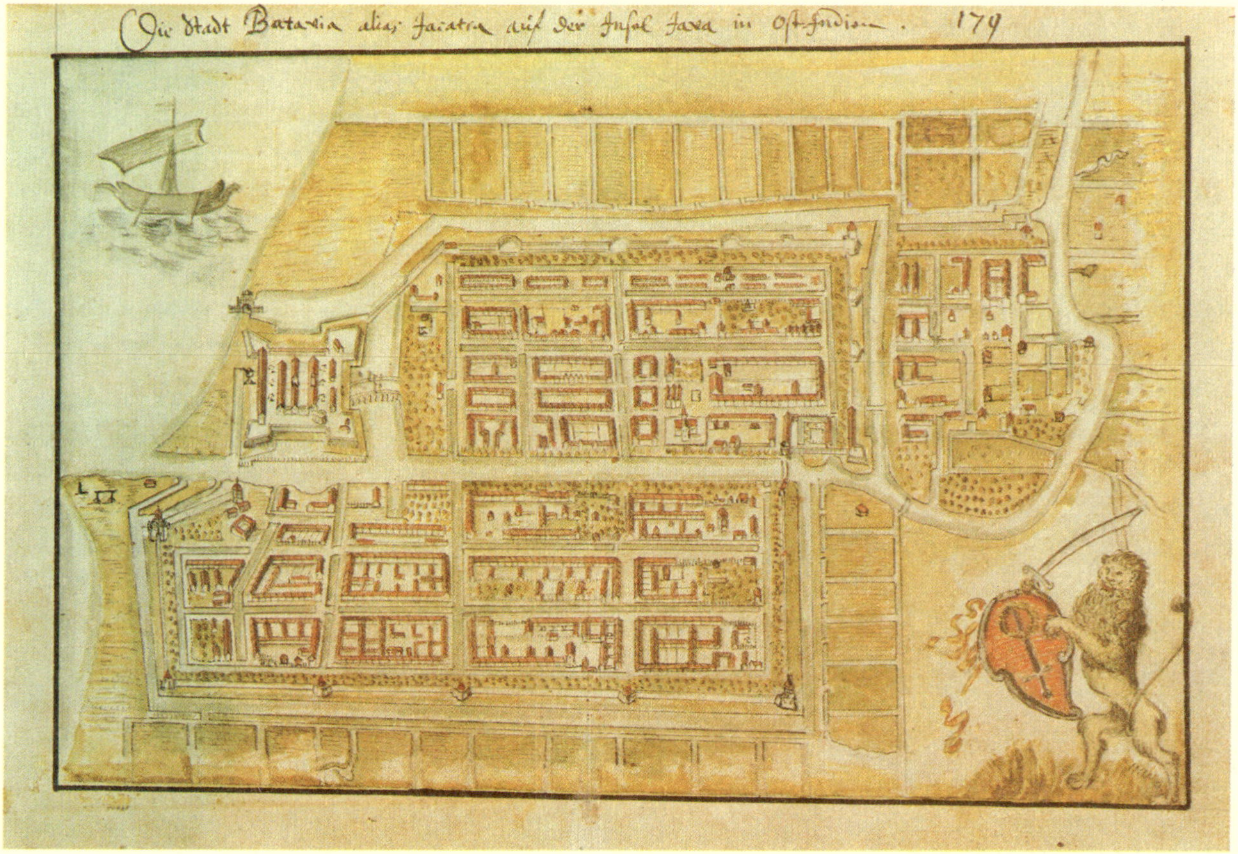

von India, item etliche Kaufleute und Assistenten. Der Major hat seine Wohnung auf dem Punt Diamant, und die Soldaten sind im Corps du guardes, so auf den Punten stehen, und in die Hauptwache eingeteilet. An der Ostseiten der Stadt, die Neuepforte genannt, sind von dem Castell bis an Grimbergen... sieben Punte, auf welchen damals Capitain Silbernagels Compagnie lag, ihre Hauptwache war im Stadttor oder Reue-Pforten.

Auf der englischen Seiten sind von dem Boom [?] gegen dem Castell über bis wieder an den Punt Grimbergen exklusive neun Punte, auf welchen zu meiner Zeit Capitain Heinrichmannes Compagnie lag. Ihre Hauptwache war im Vierkant und auf Diest. Außerhalb der Neuenpforte liegt die Redoute Magdalena an dem Fluß. Auf derselben commandieret ein Sergeant und hat etwa zwölf oder fünfzehn Mann unter seinem Commando.

Alle Compagniediener, groß und klein, empfangen ihr monatliches Kostgeld. Die Oberofficiere bekommen über dasselbe auch ihr Deputat an spanischem Wein. Die Unterofficiere aber, und die nach ihnen folgen, bekommen nebst dem monatlichen Kostgeld auch ein gewisses an Reis.

Die Bürger oder Inwohner der Stadt Batavia, exklusive die Soldateska, welche, wie vorgesagt, auf den Punten liegen, sind entweder Indianer oder Holländer. Unter diesen werden verstanden alle Nationen, so aus Europa in Compagniedienste hineinkommen sind, unter jenen aber alle indianischen Nationen als Javanen, Malayer, Sinesen etc.

Die Holländer, so in keinen Diensten sind, werden Freileute genennt. [Es] treibt ein jeder seine Hantierung oder Kaufmannschaft zu Wasser und zu Lande. Unter den Sinesen sind ihrer viel großen Vermögens. Haben ihre eigenen Junken auf der See und treiben starken Kaufhandel. Etliche treiben Krämerei oder nähren sich mit Gaarkochen, Brandewein, Tobak und Bierzäpfen. Diese letzteren haben mehrenteils keine eigenen Häuser, sondern wohnen zur Miet und geben monatlich dem Eigentumsherrn großen Zins davon.

Die Javanen und Malayer haben auch ihre Handlung an gewissen Orten. Anstatt der Schiffe gebrauchen sie eine Art von Kähnen, so sie Prauwen oder Currurren nennen.

Die ganze Regierung über alle holländischen Garnisonen, sowohl in Kriegs- als Handlungssachen, bestehet, Inhalts der hochmögenden Hl. Staaten General gegebenen Octroi wie auch des H. Generals Instruktion, mehrenteils bei dem General selbsten auf Batavia. Es sind aber nächst ihm sechs Ordinari- und Extraordinare Räte verordnet, deren jedweder (den Ordinaris im speziellen) ein gewisses Comptoir unter seiner Inspektion hat, welches er jährlich einmal zu visitieren und davon Rede und Antwort zu geben hat.

Im Justitiarat sind holländische Assessores bis auf zwei oder drei Sinesen, welche in solchen Fällen, so ihre Nation concernieret, mit dazugezogen werden. Alle peinlichen Urteile dürfen nicht eher publizieret oder exegieret werden, sie seien denn zuvor von dem General approbieret und confirmieret, welcher alle Strafen [betreffenden] Dinge zu dispensieren hat.

In dem Stadtrat präsidieret ein Rat von Indien [und] hat zu Assessoren den Schultheiß und Landrat. Es sind auch gewisse Personen deputieret, die Vormundschaft [über] Witwen- und Waisensachen zu beobachten, damit die Verlassenschaften den Erben zu Nutz angetan werden und sonsten in den Legatis oder Vermächtnissen nichts Ungebührliches vorgehen möge.

Die Religionen auf Batavia belangend, sind deren soviel als Nationen allda wohnen, nämlich Christen: darunter reformierte, evangelische und papistische; Heiden: darunter Türken, Javanen, Malayer und Sinesen. Es ist aber nieman-

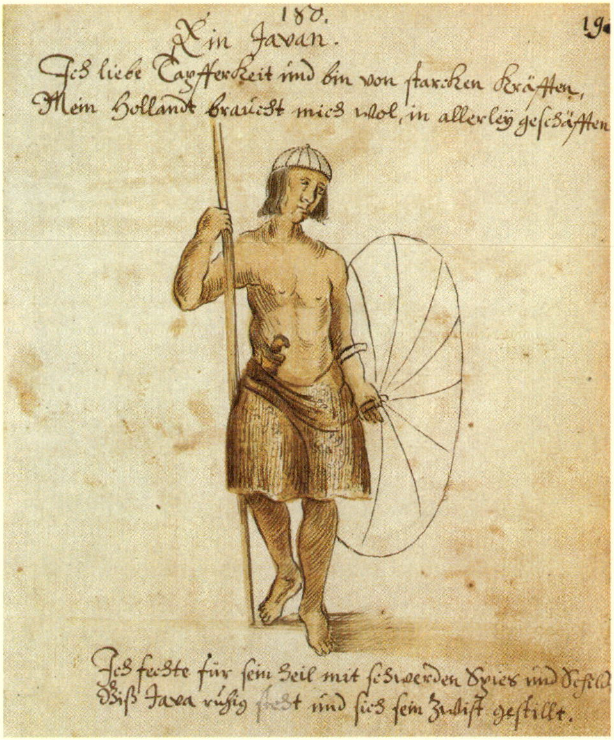

den als den Reformierten das öffentliche Exercitium religionis zugelassen. Sie haben drei Kirchen in der Stadt, darinnen alle Sonntage holländisch, französisch und malayisch gepredigt wird.

Es sind auch etliche Schulen in der Stadt, es wird aber nur Lesen, Schreiben, Rechnen und ein wenig Latein darinnen dozieret.

REISE VON BATAVIA NACH MALACCA UND ACHEM MIT H. JOACHIM RUDOLFS VON DEUTECOM AO. 1647

Den 11. July bin ich auf das Schiff, Seerab genannt, gefahren, um mit dem Ambassaden H. Joachim Rudolfs von Deutecom, ordinaris Rat von Indien, nach Achem zu gehen.

Den 12. sind wir mit drei Schiffen, als Seeraben (Ammiral), Welsingen und dem Engel, zu Segel gegangen.

Den 16. waren wir die Äquinoctiallinie passieret.

Den 19., gegen Abend, kamen wir auf die Ree vor Malacca und fuhr der H. Ambassadeur an das Land.

Den 24. bekamen wir des Nachts einen harten Wind, [der] unser Ankertau entzweiriß.

Den 25. fuhr ich an das Land.

Die Stadt Malacca. Die Stadt Malacca liegt rings um einen hohen Berg an einem Fluß, Tyga genannt, ohngefähr auf 2 Grad 30 Minuten norder Breite. Hundertfünfzig Meilen von Batavia und acht Meilen von Sumatra, so nahe am Meer, daß auch die Wellen mit hohem Wasser an die Mauern schlagen.

Zu meiner Zeit waren noch viel Rudera von Gebauen und Kirchen wüste, insonderheit sind noch etliche Schwibbögen einer schönen Kirche an der Seite nach dem Meer zu zu sehen, so „Der Himmel“ genennet worden.

Die Kirche, in welche die Holländer gehen, stehet oben auf dem Berge und wird die „Johannis-Kirche“ genannt.

Der damalige Gouverneur H. Johann Thießen hatte ein schönes Haus, so oben auf dem Dach eine schöne Galleria und Türmlein hatte, gebauet, daß man darauf speisen und spazieren konnte. Um die Stadt ist eine dicke Mauer von hartem Eisenstein mit trefflichen Bollwerken. Sie hat zwei Tore, eines gegen Norden, in welchem viel holländische Freileute und das andere gegen Süden, in welchem mehrenteils Portugiesen und Sinesen wohnen.

Den 27. fuhren wir alle wieder an Bord und gingen zu Segel.

Den 29. hatten wir einen großen Sturmwind, daß wir unsere Segel bis auf die Focke einnehmen mußten.

Den 5. Augusti, des Morgens, kamen

Stadt Malacca

wir auf die Ree nach Achem und fuhren alsbald an das Land.

Den 22. kamen der Königin Abgesandte auf zwei Elephanten mit einer großen Suite in unser Logis, das batavische Präsent und den H. Ambassaden abzuholen. Der Ambassadeur, Kaufmann und Ambassadeurs Sohn, bekamen malaysche Kleider, samt Kriß und Degen, mit welchen sie [bei] der Audienz bekleidet sein mußten. Die Orang kays saßen auf zwei großen Elephanten in viereckigen, mit schönen seidenen Vorhängen gezierten Türmlein. Die Prozession aus unserem Logis nach dem königlichen Palais war als folget: Voran gingen ihre Spielleute mit Schalmeien, denen folgeten die zwei großen Elephanten, auf welchen schöne Häuserlein stunden. In einem jeden saß ein Orang kay und vor dem Häuslein ein Malayer mit einem spitzigen Häklein, damit sie die Elephanten regieren.

Nach den Elephanten gingen unsere Trompeter, etliche Glieder Leibschützen und alsdann der Ambassadeur, so in einem vergüldeten, und mit blauem Sammet überzogenen Palakin getragen wurde. Hiernach wieder etliche Glieder Leibschützen und endlich eine Anzahl Malayer, so aber in keiner Ordnung gingen. Als wir nun vor den königlichen Hof kamen, wurde ein großer Kreis mit den Elephanten geschlossen. Da kamen sechs wilde Elephanten, so ganz mit grünen Zweigen bestecket waren. Auf jedem saß ein Malayer, und mußten je zwei miteinander kämpfen.

Einem jeden Elephanten war an ein Hinterbein ein dick Kabeltau von etlichen zwanzig Klafter Länge gebunden und an dem andern Ende des Kabeltaues ein Elephantenweiblein, auf daß, wenn die Elephanten gar zu sehr aufeinanderhetzeten, so laufen die Malayer mit langen Stangen dazwischen, und die Elephantenweiblein müssen dieselben voneinanderziehen.

Es kämpfen allezeit nur zwei miteinander, und wenn erstliche einander von ferne ansichtig wurden, krümmten sie ihre Schlörpen mit Kreischen auf und nieder, fuhren mit den Zähnen in die Höhe und zogen die Weiblein, so an den Tauen gespannet waren, mit Gewalt hinterwärts, bis sie einander erreichten. Da schlugen sie ihre Schlörpen zusammen und stachen immer mit den Zähnen aufeinander. Und wenn die Malayer sahen, daß diese grausamen Tiere genugsam aufeinander erhitzet waren, kamen etliche Malayer mit langen Stangen dazwischengelaufen, und etliche trieben die Weiblein mit Gewalt an, bis sie endlich mit großer Gefahr voneinandergebracht wurden.

Dieser Elephantenkämpfe wurden drei nacheinander gehalten, während eines Kampfes brach einem Elephanten ein Stück, ohngefähr anderthalb Spannen lang, von einem Zahn, und einer wurde mit einem Zahn durch die Schlörpe gestochen, wobei ich sonderlich in acht nahm, daß der, so den andern gestochen, mit Fleiß danach trachtete, mit seinem Zahn wieder in das Loch in seines Feindes Schlörpe zu kommen, welches aber der verwundete Elephant merkte und immer parierte, daß sein Feind nicht wieder in das Loch käme.

Nach den Elephanten kamen ein Paar großer Büffel auf die Bahn. Die gingen erstlich wacker aufeinander. Es mochte aber einer einen harten Stoß bekommen haben. Derselbe wollte denn keinen mehr aushalten, sondern gab Reißaus durch das Volk hin, welches sehr gedrängt stund, und auch deswegen viele übereinanderherfielen, doch ohne Schaden.

Endlich kamen auch zwei Böcke und kämpften miteinander, welches aber nur ein Gelächter machte.

Den 31. Augusti hatte unser H. Ambassadeur wieder Audienz, wobei aber zu gedenken ist, daß er sich auf Befehl der Königin nicht mehr auf dem köstlichen Palakin, sondern nur auf einem mit grünem Zeuge überzogenen Stuhle mußte

tragen lassen, aus was [für] Ursach solches geschehen, weiß ich nicht.

Den 7., 14. und 21. Septembr. war wieder Audienz.

Den 28. Septembris, mit dem neuen Mond, gingen die Malayer (als Mahumetisten) Fastentage an, in welcher Zeit sie alle Tage, bis sie des Abends die Stern am Himmel sahen, fasteten, und solches währet bis wieder ein neuer Mond ist. Wir hatten auch die ganze Zeit über keine Audienz bei der Königin. Wenn jemand in solcher Fastenzeit krank ist und die Fasten nicht halten kann, so muß er solche auf eine andere Zeit wieder hereinbringen.

Achem oder Atschyn. Dieses ist die Haupt- und königliche Residenzstadt auf der Insel Summatra. Sie liegt an der Nordseiten der Insel auf 6 Grad Breite [an] einem großen Wasserstrom, eine halbe Meile landwärtsin. Die Häuser liegen weitläufig voneinander, außer bei dem Markt oder Basar. Da stehen etliche beieinander auf der Reihe. Sie stehen mehrenteils auf Pfählen, vier, fünf, sechs oder sieben Schuh hoch von der Erden, weil sich das Wasser bisweilen sehr ergießen soll.

Die Stadt ist in ihrer Circumferenz wohl eine halbe Meile, aber ohne Ringmauern und Tore. Nach dem Moor zu, am Munde des Stroms, stehet ein schlecht gemauertes Sechseck und ein kleiner Turm darin, ist aber ganz offen und niemand darin.

Der königliche Hof oder Palast, welcher von außen nicht besser als ein Bauernhof scheinet, liegt an der Südseiten der Stadt, auf der rechten Seite des Wassers. Zwischen dem Palast und der Stadt ist ein großer ebener Platz, auf welchem, nicht weit vom königlichen Hof, ein erhobenes gemauertes Begräbnis stehet. Und gegen der Stadt zu stehen etliche Elephantenhäuserlein, nur von vier Pfählen und einem Dach darauf, damit die Elephanten, so täglich vor demPalast in Bereitschaft stehen müssen, vorm Regen sicher stehen können.

Auf der rechten Seite besagten Platzes stehet ein großer Tempel oder heidnische Mosquito, welcher samt einem ziemlichen Hofe mit einer Mauer umgeben ist. In der Stadt, nicht weit vom Markte, stehet noch ein Tempel, vor welchen ein schöner Brunnen ist, darin sich alle, die hinein zum Gebet gehen wollen, waschen.

Nicht weit von diesem Tempel ist der Basar oder Markt, auf welchem des Tages über allerlei Früchte, gekochte und ungekochte Speise, Hühner, Eier, Fische etc. [angeboten werden]. Des Nachts aber ist der rechte Markt bei großen Laternen, da denn allerhand Kaufmannschaft und unter anderm auch auf ausgebreiteten Matten oder Decken vielerlei Edelsteine jeder Gattung, auf einem Häuflein allein geleget, zu verkaufen sind.

Das englische Logis lieget nicht weit

Stadt Achem
204.
Summa= tra.

vom Strom, in einem großen Garten, so dazu gehöret. Darinnen stehet auch ein künstlicher viereckiger Sonnweiser von Stein, in welchen hohle Hemisphaerica gehauen sind, worinnen die Sonne beedes, die Tagesstunde als ihren Lauf durch die zwölf himmlischen Zeichen zeiget. Nächst an diesem englischen liegt das holländische Logis, und ist nur eine Gasse dazwischen. Es ist auch ein hübscher Garten darum und stehen viel Orangienbäum darin.

Beschreibung der Malayer. Die Malayer sind von Leibe nicht so groß, sondern etwas kürzer, auch von Color brauner als die Javanen.

Ihre Kleidung ist ein blau Cotonentuch über den Hüften um den Leib gewunden und hanget bis auf die Waden. Dann ein weites, blaues Cotonenhemd mit weiten Ärmeln (so vorn an den Händen nicht eingerückt oder gefaltet sind), etwas kürzer als das Unterkleid. Ferner gürten sie sich über dieses Hemd mit einem langen Schleier oder Binden um den Leib, worunter sie den Kriß oder Dolch stecken. Anstatt des Hutes tragen sie einen Bund um den Kopf, welcher nur ein zusammengedrehtes Tuch ist, so um den Kopf geleget und auf einer Seiten untereinandergestopfet wird.

Die Orang kays lassen ihre blauen Cotonenhemden stärken und mit glatten Steinen oder Seeschulpen reiben, daß sie steif und glatt werden. Und vorn an den Ärmeln, wie auch an den Tulpanden, tragen sie güldene oder silberne Spitzen.

Ihre Religion belangend, so sind sie mehrenteils mohametisch, wozu denn auf Achem zwei große Tempel stehen, darein kein Christ kommen darf. Zur Versammlung in ihren Mosquiten oder Tempeln brauchen sie keine Glocken, sondern ein kupfern Instrument (bei ihnen Gunam genannt), gleich einem großen kupfern Gießbecken. Es hat aber in der Mitten einen runden Buckel auswärts, auf welchen der Schlag geschehen muß, wenn es brummen soll.

Dieses Instrument hanget an einem Riemen ganz frei, daß es nirgends anrühret. Der Klöppel, damit sie schlagen, ist ein Stock, einer Ellen lang, voran mit Tuch umwickelt und darüber mit starken Bindfaden zusammen in einen Knauf verstricket, als diese Figur ausweiset.

Im Octobri halten sie ein groß Fest, auf welchem sie den ganzen Monat bei Tage fasten und nicht eher essen, als wenn sie des Abends die Stern am Himmel sehen.

Anno 1647 fing dieses Fest den 28. Septembr., als der neue Mond eintrat, an und endete den 28. Octobr., als dieser Mond endete und der folgende eintrat.

Auf Achem habe ich einen Mann, wie der vorige Abriß ausweiset, gesehen, welcher weder Hände noch Füße hatte. Er konnte dennoch gehen, stehen, tanzen, auch seinen Stock in die Höhe schleudern und denselben wieder fangen. Er war, wie von andern Malayern erzählet wurde, wegen oft begangenen Diebstahls also gestrafet worden. Denn um geringen Diebstahls willen werden nicht allein Gemeinen, sondern auch wohl Edelleuten die Nasen und Ohren abgeschnitten, sondern auch, wenn der Diebstahl groß ist, Hände und Füße, wie diesem geschehen, abgehauen.

Er kam öfters zu uns, wenn der H. Ambassadeur Audienz bei der Königin hatte, bat um ein Almosen, so ihm auch gegeben wurde. An seinem Stock war oben ein Bügel als Handgriff eingemacht, darein er den Stümpel eines Arms steckte. Er konnte den Stock am Arm herumschwenken, denselben in [die] Höhe schleudern, und im Herabfallen fuhr er mit dem Arm durch den Bügel und fing also denselben wieder. Er hatte die Stümpel seiner Beine in hohle Bambusse, welche inwendig mit weichen Lappen ausgefüllet waren, gestekket, worauf er gehen konnte, wie der Abriß hierbei ausweiset.

Diebstall hat mich viermal in groß unglück gestürtzet
Dafür mir meine händ und füß sind abgekürtzet,
Nun geh ich auf die straß, ersuche groß und klain,
Zu meiner dürfftigkait, behülfflich mir zu sein.

Den 13. Novembris sind wir wieder zu Segel gangen.

Den 15. war stilles Wetter, und hatten wir die Linie passieret.

Den 18. lagen wir vor Anker zwischen den Inseln.

Den 23. kamen wir wieder auf die Ree vor Batavia und den 24. Novembris wieder in die Stadt.

Elephant. Der Elephant ist das größte unter allen Tieren, so auf der Erden ihren Wohnplatz haben. Dieser dienet dem Menschen (dafür man glimpflich mit ihm umgehet und ihn nicht zu scharf antreibet) gern zu allerlei Arbeit und hilft ihm fürtrefflich im Kriege. An ihm wird eine sonderliche Lehrsamkeit, Klugheit und Scharfsinnigkeit erblicket. Sie sind [in] ganzen Herden [wie] bei uns die Hirsche zu sehen. Ihre Größe ist unterschiedlich, die größten sind zwölf bis vierzehn Schuh hoch. An Farbe sind sie schwarz oder mausfahl. Ihre Haut ist voll Narben und Kerben, auch sehr fest, derb und hart, wiewohl sie auf dem Rücken härter als unter dem Bauche ist.

Sie haben große Ohren, welche sie immer bewegen, hingegen kleine Augen. Sie haben vier Zähne zum Kauen und andere, oder vielmehr Hörner, welche an den Männlein hervorragen, und sind krumm gebogen. Die Weiblein aber gleichwie die Hündin haben solche nicht. An [der] Nasen statt hat der Elephant einen langen und schmalen Rüssel, welcher bis an die Erde reichet, welcher am Ende offen und rauh, biegsam und schlüpfrig ist. Diese Schnauze oder Rüssel dienet ihm anstatt der Hand, womit er sowohl Speise als Trank aufnimmt und zu dem Maul bringet. Die Beine sind ohne Gelenke, also daß sie dieselben nicht beugen, noch wenn sie gefallen, wieder aufstehen können, und kommt mit der Erfahrung überein, was Plinius von ihnen schreibet, daß sie in den Hinterbeinen kurze Gelenke haben, welche sie eben also einwärtsbiegen wie die Menschen. Die Füße sind ebenso rund als [die] der Pferde, aber viel breiter, also daß die Fußsohle fast überall zweimal neun Daumen breit ist. Die Zehen oder Klauen an den Füßen, welche aus schwarzem und breitem Horn bestehen, wiewohl ihrer fünf gezählet worden, [sind] wenig gespalten und fast nicht geschieden, ja so ungeschickt, daß sie mehr Hufen als Nägeln oder Klauen gleich sind. Sie leben lange und werden 150 und mehr Jahre alt.

Die Zeit, wann sie sich paaren, wollen einige, daß das Männlein im fünften, das Weiblein aber im zehnten Jahr sich zu paaren beginnen. Die Zeit aber, in welcher sie sich trächtig befinden, begrenzen einige mit einem Jahr und sechs Monaten, andere mit drei und auch noch mehr Jahren. Das Junge (denn man saget, daß sie allezeit nur eines bei einer Tracht werfen), sobald es auf die Welt gebracht, gehet, sauget aber acht Jahr lang.

Auf daß auch solche großen Geschöpfe können erhalten werden, finden sich durch göttliche Providenz an solchen Örtern Bäume, welche wegen ihres saftigen und mürben Wesens von den Elephanten begierig gegessen werden.

Der Elephantenfang in Africa als auch in Indien geschiehet auf unterschiedliche Weise. Die Mohren fangen ihrer sehr viele mit Staketen-Werke oder Buchten, welche sie in dicken Wildnissen (da sie wissen, daß die Elephanten des Nachts ruhen) von starken Zacken oder Bäumen machen und darinnen ein schmales Loch lassen, vor welches sie eine Falltür flach auf die Erde niederlegen und dieselbe mit einem Stricke, der daran fest ist, von einem Baume, darauf sie sich verborgen [halten], sobald der Elephant kommt, nach sich zuziehen.

Wenn die Tür zu und also der Elephant in der Bucht gefangen ist, dann steigen sie von dem Baum herunter und schießen ihn mit Pfeilen zu Tode. Aber im Fall er sich aus dieser Bucht losreißet, tötet er alles, was ihm begegnet.

Sonsten hauen sie auch einen Baum bei überdeckter Grube halb durch, damit der Elephant, wenn er nach seiner Gewohnheit sich darniederleget, umfalle und sich in die Grube werfe, dadurch er dann genugsam gefangen ist.

Die Senegalneger, welche nicht weit vom Cabo Verde wohnen, haben noch einen andern Elephantenfang. Sie versammeln sich aus einem Dorfe bei Sechzigen. Ein jeder bewaffnet sich mit einem großen und sechs kleinen Pfeilen. Hierauf ziehen sie nach einem Orte zu, da er sich am meisten aufhält, und warten solange, bis sie das Knasten der Zacken und Bäume, die er im Gehen durch das dicke Gebüsch zerbricht, von ferne vernehmen. Danachzu eilen sie dann von Stund an, verfolgen ihn von hinten und schießen fort und fort mit Pfeilen, bis sie ihn an vielen Enden Wunden geschossen und durch Verlust seines Blutes seines Lebens verlustig gemacht, welches sie dann allsobald merken, wenn er die Bäume, die ihm im Wege stehen, nicht mehr – wie zuvor – zerbrechen kann.

Rhinocer. Der Rhinocer ist kleiner als der Elephant und so groß als ein Büffel-Ochse. Hat ein einziges Horn auf der Nasen, welches schwarz ist, eines Schuhs lang, pyramidalisch, in Gestalt eines Ochsenhorns, aber dicht sonder [der] Höhlung. Er ist mit harten und dicken Schilden bewaffnet. Über den ganzen Leib vergleichet sich die Farbe dem Buxbaum oder den Kastanien (gelb-braun). Dieses Tier ist von solcher wundersamen Stärke, daß es den Elephanten überwinden kann, aber von niemand leichtlich gefangen oder überwunden wird.

Rhinoceros, Ein Nasenhorn.
Javanisch Bada. Maleÿisch Badack.

Ich habe eine solche dürre Haut, welche ganz hart und zusammengerumpelt war, in einem Schiff von Goa gesehen, welche dann groß genug schiene, daß ein ziemlicher Ochse darinnen hätte stecken mögen.

Dieser Rhinocer ist von einem chinesischen Maler nach einem lebendigen, so in Batavia gewesen, abgezeichnet worden.

Paradiesvögel. Die Paradiesvögel werden in den Moluccis Eilanden tot gefunden und hierher zu Lande gebracht. Die Indianen, so dieselben finden, nehmen das Eingeweide daraus und lassen sie hernach an der Sonnen ausdörren, damit sie nicht stinkend werden.

Und weil etliche indianische Könige solche Paradiesvögel zum Zierat als Plümagien auf ihren Tullpanten oder Bünden zu tragen pflegen, schneiden etliche Indianen ihnen die Beine oder Füße ganz ab, weil sie ziemlich groß und auf den Tullpanten mit zu tragen häßlich stehen. Daher denn, wenn dieselben hernachmals hierhergebracht worden, der Wahn [ist] aufkommen, als wenn sie apodes wären und keine Beine hätten. Nunmehr aber, weil sowohl in Indien als auch hierzulande alsobalden von den Liebhabern nach den Beinen gesehen und gefragt wird, lassen sie dieselben daran. Wie ich denn selber dergleichen einen mit Beinen hierhergebracht habe, so itzo in der fürstlichen Kunstkammer auf dem fürstlichen Hause Friedenstein beigeleget ist.

Die Gestalt und Proportion des Paradiesvogels belangend, so hat er ein klein Köpflein und einen Schnabel wie einen Taubenschnabel. An dem Halse hat er schöne grüne, vergüldete Federn. Seine Flügel sind kastanienbraun, unten am Bauch und nach dem Schwanz zu schön goldgehl, ziehen sich etwas nach der Color, so man Isabelle nennet. Der Schwanz ist von schönen klaren Federn so wie die Straußfedern und nicht aneinanderkleben und vergleicht sich fast mit Rehfarbe, doch also, daß eine Farbe von der andern sehr löblich absticht.

Auf beiden Seiten hat er zwei dünne Drähte, an Farbe kastanienbraun, so noch einmal so lang als der Schwanz sind, und jeder ist auf einer Seite scharf und wachsen oben auf dem Rücken nebeneinander [wie] andere Federkiele.

König der Paradiesvögel. Dieses ist auch eine Art der Paradiesvögel, wiewohl viel kleiner, jedoch an schönen Federn, Color, und weil er auch nicht lebendig, sondern tot gefunden und also hierhergebracht wird, demselben ganz ähnlich.

Er ist ohngefähr in der Größe einer Schwalbe, auf dem Kopf ist er gehl aus rot, der Schnabel ist weiß, auf dem Rükken kastanienbraun, am Halse kirschbraun und an der Brust schön vergüldet aus grün, am Bauch und innerhalb der Flügel rehfarben, und die dünnen herausgehenden zwei Drähte sind schwarz, aber glatt bis am Ende. Ein paar Zoll lang sind an jedwedem auf einer Seite schön grün vergüldete Fächerlein daran.

Kakatoen. Die Kakatoen in Ost-Indien sind an Schnäbeln und Füßen den Papageien ganz gleich, von Leibe aber etwas größer.

Sie lernen auch allerlei Worte nachschwatzen. Sie sind ganz weiß, nur oben auf dem Kopf haben sie ein Büschlein Federn, so etwas gelblich ist. Solches können sie hinterwärts glatt auflegen, daß man es fast nicht siehet. Aber wenn sie lustig oder böse werden oder anfangen zu schwatzen, so richten sie dasselbe gleich auf in die Höhe.

Ihre Speise (sind) allerlei süße Früchte oder Pisang, Ananas und dergleichen, item Reis, Brot. Wenn sie essen, halten sie ihre Speise auch in den Pfoten wie die Papageien.

Casuarius, javanisch Eme. Ein Casuarius ist

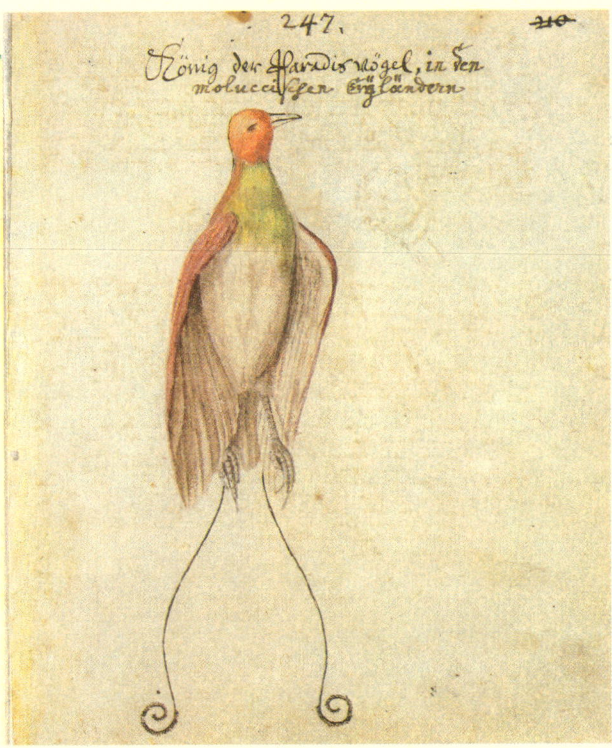

194. 20

Casuarius, Javanisch Eme, wird auf Banda ge-fangen.

Ein Casuarius ist ohngefehr so groß als eine Ziegen, auf dem Kopf hat er einen schildt von horn, und am Halße ist er gestalt wie ein Calecutischer Hahn mit einem geschlinckher roth und blaw: Er hat keine Zungen, auch weder flügel noch schwantz, sondern an statt der flügel hat er spitzige stachel, gleich denen von den fischer wercken, sie sind aber gantz schwartz,

ohngefähr so groß als eine Ziege. Auf dem Kopf hat er ein Schild von Horn, und am Halse ist er gestaltet wie ein caleontischer Hahn mit einem Geschlinger Rot und Blau. Er hat keine Zunge, auch weder Flügel noch Schwanz, sondern anstatt der Flügel hat er spitzige Stacheln gleich denen von den Eisenwerken, sie sind aber ganz schwarz. Seine Federn, so teils gespalten, also daß zwei oder drei auf einem Kiel stehen, sind fast wie Bärenhaar.

Er verschlucket Eisen, Blei und glühende Kohlen wie ein Vogel Strauß. Es gehet aber alles wieder ganz von ihm, nur daß die Kohlen bei ihm verlöschen. Er kann sehr geschwind laufen und tritt mit den Füßen hinterwärts, wenn ihm etwas getan wird. Auf unserm Schiff König David hatten wir einen Casuarius, den unser Schiffer in India bekommen und mit ins Vaterland zu führen gedachte. Und weil derselbe durchs Schlingern des Schiffs vermutlich von den Kisten gestoßen worden, wurde er krank und wollte nichts fressen. Also ließ unser Schiffer denselben an Sant Helena an das Land setzen, sich, solang wir vor Anker lagen, etwas zu erfrischen.

Nach sechs Tagen kam auch das Schiff Breda auf die Ree vor Sant Helena, und als desselben Schiffsvolk an das Land kommen ist, haben sie unsern Casuarius angetroffen, vermeinend, er wäre wild und von ihnen erst gefunden. Schießen ihn derhalben tot, nehmen ihn mit zu Schiff und verzehren ihn mit Lust. Es ist aber unter dem Volk bald kund worden, daß der Vogel krank gewesen und auf unser Schiff gehöret hätte, derowegen mußten sich des Schiffs Breda Volk wohl vopieren und Casuariusfresser schelten lassen.

Crocodill. Das Crocodill, in India Caimann genannt, ist ein vierfüssig Tier, so auf dem Lande und im Wasser lebet und daher ein Amphibium ist. Unter allen Tieren ist kein einziges zu finden, welches [mit] so einem geringen Begünstel eine solche Grösse bekommt, denn es wird wohl über 20 Schuh lang.

Über seinen Rücken hat es einen harten Kamm, wodurch man weder hauen noch stechen kann und in seinem Schwanz eine solche Stärke, daß es ein starkes Pferd damit umschlagen kann. An seinem Beck reget oder beweget es etwas unter solchem das Obermaul. In seinem Rachen hat es spitzige Zähne, die sich gleichsam ineinanderschränken. An seinen Füßen hat es schreckliche Klauen und kann sehr schnell laufen. Wenn man ihm aber im ... viel Krümmungen macht, so kann man flink entfliehen, denn es kann sich nicht kurz umwenden.

Unten am Bauch ist es weich, allwo man es durchstechen und verwunden kann. Wenn es nicht gefangen wird, soll es in die 60 Jahr leben können.

Zur Zeit, als der Edle Herr Peter de Carpentier General auf Batavia in Ostindien gewesen, hat sich nachfolgende Geschicht mit einem Crocodill begeben:

Ließ einstmals der H. General nebst etlichen Holländern zu Pferde gegen Abend von einer Tigerjagd vor Batavia kommen. Sie waren an gewöhnlichem Orte, wo man sonst die Pferde zu tränken pflegte, auch ihre Pferde sonsten zu lassen [pflegte], ein wenig ins Wasser geritten. Unter anderm sei auch des H. Generals Pferd, auf welchem ein Leibschütz gesessen, dabei gewesen; dasselbe, als es sich kaum niedergebückt hatte zu saufen, wäre es von einem ungeheuren Crocodill, das ohne Zweifel eine Weile daselbst gelegen und gelauert, ohnversehens erwischet und ohngeachtet aller Gegenwehr und Gegenstrebens des Pferdes dasselbe mit Sattel und Zeug gewaltsamlich in die Tiefe des Wassers gezogen worden, also daß mit genauer Not der Reiter, so darauf gesessen, davon springen und sich salvieren [hat] können.

Dieses ist in kurzer Zeit in allen umliegenden Orten bei den Indianern erschollen, auch unter anderem dem Könige in Cherebon (so mit den Holländern im Bündnis gestanden) zu Ohren kommen. Derselbige hatte gleich zu der Zeit einen Untertan, so sich für einen großen Schwarzkünstler ausgegeben, auch von allen Indianern für einen Wundermann gehalten wurde, in seinem Lande. Denselben hatte der König nach Batavia zum General geschickt mit Vermeldung, daß es ein Mann von unerhörten Künsten und großer Wissenschaft wäre; insonderheit wolle er dem abscheulichen Crocodill, so unlängst des H. Generals Pferd ins Wasser gezogen, mit seinen kräftigen Worten so weit zwingen, daß es aus dem tiefen Abgrund müßte herauskommen, um vor dem H. General seine Strafe auszustehen, erscheinen. Als nun dieser als Botschaft war nach Batavia vor den H. General kommen, hatte er sich in einer wunderlichen Positur präsentiert – mit seltsamen Minen und Gebärden, Verwendung der Augen, bekleidet mit einem roten Röcklein, welches allenthalben mit zusammengewickelten Brieflein, voll mit Charakteren großer Wunderwerke beschrieben, benähet gewesen.

Auf einer Muschelschale wollte er durch
Meereswellen
Viel besser segeln fort als das Schiff mit
Bootsgesellen.
In Lüften wollt er auch auf einem
Besenstiel
Schnell reiten als der Wind,
So oft es ihm gefiel.

Der H. General hatte sich gestellet, als wenn ihm die Auskunft dieses Crocodillfängers sehr angenehm gewesen und zu ihm gesaget, er sollte seinen Worten nachkommen, so wolle er ihn reichlich beschenken lassen. Hiernächst erkundigte er sich mit Fleiß nach der Gelegenheit des Ortes, wo das Unglück mit dem Pferde geschehen und bat 9 Tage Zeit, binnen welchen er sich mit sonderlichen Beschwörungen versehen müßte. Und dann nach Verlauf derselben wollte er das Crocodill liefern.

Der H. General aber als ein verständiger Mann, der mehrmals solche Gaukler und Betrüger vor sich gehabt, befiehlet etlichen seiner Diener, daß sie diesem Crocodillfänger Tag und Nacht im Geheimen auf den Fuß nachschleichen und auf all sein Tun und Lassen fleißige Aufsicht haben sollten, welches auch geschehen.

Mittlerzeit, ehe die 9 Tage um gewesen, wäre dieser vermeinte Beschwörer recht im Mittag mit einem greulichen Crocodill, so etliche Klafter lang gewesen, in die Stadt kommen und dasselbe lebendig in's Castell für den H. General gebracht. Der General hatte einem seiner Leute befohlen, dem Crocodill einen Schlag mit der Axt auf den Kopf zu geben. Dabei wäre die Axt gleich als von einem Amboß in die Höhe geprellet, und das Crocodill so schnell herumgefahren, als daß dasselbe, wenn die andern umstehenden Soldaten nicht mit Piquen und Hellebarden dazukommen und das ungeheure Tier mit Schießen und Stechen getötet, den Mann, so ihm den Schlag gegeben, mit seinem Beck ergriffen hätte.

Als sich nun bei diesem Handel viel Zuseher versammelten, und der General vermerket, daß die Verwunderung darüber bei vielen nicht gering, auch Zauberei und Beschwörungskunst dadurch ein groß Ansehen gewänne, hat er ihnen, wie es darum stünde, folgende Gestalt zugewendet: Nämlich, er hatte bald anfangs etliche Personen insgeheim bestellet, diesem Indianer Tag und Nacht auf den Fuß nachzuschleichen und auf sein Tun und Wandel genaue Aufsicht zu haben, welche ihm dann dieser Stunde also berichteten:

Der Indianer wäre hieraus in einen Buschwald, darinnen sich viel Affen und Meerkatzen aufhielten, gegangen, hätte einen fetten Affen gefangen, denselben aufgeschnitten und eine starke zweispitzige Angel, so an einer Leine festgemacht gewesen, hineingesteckt, das Loch wiederum zugemacht und fein mit Blumen und Laub bestecket. Hernach an einen Ort, wo sich ein großes Crocodill gehalten, verfüget, den Affen an einem, bis auf's Wasser abhangenden Ast also angebunden, daß er mit der Schnauzen auf's Wasser gehangen, als wenn er trinken wollte. Nachdem hatte sich der Indianer in einem kleinen Schütlein hinter einem Strauch verborgen gehalten. Und hatte nicht lange gewähret, wäre das Crocodill auf diese Beute zugeschossen, dieselbe im Augenblick (damit sie nicht entwische) von dem Ast abgerissen, in seinen Bauch verschlungen und sich stracks nach dem Grunde in die Tiefe begeben. Der Indianer hatte die Leine etwas schießen lassen und [war] in seinem Schütchen allmählich nachgefolget. Hernach hatte [er] die Leine immer sachte wieder eingeholet und unterweilen einen Ruck mit derselben getan, damit sich die Angel in des Crocodills Bauch etwas einhakelte. Endlich wäre [er] sachte nach dem Castell zu gefahren. Das verwundete Crocodill, so nunmehr verblutet und ohne Zweifel von der scharfen Angel Schmerzen empfunden, wäre an der Leine gefolget, daß es der Indianer, wie oben gedacht, lebendig ins Castell gebracht hatte.

Hühner. Auf Batavia gibt es eine Art Hühner, so nicht allein schwarze Federn, sondern auch wie die Mohren eine kohlschwarze Haut haben. Sie sind aber gut von Geschmack und sollen viel gesunder zu essen sein als die andern.

Aus Siam werden kleine Hühnerlein, so nicht größer sind als Tauben, nach Batavia gebracht, sehr artig, und insonderheit die Hähnlein, die so mutig sind, daß sie auch mit einem großen Hahn solang herumbeißen, bis einer ausreißet.

Pfeffer. Housie-o, sinesisch. Marittya, javanisch. Mology, malabarisch. Der Pfeffer wächst auf dünnen Bramen oder Reben gleich wie der Efeu, dem er auch an Blättern etwas ähnlich ist. Er wird gemeiniglich bei besonderen Bäumen, da er gerne wächst, gesäet oder werden Pfähle dabeigestecket, daran er in die Höhe wächst. Denn so er mit den Sprößlein nichts ergreifen kann, so breitet er sich auf der Erde aus wie die Gurkenblätter.

Wenn er an einen fruchtbaren oder wohlgedüngten Ort gesäet wird, trägt er stracks übers erste Jahr Früchte.

Der Pfeffer wird im Augusto und September reif. Anfänglich ist er grün, und wenn er recht reif ist, schwarz, auch fein rund und glatt. Wenn er gedörret wird, so trocknet er ein und wird ganz runzlig. Wenn das Kraut frisch und grün weggenommen wird, entstehet daher der runde weiße Pfeffer, welcher schärfer und teurer ist als der schwarze.

Muscaten. Ein Muscatenbaum ist ohngefähr wie allhier ein Apfelbaum und hat auch solche Rinden. Die Blätter vergleichen sich mit den welschen Nußblättern und riechen auch wohl, sonderlich, wenn man sie etwas zerreibet. Sie sind lichtgrün, dünn und glatt und hangen gleichsam wie Büschlein beieinander. Der Baum trägt das ganze Jahr durch und durch Früchte und ist alle Zeit grün.

Insonderheit ist dieses lieblich anzuschauen, wenn die äußeren grünen Schalen zerbersten und die schöne rote Farbe der Muscatenblumen herfürschauet. Die Blüt ist zart und fast wie Kirschblüt anzusehen, gibt aber keinen Geruch von sich. Die Nüsse werden jährlich zwei- oder dreimal, nachdem das Jahr fruchtbar ist, von den Bäumen abgelöset, als im Januario, Majo und Augusto. Diese dritte Ablösung aber im Augusto wird für die beste gehalten, weil es zu solcher Zeit die meisten und größten Nüsse gibt.

Es werden viel Nüsse, ehe sie zeitig werden, samt den grünen Schalen von den Bäumen gelöset, in stark Salzwasser gelegt und hernach köstlich Öl daraus destillieret. Etliche werden auch in Zucker eingelegt und treffliche Confitüren daraus gemacht. Die Inwohner mögen allezeit die abgefallenen Nüsse auflesen und gebrauchen. Von den Bäumen aber abzureißen ist bei Handabhauen verboten.

Wenn die Muscatenblume von den Nüssen abgetan ist, werden sie an der Sonnen gedörret, und damit sie sich desto besser halten mögen, ein wenig mit Salzwasser besprenget und hernach in die Backhäuser gebracht. Die Nüsse werden nun überm Feuer getrocknet und hernach mit starkem Kalkwasser genetzet und dann auch in die Packhäuser gebracht.

Die Wälder werden ackerweise unter die

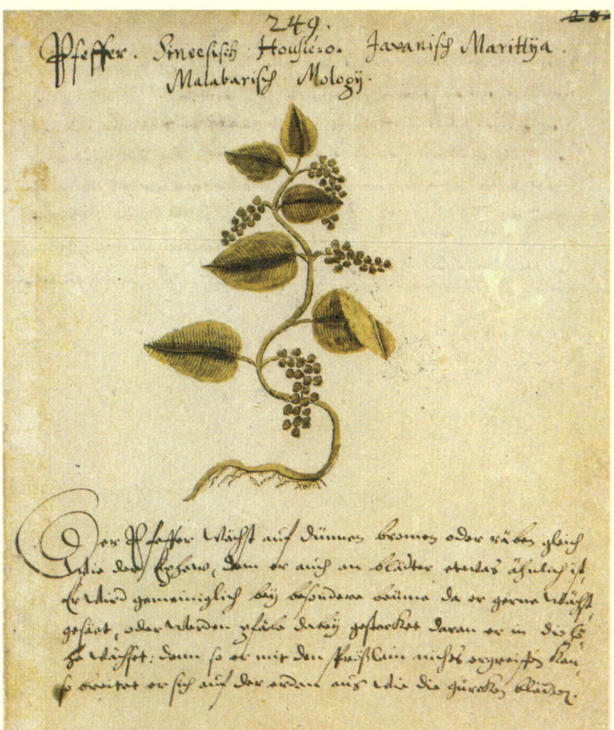

Inwohner geteilet, welche um einen gewissen Preis die Früchte an die Compagnie und sonst niemanden überlassen müssen.

Zimmet. Ein Zimmetbaum ist ohngefähr so groß als ein Sauerkirschbaum. Seine Äste wachsen mehrenteils gleich und gerade, die Blätter sind den Wegebreiten ähnlich, vorn etwas spitzig und hinten etwas breiter. [Sie] haben auch solche (aber nur drei) Äderlein und geben einen schönen Geruch.

Dieser Baum trägt auch Früchte fast wie Oliven, anfangs sind sie grün, und wenn sie reif sind schwarz, und sind nicht sonderlich zu nutzen, sondern eine Speise der Vögel und Affen. Die Zimmetrinde wird nicht rund um den ganzen Baum, sondern nach der Länge etliche Riemen herausgeschälet, also daß etliche Stücke herum stehenbleiben. Dieselben wachsen innerhalb drei Jahren wieder zusammen. Würde aber die Rinde ganz abgeschälet, so müßte der Baum oben herum verdorren. Auch muß, decorticando, das innerliche Häutchen, das am Stamm liegt, nicht versehret werden.

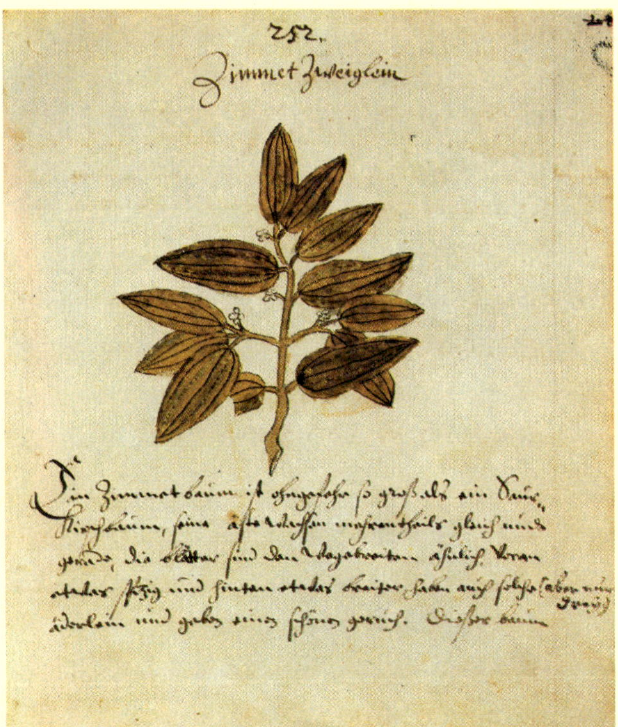

Nägelein. Syanke, javanisch. Chamgue, malayisch. Die Nägeleinbäume wachsen etwas höher als hierzulande die Pflaumenbäume, ohngefähr wie ein ziemlicher Birnbaum. An Laub oder Blättern sind sie den Weiden ähnlich. Sie tragen das ganze Jahr zugleich Blüten, zeitige und unzeitige Nägelein. Doch ist die rechte Blütezeit im Junio, Julio und Augusto, als zu welcher Zeit die südlichen Winde wehen.

Es wachsen ihrer zehn oder zwanzig an einem Büschlein beieinander und voran an denselben ist die Blüt, so aus viel Fässerlein bestehet. Im Anfang der Blüt sind die Nägelein etwas weißlich, danach werden sie grünlich, folgends rötlich und endlich schwarz.

Wenn sie reif genug sind, nämlich im Novembri, Decembri und Januario, welches die rechte Erntezeit ist, fallen sie mehrenteils von sich selber ab, und wird um selbige Zeit das Gras unter allen Bäumen ausgerupfet und fein gekehret, damit die Nägelein besser zu lesen sein mögen. So aber die Nägelein in 10 oder 12 Tagen nicht alle abfallen, werden dieselben abgeschüttelt oder mit einem Stängelein abgeschlagen, auf daß sie nicht gar zu reif werden. Und welche alsdann auch nicht abfallen, bleiben hangen bis übers Jahr.

Die nun ein ganz Jahr hangen bleiben, werden zwar dicker und fetter als die anderen Nägelein, sind aber vom Geschmack nicht so scharf und kräftig. Sie werden Mutternägelein genennet und mehrenteils zu Samennägelein gebrauchet.

Wenn deren etliche auf der Erde liegen bleiben, so bekleiben sie bald, wurzeln unter sich und tragen in sieben oder acht Jahren auch Früchte. Wenn die Nägelein eingesammelt sind, werden sie entweder an der Sonne oder überm Feuer im Rauch gedörret. Diese werden schwärzlich, jene aber bleiben rötlich.

Dic Wälder sind in gewisse Perken oder Beete ackerweise geteilet und den Einwohnern, so Compagnieuntertanen sind, erblich eingeräumt, welche solche auf ihre Kosten in Bau und Besserung halten. Auch die Früchte an niemand anders als an die Compagnie für einen gesetzten Preis überlassen müssen.

VON DEN SINESEN, DEREN KLEIDUNG, SPRACHE UND ANDEREN GEBRÄUCHEN

Die Sinesen sind von Leib und Gliedern wohl proportionierte Leute, von Farb fast so weiß als die Deutschen. Sie haben dünne Bärte oder auch wohl gar keine, schwarze Haare, welche Mannes- und Weibespersonen so lang wachsen lassen, als sie immer werden wollen. Die Manspersonen kämmen dieselben fein glatt und wickeln sie oben auf dem Kopf ein

255
Ein Sinesischer
Kaufmann.
Sucht iemand Kaufmannschafft
und Kostbar teure Wahren,
Dem ist nunmehr erlaubt, in
Unser land zu fahren,
Wir haben Seidentuche
und raines Porcelan
Macht Mars uns nicht be-
raubt, so hats die Kunst
gethan.

wenig hinter dem Wirbel in einem Knopf oder Deuten zusammen. Dadurch stechen sie alsdann einen schildkrötenen oder elfenbeinernen Kamm und etliche Haarnadeln von Gold, Silber oder Agatstein kreuzweise hindurch, damit er nicht aufgehen kann.

Schön lang Haar wird unter ihnen hochgehalten und für eine sonderbare Zierde; dagegen kurz Haar verachtet und für eine Schande gehalten. Jetziger Zeit werden derer zwar viel gefunden, welchen bei Herrschung des großen Tartars in Sina ihr Haar mit Gewalt abgeschnitten worden. So sich doch darum von andern nicht wollen verachten lassen. Dieselben gebrauchen unterdessen, bis ihre Haare wieder wachsen, Zöpfe von andern Haaren oder gefärbten Flachs. Diejenigen, so ihre Haare noch haben, prangen sehr damit und werden Thaywing, die aber, so dieselben verloren, Po thaywing genennet.

Den roten Haaren sind sie ganz feind und haben einen Abscheu dafür, und weil unter den Holländern etliche rothaarichte Leute gefunden werden, nennen sie dieselben Anglang, das ist rote Kerls, und machen auch die sinesischen Maler allen Holländern ohne Unterschied in ihren Gemälden Rothaar.

Nichtsweniger werden bei vornehmen und reichen Sinesen Mannes- und Weibespersonen, die lange Nägel an den Händen und sonderlich an den Daumen und beeden vordern Fingern [haben], für zierlich und schön geachtet, werden aber fein rein und sauber gehalten und wohl gar mit roter Farbe gebeizet, daß sie fein rötlich und durchscheinig werden. Sinesen, so Handarbeit verrichten müssen (ob sie wohl solcher langen Nägel nicht abwarten können, stehen ihnen auch nicht wohl an), lassen selbige auch wachsen und wollen gern etwas sein.

Ich habe ihnen aber etlichmal, wenn sie mit solchen garstigen Nägeln meine Speise angegriffen, dieselben wider ihren Willen abgeschnitten.

Unter allen Nationen in India haben die Sinesen die ehrbarste und beste Tracht. Oben herum tragen sie auf dem bloßen Leib anstatt eines Hemdes einen engen Cotonenrock, so ihnen nur unter die Mitte des Leibes reichet; dann ein Paar Cotonenhosen, so oben und unten keine Falten, sondern nur eine dünne Naht haben. Diese ziehen sie an, winden die Enden über die Hüften um sich und stopfen sie untereinander; endlich über den Unterrock und [die] Hosen ziehen sie noch einen blauen oder weißen dünnen Rock mit weiten und langen Ärmeln.

Ihre Strümpfe sind durchaus ganz gleich weit und ohne Zwickel gemacht. Die Naht gehet voran auf den Schienenbeinen herunter. [Sie] sind nicht lang, sondern reichen nur unter die Knie, da dieselben mit hübschen Kniebändern aufgebunden

259.
215
Ich liebe Kunst und Zucht, drümb kan ich künstlich sticken;
Doch darff mich nimmermehr ein frembder mann anblicken,
Ihr Frawen wolt ihr trew, und unbefleckt seyn,
So sucht gelegenheit, und sperrt euch mit mir ein.
Sineesisch weib.

werden. Und wenn sie aufgebunden sind, liegen sie nicht glatt an den Beinen, sondern stehen wegen der Weite etwas davon ab, also daß die Fliegen oder Mücken nicht durchhin in die Beine stechen können.

Die Schuhe sind von blauer, roter oder gelber Seide oder wollenem Zeug sehr hübsch gemacht und mit weißen Schnürlein zierlich verbrämet. Die Fußsohlen sind von dichtem Leinentuche und wohl durchnähet. Sie haben aber keine Ohren oder Absätze, sondern sind gleich wie die einfachen alten Weiberschuhe allhier. Die sinesischen Weiber sind kleiner Statur, binden ihr Haar auch hinten am Haupt zusammen, tragen aber ein Tüchlein darüber.

Ihre Kleidung ist erstlich: zum Unterkleid ein Stück Leinewand, welches rund um den Leib gewunden bis auf die Füße gehet, darüber tragen sie einen langen Tabbert von blauem Coton oder seidenem Zeug, so auch auf die Füße reichet. Denselben machen sie um Hals und Brust ganz zu, damit man ihnen nicht auf die bloße Haut sehen möge.

Diejenigen, welche von rechten sinesischen Eltern gezeuget sind, haben kleine Füße, welches bei ihnen für eine sonderbare Schönheit gehalten wird. Deswegen verbinden die sinesischen Weiber ihren kleinen Kindern, wenn es Mägdlein sind, ihre Füße von Jugend auf, lassen sie auch nicht viel herumlaufen, damit die Füße nicht zu breit oder groß werden. Und darum tragen sie auch so enge Schuhe oder Pantoffel.

Es wird dafür gehalten, es hätte ein verständiger und gelehrter Mann diese Gewohnheit erfunden, damit die Weiber nicht in allen Gassen herumlaufen, sondern in ihren Häusern bleiben müssen.

In der Stadt Batavia gibt es zwar viele sinesische Weiber, sie sind aber mehrenteils daselbsten gezogen und geboren, und weil sie durch tägliche Erfahrung sehen, daß vornehme Leute aus anderen Nationen ihren Weibern mit ehrlichen Leuten spazieren zu gehen vergönnen, so lassen sie sich auch nicht so hart an die sinesischen Sitten binden.

Auf der Insel Formosa, welche Sina viel näher lieget, sind vornehme sinesische Weiber, welche sich aus Sina mit ihren Männern dahinbegeben. Dieselben lassen sich von keinem Mann (es sei denn ihr naher Anverwandter oder sonst ihrem Manne ein angenehmer Gast) sehen und halten es für leichtfertig, etwas an ihrem Leibe (ohne das Angesicht) nackend oder entblößet sehen zu lassen.

Der Sinesen Ehestand betreffend, so [nehmen] sie im Heiraten die Gradus consanguinitatis ganz nicht in acht und freien auch die nächsten Blutsfreunde (ausgenommen Eltern und Kinder, Bruder und Schwestern) zusammen. Sondern sie sehen vielmehr genau darauf, daß nicht etwa der Bräutigam und die Braut eines Zunamens sind, welches bei ihnen für ein Omen einer unglücklichen künftigen Ehe gehalten wird.

In den holländischen Provinzen in India wird keinem Sinesen zugelassen, öffentlich mehr als ein Weib zu nehmen. In Sina aber mag ein jeder über sein rechtes Eheweib noch so viel Concubinen nehmen, als ihm beliebt und [er] ernähren kann. Mag auch dieselben wieder verkaufen, wen und wann er will. Und wenn einer oder anderer über sein Eheweib mehr Concubinen hat, so dürfen doch weder die Concubinen noch derselben Kinder mit dem Hausvater und dessen rechtem Eheweib zu Tische sitzen, sondern werden nur für Mägde und Dienstboten gehalten.

Wenn arme Sinesen, so geringen Vermögens sind, ein Mägdelein zeugen, bieten sie dasselbe bald feil zu verkaufen, oder wenn sich kein Käufer findet, zu verschenken. Will es aber auch niemand geschenkt annehmen, so werfen sie es aus Armut ins Wasser, und zwar unter dem Praetext, als täten sie solches aus großer väterlicher Liebe und besserer Vorsorge für die Kinder, sagend, es geschehe der armen Leute Kinder auf solche Weise viel besser, als wenn sie beim Leben blieben, sintemal selbige aus dieser Armut erlöset und deren Geister in bessere und glücklichere Körper einführen.

Unter allen orientalischen Völkern gebrauchen die Sinesen allein bei ihren Mahlzeiten Tische und Bänke. Anstatt der Messer, Gabeln und Löffel nehmen sie zwei Hölzlein. Damit reichen sie die Speise aus den Schüsseln in den Mund, welche zuvor, ehe sie auf den Tisch gesetzt wird, in kleine Bißlein geschnitten ist.

Bei Bereitung des Tisches werden soviel Paar solcher Hölzerlein und soviel Köpichen mit warmem Brandewein, als Personen speisen sollen, auf dem Tisch herumgeleget und gesetzet. Und ehe sie anfangen zu essen, nimmt der Vornehmste sein Köpichen Brandewein in beede Hände, neiget sich aus Ehrerbietung gegen alle um den Tisch, sagend: „Tscha tscha" (das ist: Trinkt, trinkt), und trinket es aus. Hernach folgen ihm die andern alle nach der Ordnung. Ferner nimmt der Vornehmste seine Hölzerlein, greift mit denselben zu und ißt, so essen die andern auch.

Wenn sie warme Speise, es sei Schweinefleisch, Hühner oder Fische, gegessen haben, wird einem jeden ein Köpichen voll gekochter Reis, den sie anstatt des Brotes essen, vorgesetzet.

Die Hölzerlein, womit sie essen, werden in ihrer Sprache Tou genannt, sind ohngefähr anderthalb Spannen lang und so dick als eine Schreibfeder. Vornehme Sinesen lassen solche von schönem Holz machen und unten am runden Ende mit Silber beschlagen.

Ihr Getränk ist auf Batavia und Formosa mehrenteils ein frischer Trunk Wasser für den Durst und warmer Brandewein. Zur Gesundheit trinken sie öfters warm Wasser von einem Kraut, auf ihre Sprache Chia und ins gemeine Thé genannt, welches sehr gesund ist, und trinken es auch die Holländer gerne.

Dieses Thé-Wasser ist sonderlich gut, wenn man unlustig ist oder einem das Essen nicht schmecket. Auch wenn einer trunken gewesen ist, so erwecket es wieder guten Appetit und vertreibet alle Unverträglichkeit des Magens. Auch wer von diesem Trank oft trinket, darf sich nicht [vor] der Schwindsucht, Stein- [sucht] oder Podagra besorgen, wie man dann an solchen Orten von diesen Krankheiten nichts weiß.

Aus Sina wird sinesisch Bier in Töpfen gebracht, desgleichen noch ein anderer Trank, Samphu genannt. Es hat beedes einen Geschmack wie Sekt oder Met...

Die sinesischen Biertöpfe sind weiß von Glasur und hält einer ohngefähr ein gut Maß oder drei Nösel Bier. Die Samphutöpfe sind wie die Buttertöpfe und hält einer etwa drei Maß. Die Töpfe werden mit Pisangblättern und Leinen wohl verkleidet und verpitschieret, damit der Trank nicht kann verfälschet werden. Dieser Trank wird gemeiniglich von den Holländern auf Hochzeiten gebraucht und kostet jeder Topf einen Ortstaler.

Die sinesische Sprache ist unter allen orientalischen barbarischen Sprachen die nämlichste und schwerste zu lernen und zu reden. Hat auch ohne Zweifel viel Dialectus, weil die Sinesen, so aus unterschiedlichen, etwas fern voneinander gelegenen Provinzen gebürtig sind, einander nicht wohl verstehen. Nichtsweniger ist auch schwer ihre Schriften zu lesen und schreiben zu lernen. Denn sie können aus ihren Buchstaben nicht allerlei Silben oder Worte zusammensetzen, sondern ein jedes Nomen generale oder Primitivum aller Kreaturen und Dinge hat einen besonderen Charakter. Dergleichen können sie auch kein holländisch Wort schreiben, es sei denn, daß sie in ihrer Sprache ein oder etliche Dinge haben, deren Charaktere zusammengesetzt dem holländischen Wort in der Pronunciation gleichlauten. Dieselben setzen sie untereinander, daß, wenn es andere Sinesen lesen, es zwar der Ausrede nach dem holländischen Worte fast gleichlautet, nach dem Verstande aber ist es ganz unterschieden. Zum Exempel: Meinen Namen Caspar Schmalkalden konnten sie nicht recht aussprechen, sondern sagten nur Casiepa und ist geschrieben als folgt.

Aus solchen Ursachen, und weil von allerlei Materienbücher zu verstehen, ein großer Fleiß und viel Zeit erfordert wird, werden die Gelehrten unter ihnen in großen Ehren gehalten und allem Adel vorgezogen.

Die Kauf- und gemeinen Handelsleute

lassen auch ihre Kinder nicht mehr Charaktere in den Schulen kennenlernen als welche in ihrer Hantierung vorkommen.

Es haben aber die Gelehrten bei solchem mühsamen Studio auch diesen trefflichen Nutzen, daß, weil in vielen Provinzen solche Charaktere oder Buchstaben in Drukkereien und Schriften, und zwar in eben solchem Sensus als bei den Sinesen gebraucht werden, sie alle verstehen, als die Donquiner, Quinanger, Siamer und Combodier etc.

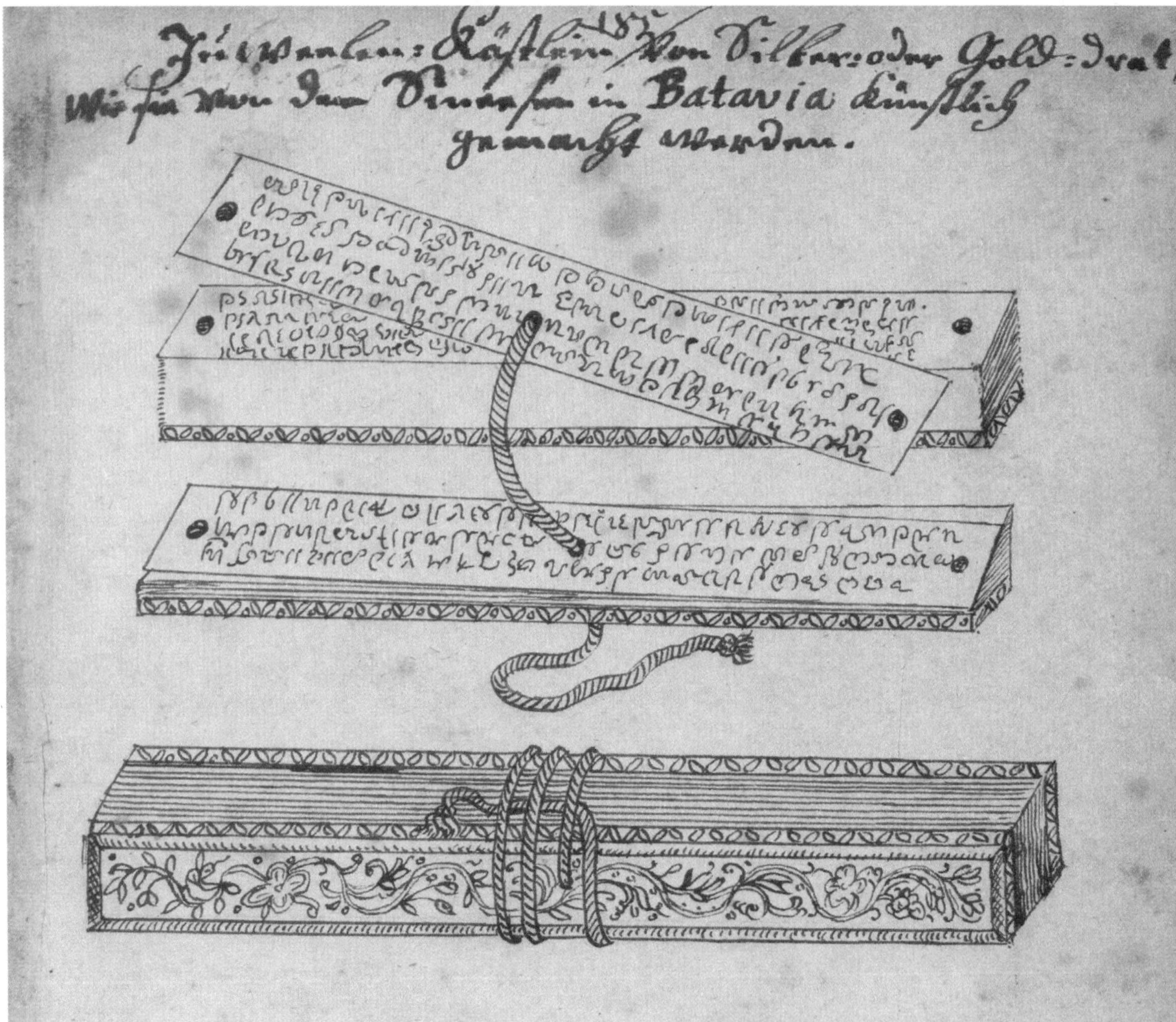

Im Schreiben gebrauchen sie anstatt der Schreibfeder einen spitzigen Pinsel. [Sie] halten denselben zwischen dem langen und Goldfinger und regieren ihn oben mit dem Daumen. Sie schreiben von oben herabwärts, setzen die erste Zeile zur rechten Hand und die folgenden daneben nach der linken Hand zu.

Ihre Bücher fangen auch hinten an wie bei den Juden oder andern orientalischen Völkern.

Ihr Papier ist größer als unseres, aber nicht so weiß und stark. Ein Bogen ist ohngefähr 2 1/4 Ellen lang und 1 1/8 breit und nur auf einer Seite glatt, worauf man schreibet. Deswegen werden auch die Blätter in allen ihren Büchern gedoppelt zusammengelegt, daß die rauhe Seite inwendig kömmet und die Bücher hinten am Bund beschnitten werden.

Zur Tinte haben sie keine Tintenfässer, sondern nur breite Steinlein. Darauf reiben sie ihre Tinte, welche ganz hart ist, mit ein wenig Wasser – so wird es alsbald schwarz, mit Pinseln damit zu schreiben. Die Tinte ist (aus) harten, runden oder breiten Stücklein, (die) mit subtil erhabenen Buchstaben, welche die Tugend der Tinte und Meisters Namen beinhalten, bedrucket [sind].

Auf ihr Neujahr, welches sie mit dem neuen Mond kurz vor oder nach dem Monat February anfangen, desgleichen auf ihre Geburtstage laden sie einander zu Gast, lassen Komödien vor ihren Türen spielen und treiben allerlei Kurzweil.

Auf Batavia pflegen sie aufs Neujahr aus dünnem Papier eine Schlange, etliche vierzig Schuh lang und mannsdick zu machen. Dieselbe ist inwendig hohl und von etlichen dreißig oder mehr hohlen Körpern aneinandergehanget, in deren jedweden ein brennend Licht stecket. An solchen tragen etliche zwanzig Personen und gehen durch alle Gassen.

Auf der Insel Formosa werfen sie auf solche Tage einer den andern mit Eiern, und wenn man durch eine Gasse gehet, so fliegen einem die Eier um den Kopf, besonders wenn man mit ihnen bekannt ist.

Wann sie des Morgens ausgehen wollen, so lassen sie erst ihre Haare kämmen, einflechten und glattmachen gleich den Weibern allhier oder tun es, wenn sie in die Stadt kommen. Dann gehen sie erst zu einem Barbier oder Einflechter, welcher sie kämmen, einflechten und [ihnen] die Ohren ausputzen muß, ehe sie an den Ort gehen, wo sie etwas zu verrichten haben.

Begegnen sie einander auf der Gassen oder in Häusern, so grüßen sie sich mit Aufhebung beider zusammengelassener und mit den weiten Ärmeln bedeckter Hände, neigen sich zur Erden, tun die Hände wieder hernieder und wieder in die Höhe und sagen nichts als: „Tzin tzin."

Des Abends, wenn sie wieder [nach]

Hause kommen und gespeiset haben, setzen sich vornehme Sinesen auf einen Stuhl und lassen sich von einem Diener mit den Händen auf ihre Schultern und Arme eine halbe Stunde sacht klopfen, davon, sagen sie, zerteile sich das Geblüt, und die Speise bekomme ihnen auch besser. In Krankheiten haben sie zwar auch Doctores, dieselben werden aber nur von den Reichen gebrauchet, und wenn einem Armen ein Fieber ankommt, so brennen sie ihm mit einem glühenden Eisen etzliche Blasen: eine ins Kreuz auf dem Rücken und an jedem Arm in das dicke Fleisch eine. Von solchem Brand und Schmerzen dieser Blasen, sagen sie, verliere sich der Frost und verlasse sie das Fieber.

Unter allen Nationen in India ist keine mehr zum Spielen geneigt als die Sinesen. Wenn sie ihr Geld verspielt haben, so setzen sie auch ihre Haare, welche doch bei ihnen hochgeachtet werden, daran, und wann selbige auch verspielet sind, so müssen Weib und Kinder herhalten, und endlich, wenn diese auch verloren sind, sie sich selbsten auf etliche Jahre in Dienstbarkeit aufs Spiel aufsetzen.

Die gewöhnlichsten und unter ihnen meist gebräuchlichsten Spiele sind mit sianischen oder japonischen Cahsion (sind Pfennige wie Rechenpfennige und ist in der Mitte ein Loch dadurch). Dieser nehmen sie 50 oder 60 Stück, nachdem der Personen viel sind. Diese setzen sie alle aufeinander, und nimmt ein jeder nach Belieben soviel er will auf einen Griff. Danach zählen sie solche, und welcher alsdann [eine] gerade oder ungerade [Zahl], wie es ausgedinget worden, ergriffen, der hat gewonnen.

Zweitens mit Würfeln und drittens mit Kartenspiel, in welchem gleichfalls viererlei Art der Blätter wie bei den deutschen Karten viererlei Farben sind. Anstatt der Dauser und Könige haben sie Seeräuber und wilde Tiere und anstatt der Farbe viererlei unterschiedene Figuren.

Ferner ist das Schachspiel unter den Sinesen als auch bei den Javanen sowohl als bei den Deutschen bekannt. Sie haben auch ebensoviel Steine und solche Züge, nur geben sie den Steinen andere Namen.

In den indianischen Orten, so unter der Holländer Kommando sind, wird den Sinesen kein Exercitium religionis gestanden. Sie haben aber in ihren Häusern gemeiniglich ein oder ander Bild auf Papier gemalet oder aus Porzellan oder Ton formieret, denen sie gute wohlriechende Früchte und Räucherkerzen zum Opfer vorsetzen. Sie glauben mehrenteils, daß ein Gott oder allmächtiger Herr sei. Derselbige wäre aber sehr gut, fromm und täte niemandem Böses. Deswegen fürchten sie sich auch vor ihm nicht und dürfen ihm auch nichts opfern, sondern der Kaiser in Sina verrichtet solches Opfer

allein, und zwar alle Jahr einmal. Wenn sie opfern wollen, so decken sie eine schöne Decke über'n Tisch oder eine Matte auf die Erden. Auf solche setzen sie allerhand delikate warme und kalte Speise und gute Früchte in porzellanenen Köpichen angerichtet, item warmen Brandewein und Räucherkerzen. Fallen dabei nieder auf die Knie und mit dem Angesicht und beeden Händen, welche sie in den Ärmeln zusammendrücken, bis auf die Erde. Etliche zünden Papier an, welches sonderlich dazu bereitet ist, werfen es auf die Erden und lassen es verbrennen.
Das Papier zum Opfer ist nicht weiß, auch nicht zum Schreiben planieret, sondern es ist etwas gehl und nach ihrer Schrift abwärts mit einem halbrunden Meißel vielmal durchschlagen, ohngefähr so groß als ein Octavblatt eines Regalbogens.

Wenn sie in Schiffen auf dem Wasser fahren und wird still Wetter, also daß sie nicht segeln können, so fangen sie an zu pfeifen und zu schreien, so sehr sie können, gegen den Ort der Welt, wo sie den Wind herhaben wollen. Traget sich's nun ohngefähr zu, daß etwa ein dienlicher Wind kömmt, so meinen sie, er wäre auf ihr Pfeifen und Schreien kommen. Ereignet sich aber kein Wind und ist etwan ein Holländer mit im Schiff, so dürfen sie wohl sagen, der Holländer sei Ursach daran. Wenn derselbe nicht im Schiff wäre, würden sie bald guten Wind haben.

Wenn ein vornehmer Sinese stirbt, so kommen alle nahen Freunde in Trauerhabit in des Verstorbenen Haus, bekleiden den Körper, legen denselben in einen Sarg, beweinen und beklagen ihn, fragen, warum er gestorben, warum er nicht länger bei ihnen bleiben wolle und wer ihn beleidigt hätte? Alsdann verkleben sie den Sarg dicht mit Lackwerk und verwahren denselben etliche Jahr in ihren Häusern. Setzen ihm auch alle Tag Speise, Trank und brennende Räucherkerzen dabei, als wenn er noch lebete, solang, bis sie in Sina reisen, nehmen sie ihn mit und begraben ihn allda in seiner Vorfahren Begräbnisstätte.

In der Trauerzeit tragen die Sinesen Röcke von geringem weißen oder ungebleichtem Tuche und einen Strick um den Leib, so aber nicht fest umgürtet, sondern nur lose umgewickelt hanget. Für nahe Blutsverwandte als Eltern, Geschwister oder Kinder trauern sie ein ganzes Jahr, für andere Freunde aber fünf oder sechs Monate. Nachdem sie ihnen nahe anverwandt gewesen und je näher auch das Ende der Trauerzeit herbeirücket, je besser Tuch tragen sie auch zu den Röcken. Bis die ganze Zeit verflossen ist, tragen sie ihre gewöhnliche Tracht.

Die Sinesen auf Batavia haben einen hübschen Platz vor der Stadt zu ihrem Begräbnis. Wenn sie eine Leiche hinaustragen, folgen derselben viele Sinesen in

Prozession nach und gehet auf jeder Seiten einer, so Papier (wie sie bei den Opfern gebrauchen) anbrennet und auswirft, was [sie] aber damit verstehen, ist unbekannt.

Die Gräber wölben sie mit Stein und Kalk zu, doch daß sich das Mauerwerk etwan einen Schuh über der Erde gleichsam als ein Dächlein zuschärfe, damit der Regen desto besser ablaufen könne. Zu Häupten an des Grabes Giebel lassen sie gemeiniglich ein viereckig Löchlein, gleich einem Epitaphienhäuslein. Darein pflegen sie vor diesem Speise, Trank, Früchte und Räucherkerzlein für den Verstorbenen zu setzen. Nachdem aber solches etlichmal von den Holländern weggenommen worden, setzen sie nur brennende Räucherkerzlein hinein und lassen es dabei bewenden. Unter denen Sinesen, so erst aus Sina kommen sind und noch nicht lange unter den Europäern gewohnet haben, sind ihrer viel dieser abergläubischen Meinung, eines jeden Menschen abgeleibter Körper könne an allen Orten der Erden oder des Caemetry für die Gespenster und Schlangen, so ihrem Wahn nach darinnen wohnen sollen, nicht ruhen, sondern es wäre immer ein Ort glücklicher und geruhiger für diesen als jenen Körper als der andere. Und daß sich's also verhalte, bekräftigen sie eine Fabel mit der anderen [folgenden]: Wenn sich Gespenster oder Irrgeister in Gestalt verstorbener Menschen sehen ließen, wäre solches eine gewisse Anzeigung, daß derselben Menschen Körper in den Gräbern keine Ruhe hätten. Ließen sich deswegen sehen und suchten gleichsam Hilfe bei ihren Freunden. Sie müßten auch solches solange ausstehen, bis die Körper entweder fortgeleget oder von den Schlangen ganz verzehret wären. Diesem Unheil nun vorzukommen, und damit auch die Toten ihre Ruhe in der Erden haben möchten, hatte vor vielen Jahren ein gelehrter Priester, dem auch die Berg- und Wassergeister zur Dienste hatten stehen müssen, ein Instrument erdacht, mit welchem man nicht allein geruhige Grabstätten, sondern auch des Menschen Glück und Unglück wissen und vorhersagen könne. Dieses Instrument ist in der hierbei stehenden Figur nach seiner Größe, Zirkeln und Charaktere zu sehen. Es ist ohngefähr eines Fingers dick und gemeiniglich mit braunem oder gelbem Firnis überstrichen. In der Mitte ist ein Magnetzünglein, welches aber an dem Nordende keine Lilien oder Häklein hat, sondern ist zum Unterscheid des Süderendes mit roter Farbe angestrichen. Rings um das Magnetzünglein sind auf der Fläche vier Zirkel, deren jedweder in gewisse Spezies, in welchen alle absonderliche Charaktere geschrieben stehen, geteilet ist.

Der erste und kleinste Zirkel ist in acht Teile geteilet: vier bezeichnen die vier

Plagos mundi als Mitternacht, Mittag, Morgen und Abend; die anderen vier Himmel, Erde, Berge und Winde.

Der andere Zirkel hat vierundzwanzig Spezies und Charaktere, aus welchen Glück und Unglück prognostizieret wird. Der dritte Zirkel besteht auch in vierundzwanzig Teilen oder Charakteren, welche Tag und Nacht in vierundzwanzig Teile teilen, den Anfang nehmend von Mitternacht. Daraus stellen sie des Menschen Nativität und wozu er vorsehen.

Der vierte und größte Zirkel hat gleichfalls vierundzwanzig Teile und ebensoviel Charaktere. Daraus erkundigen sie die Tage und Stunden, ob sie zu ihren Handlungen glücklich oder nicht, wie lange der Mensch leben und welchen Todes er sterben solle, auch wo endlich ein toter Körper hin zu begraben sei, damit er sanft ruhen und nicht etwan wie ein Gespenst erscheinen möge.

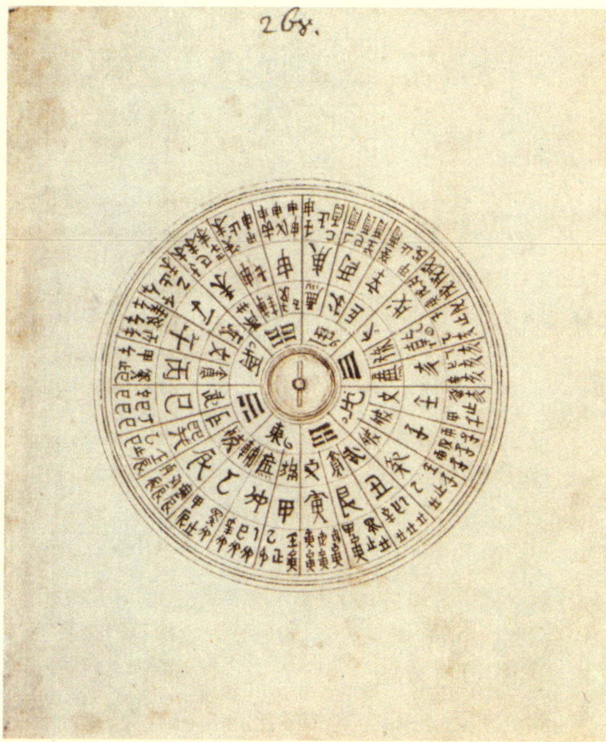

REISE VON BATAVIA NACH TAYONAN AUF DIE INSEL FORMOSA 1648

Den 28. Aprilis bin ich zu Schiff gegangen auf die Fluit Patientia, um mit nach Tayonan zu fahren.

Den 28. sind wir mit 2 Schiffen als Patientia, Ammiral und dem Ochsen zu Segel gangen.

Den 14. May des Abends ist das Schiff der Ochs so nahe hinter uns vorbeigesegelt, daß es unser Boot und Prauw, so hinten an unserem Schiff anhingen, abgesegelt, die wir auch nicht wiederbekommen.

Den 15. haben wir vor Poulo Laura geankert und frisch Wasser und Brandholz vom Lande geholet.

Den 19. sind wir wieder zu Segel gegangen.

Den 26. May haben wir um den Abend die Insel Poulo Condor NW vor [uns] gesehen.

Den 28., nachmittags um 1 Uhr, kamen wir auf die Trogte el Pracel. Der Schiffer ließ alsobald das Lot auswerfen und befand nur viereinhalb Klafter tief Wasser. Wir wendeten uns geschwinde herum, also daß wir mit Gottes Hilfe ohne Schaden wieder davonkamen. Wir sahen alle Tage das Land von Conchin Sina.

Den 5. Juny wurde unsere Ration Wasser verringert, und bekam der Mann täglich nicht mehr als einhalb Kanne.

Den 6. um den Abend sahen wir die Insel Ainan.

Den 15. Juny des Morgens sahen wir die Insel Formosa, da bekam jedermann ein Glas Brandewein.

Den 19. kamen wir an das Land.

Den 27. July habe ich mein Gewehr in die Waffenkammer übergeben und bin Landmesser worden.

Den 22. Augusti, halbwegs 7 [Uhr] gegen Abend, ist auf Tayonan ein solch stark Erdbeben gewesen, daß sich nicht allein das ganze Mauerwerk an der Fortresse erschütterte, sondern es haben solches auch die Schiffer auf den Schiffen, so im Hafen lagen, gefühlet.

Von der Insel Formosa. Die Insel Formosa, [von] den Inwohnern Pecan und den Sinesen Twa Lienkien genannt, liegt unterm Tropico cancri, vierzig deutsche Meilen von Sina gegen der Landschaft Fockien über. Nach der Latitudine fängt sie so an um den 21. Grad und erstrecket sich bis über den 25. Grad nach Norden. Nach der Länge gehet von...

Diese Insel ist um und um bewohnet. An der Westseiten, da das Castell und [die] Stadt Seelandia liegen, ist ein schönes flaches Feld, etliche Meilen Weg's groß, welches von den Sinesen bewohnet und bebauet wird. An der Ost- und Nordseiten, desgleichen im Tal Cabelang wohnen lauter Formosanen. Die vornehmsten Orte darauf sind das Castell und [die] Stadt Seelandia, liegend an der Westseiten auf einer kleinen Insel, Tayonan genannt, ohngefähr eine halbe Meile von der großen Insel. Das Castell liegt auf einem Hügel, etwas höher als das Vierkant. Es hat vier Bollwerke, als Amsterdam, Vlyßingen, Conveer und Mittelburg, deren jedes mit zwölf Stücken versehen [ist]. Unten um den Berg sind vier halbe Rondelle und in jedem auch drei eiserne Stücke. Ganz unten längs der Seekante liegt das Vierkant, welches zwei Bollwerke (Hollandia und Gelderland) hat und ist auch jedes mit sechs Stücken muniert. Ferner neben den Wasserpforten und in der Hauptwache stehen auch noch fünf oder sechs Stücke.

Außerhalb des Castells an der Süderseite stehet ein Redoute mit zwölf Stücken darauf. Die Gouverneurs auf dieser Insel waren zu meiner Zeit H. Antonius Owertwanter [?] und nach demselben H. Nicolaus Vorburgk; H. Friedrich Cojett, Rat von Indien; Friedrich Schedel, Secretarius; Thomas Padell, ein Engelsmann; Capitain Johann Pieters, Leutnant.

Der Gouverneur, Räte von Indien, Secretarii und Assistenten wohneten unten

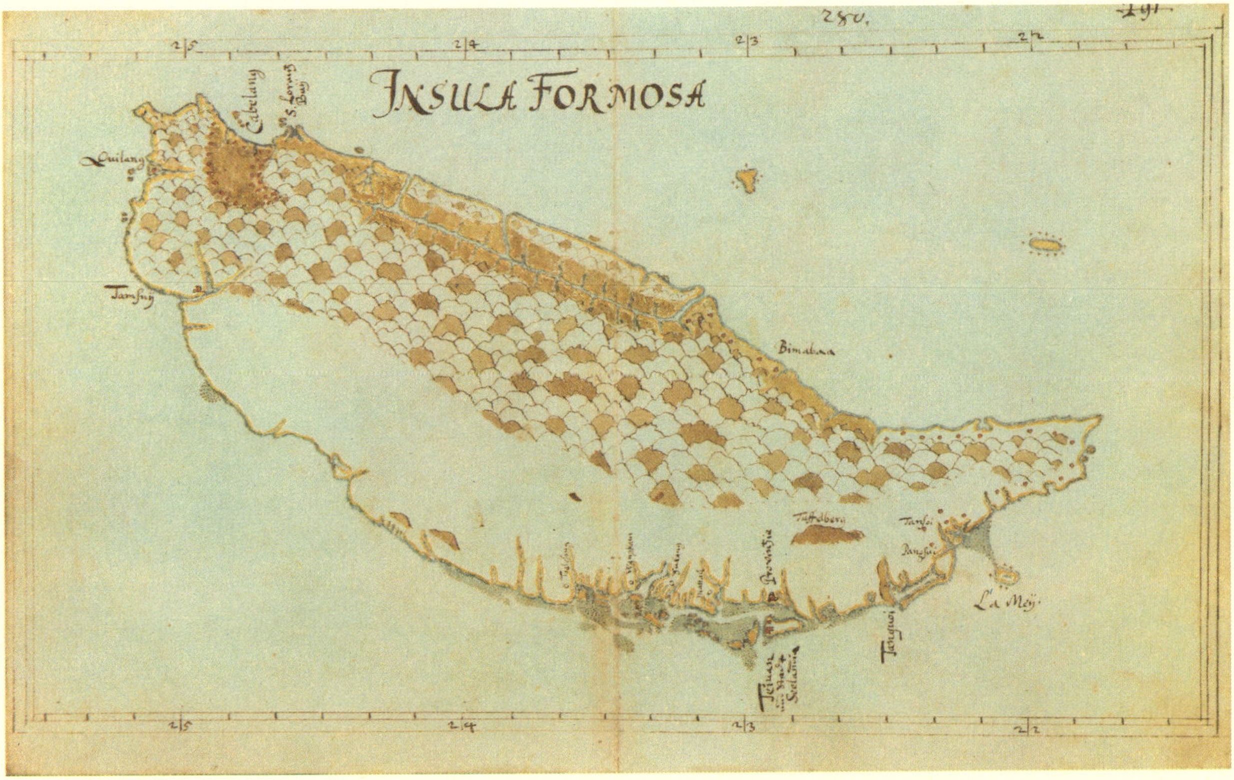

auf dem Plan gleich neben der Kirchen. Der Capitain aber samt dem Fähnrich allezeit oben im Castell und commandierte dieselbige Compagnie. Die Compagnie im Vierkant commandierte der Leutnant Johann Pieters und auf dem Redoute ein Sergeant oder Corporal.

Die Stadt Provincia, von den Inwohnern und Sinesen Saccam genannt, liegt auf der großen Insel recht gegen Tayonan über, ist bis auf drei oder vier Häuser ganz mit Sinesen bewohnet und hat keine Befestigung.

Nahe bei der Stadt ist der Compagnie-Marstall, darinnen der Compagnie Pferde stehen, und neben demselben ein schöner großer Garten von allerhand Früchten und indianischen Gewächsen samt einem Wohnhause.

Über den Marstall war ein deutscher Stallmeister nebst etlichen deutschen Knechten und etlichen Sklaven und über den Garten ein deutscher Gärtner nebst etlichen Sklaven bestellet.

Mattau, Soulang, Wangkam, Toelesang, Tamsui sind große Dörfer gegen Süden.

Quilang an der Nordseiten ist eine spanische Schanze gewesen, so vordem von den Holländern demolieret, itzo aber nach Verlust des Castells Seelandia wieder aufgeführet und mit einer starken Garnison besetzet.

Das große flache Feld an der Westseiten, von welchem diese Insel Formosa genennet wird, ist sehr fruchtbar und hat gesunde Wasser und Luft. Es wohnen mehr als 1000 Sinesen darinnen, und zwar ein jeder auf seinem eigenen Felde, welches sie fleißig bauen und mehrenteils mit Zuckerrohr und Reis bestellen.

Binnenlandes sind sehr hohe Klippen und große Berge, unter welchen vornehmlich bekannt sind der Tafelberg und der Berg von Tanckey. In solchen Bergen und Tälern gibt es auch vielerlei Wildbret und insonderheit viel Hirsche, die zwar kleiner sind als hierzulande, nichtsweniger aber sind sie fett und gehen ihrer mehrenteils fünfzig oder sechzig Stück beieinander.

Es hat auch vor wenig Jahren die Edl. Compagnie etliche Pferde auf diese Insel gesetzet, welche sich also vermehret, daß ich selbst ihrer auf einem Trupp etliche dreißig ohne Füllen im Felde beieinander gesehen habe. Sie durften aber von niemand ohne Compagniesbefehl aufgefangen werden.

Unter den Rivieren und Wasserströmen, derer unterschiedliche aus dem Gebirge kommen, sind etliche wohl einen Pistolenschuß breit und in der Regenzeit sieben bis neun Schuh, in der trockenen Zeit aber drei bis fünf Schuh tief. Sonderlich ist der Fluß an der Ostseiten wegen seines schnellen Laufs bekannt, welcher, ob er gleich hindurchzugehen nicht zu tief noch zu breit ist, so ist doch sein Lauf so streng und der steinige Grund so schlibberig, daß sich einer, so hindurchgehen will, wohl in acht zu nehmen hat. Er entspringt aus etlichen zwanzig Bächen und ergießt sich durch drei Ostia ins Meer.

Und wie auf dieser Insel in Wäldern und Feldern viel Wildbret anzutreffen ist, also ist auch in den Wassern an Fischen kein Mangel, denn das ganze Jahr durch sind Rivier- und Seefisch überflüssig zu bekommen. Und wenn die Zeit im Jahre kommt, so werden die Haders und Königsfische bei Tausenden auf einem Zug mit Netzen gefangen, da denn jedermann für geringes Geld Fische essen kann.

Ob nun wohl diese Insel für eine von den besten Garnisonen und gesundesten Orten in ganz India gehalten wird, so ist doch in etlichen Dörfern gegen Süden und insonderheit in Verberon eine solch vergiftete Luft, daß man selbige gleichsam riechen kann, wenn man in die Gegend kommt. Und wenn ein Holländer des Orts kommet, muß er gewißlich in wenigen Tagcn cinc hitzige Hautkrankheit ausstehen. Und wer solche einmal überwindet,

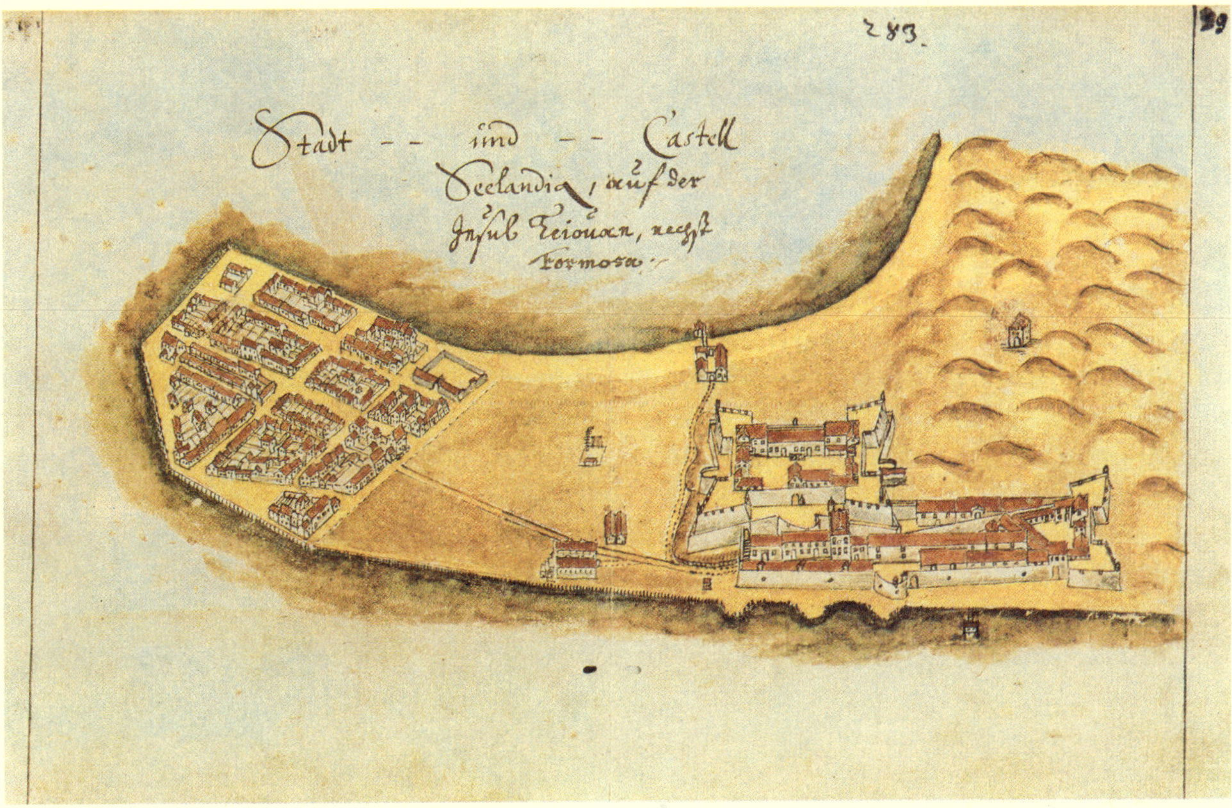

welches gar selten geschieht, der kann hernach an selbigen Orten wohl ausdauern.

Anlangend die Formosanen oder Inwohner der Insel Formosa, so sind selbige, ohngeacht sie in einem solchen fruchtbaren Lande wohnen und fast täglich mit anderen Nationen umgehen, auch selbsten Christen sein wollten, schlechte, einfältige und träge Leute: Die Mannspersonen sind stark von Leibe und mittelmäßiger, die Weiber aber kurzer Statur. Von Farbe sind sie bräunlich, haben kohlschwarze, und zwar ganz schlechte Haar. Die Männer kürzen ihre Haare rings um den Kopf etwas ab, die Weiber aber lassen dieselben so lang wachsen, als sie mögen, binden sie hinten am Kopf zusammen und tragen ein Tuch oder, wenn es sehr warm ist, einen Kranz von grünem Laub um den Kopf. Welche noch Jungfern sind, binden ihre Haare nicht auf, sondern lassen selbige auf den Rücken hinabhangen, tragen, wenn es kalt ist, auch ein Tuch herum, wenn es aber warm Wetter ist, einen dicken Kranz von Blumen oder auch von grünem Laube.

Um den Leib sind sie auch gar schlecht bekleidet: Die Mannspersonen tragen nur ein geringes Tuch oder Lumpen um den Leib, über den Hüften zusammengebunden. Etliche haben nur einen Lappen oder Stück Rauchfell vor wie ein kurz Schurzfell, und ist hinten nichts. Etliche aber, so etwas ehrbar sein wollen, tragen Leinenhosen und Wämser, etliche Hosen ohne Wams und etliche ein Wams ohne Hosen, doch mit einem Schurzfell.

Die Weiber tragen auch ein Tuch um den Leib, aber etwas länger als die Männer, haben auch wohl nur ein Hemd an und gehen damit. Und wenn es kalt wird, gebrauchen sie anstatt der Leinentücher Rauchfelle.

Ihre Wohnungen in den Dörfern sind auf ihre Weise sehr hübsch gebauet und stehen gemeiniglich alle mit den Giebeln nach der Gassen zu und sind in der Form eines Schiffs oder vielmehr des Spiegels an einem großen Schiff gebauet, mit allerhand bunten Farben angestrichen und mit viel Seeschulpen oder Muscheln zum Zierat behanget.

Der Hausrat darin ist gering, Ursach, weil sie gar faul sind, etwas zu arbeiten. Insonderheit ist Pfeil und Bogen, Hakkemesser, etliche Schlafmatten, Koch- und Wassertöpfe und etliche Körbe oder Knaster, darein sie das gedörrte Wildbret legen. Sie bauen mehrenteils nicht soviel Reis als sie vonnöten haben, sondern tauschen denselben von den Sinesen und gehen lieber auf die Jagd oder laufen lieber etliche Stunden um ein paar Hirschfelle miteinander um die Wette.

Nächst dem Jagen haben sie ihre beste Lust an solchem Laufen, wozu denn in den Dörfern gewisse Plätze gemachet sind, darauf sich die jungen Männer und

284.
Wir lauffen in die Wett und traben gantze tagen
Nach unser Klincker klangk, die wir in händen tragen,
Wir leben von der Jagt, er jagt, wer jagen kan,
Und wenn wir schießen fehl, so gehn die hünde dran.
Ein Formosan.

Gesellen auf ihre Feiertage exerzieren. Voran um beede Arme haben sie eiserne Ringe anstatt der Armbänder, desgleichen an jedweder Hand einen Ring (etwas größer als vorige um die Arme), so halb hohl ist um helleren Klangs Willen – vergleichen sich fast mit den Stechschlössern, damit die Bauern ihre Pferde spannen. Diese schlagen im Laufen, wenn sie eine Hand um die andere in die Höhe werfen, an die Armringe, so geben sie einen hellen Klang von sich, daß man es fast eine viertel Meile Wegs höret. Wie sie nun im Laufen mit den Armen traktieren, so klingen diese Ringe aufeinander, und also halten sie auch im Laufen ihren Schritt oder Trab danach.

Damit aber auch unter den Inwohnern eine Ordnung und Disziplin gehalten würde, hatte die Edl. Compagnie in allen Dörfern gewisse Personen aus ihrer Nation zu Capitains verordnet, welchen die anderen Nachbarn mußten untertänig sein. Und damit auch solche Capitains ihr Amt nicht mißbrauchten, wurde [alle] Jahr zu gewisser Zeit ein Landtag auf Provincia gehalten, auf welchem die Capitains und Ältesten aus allen Dörfern, auch wer sonst etwas zu klagen oder fürzubringen hatte, erscheinen mußten.

Der Gouverneur, Räte von Indien und Secretarius saßen in dem Garten- oder Lusthäuslein, um welches des Gouverneurs Leibgarde mit präsentiertem Gewehr stund. Darein wurde ein Capitain nach dem andern gerufen und verhöret: Welcher sich nun in seinem Amt das Jahr über wohlverhalten hatte, wurde mit etwas beschenket und ferner am Regiment gelassen. Der aber, so sich nicht gebührlich verhalten oder von seinen Untertanen verklaget wurde, bekam nach gestellten Sachen einen scharfen Verweis und mußte seinen Regimentsstab (ist ein Stock oben mit Silber beschlagen und der Compagnie Zeichen darauf) von sich geben, welcher alsdann einem andern gegeben wurde.

Nach gehaltenem Landtage wurden sie alle im Garten an etlichen langen Tafeln (auf welche zuvor soviel Messer, als Personen daran speisen sollten, geleget waren) gespeiset.

An Essen von gebratenem und gekochtem Wildbret und Fischen wie auch Zuckerbier wurden ihnen genugsam aufgetragen, worüber sie sich wacker lustig, aber nicht viel Compliments und Trenetieren machten, sondern wußten die Schüsseln bald auszufegen. Und was sie nicht essen konnten, steckten sie in ihre Körbe und Calabassen, nahmen's mit auf den Weg, marschierten also wieder hinab.

Endlich ihre Religion und Gottesdienst betreffend, so sind sie vor der Holländer Ankunft auf diese Insel dem sinesischen Greuel und teufelischen Opfern zugetan gewesen. Seit währendem holländischen Regiments aber haben sie mehrenteils (und sonderlich die an der Westseiten wohnen) den christlichen Glauben angenommen. Wie denn, dieselben im Christentum, Lesen und Schreiben zu unterrichten, in allen Dörfern holländische Schulmeister und in etlichen Prädicanten, so die Inspektion über die Schulmeister hatten, verordnet waren. Also, im Jahre 1650 war H. Johann Gratius Prädicant in Soulang, H. Johann Hambroeck in Mattau und H. Adolarius in Verberon, da vordem Dn. Junius Prädicant gewesen. Die Schulmeister hatten täglich ihre gewissen Stunden mit den Kindern und wöchentlich etliche zur Information der alten Leute, und durfte kein Inwohner bei Strafe einer Hirschhaut ohne erhebliche Ursach eine Stunde versäumen.

Die Prädicanten mußten einer um den anderen in dem Castell Seelandia die Amtspredigt tun und dann monatlich auf die ihm untergebenen Dörfer reisen, die Schulen visitieren, die Alten examinieren, und so etwan Kinderlein zur Welt geboren waren, dieselben taufen.

Zu besserer Unterrichtung und (Mehrung der) Aufnahme im Christentum hat

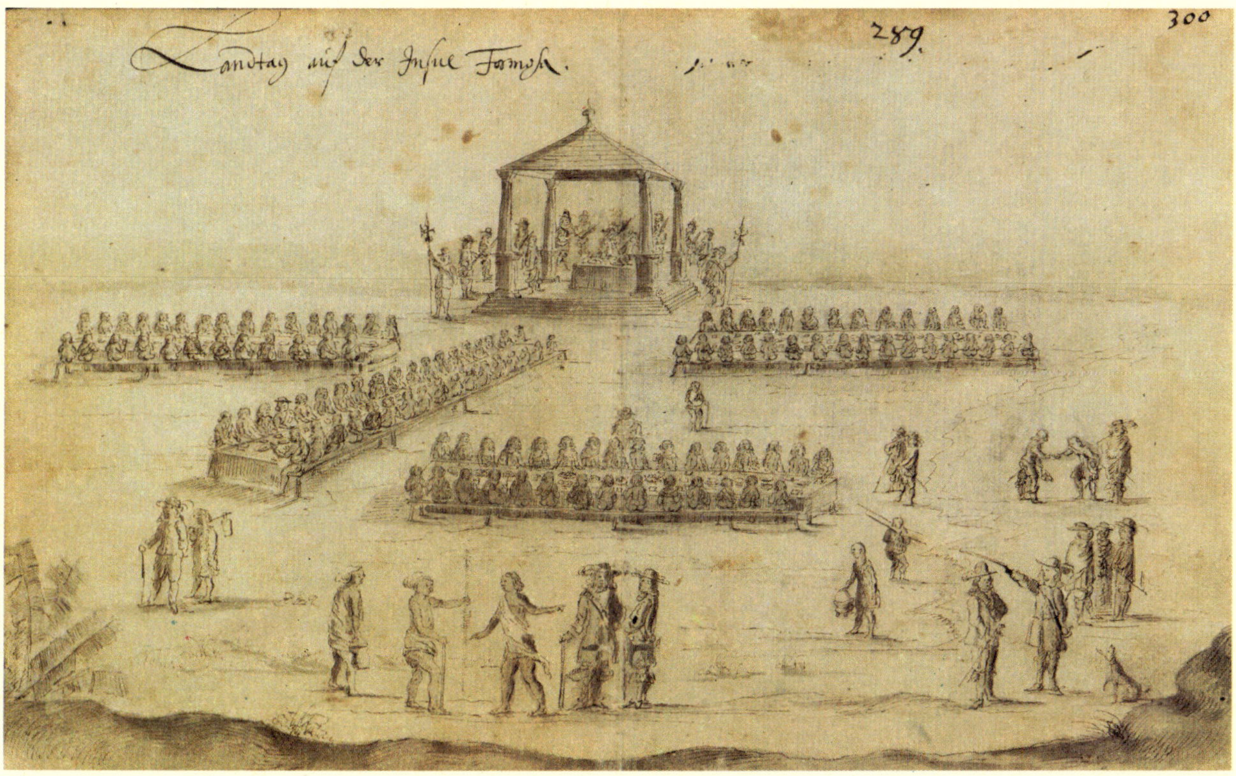

vorbesagter Dn. Junius die notwendigsten Lehrpunkte des Katechismus nebst etlichen christlichen Liedern in die formosanische Sprache übergesetzet. Und lautet das Vaterunser in ihrer Sprache also: „Diameta Katu vullum, lulugniang ta nanang oho mabatongal ta tao tu goumoho, mamtalto Ki Kamoienhu tu nay mama tu vullum: pecame Ka cagniang Wagi Katta; Hamiecame Ki varauiang mamemiang mamia ta varaú Ki tao Ka maouro Ki riich emittang Inecame poudanga danach, Sozaiamecame Ki litto, Ka imhouato ta gumaguma Kallipuchang, Kasasa mangang, mi Kagua, Amen."

Tayonanischer Duyvel. Dieses Amphibium ist fast über zwei Schuh lang, es hat einen Kopf wie ein Igel und ist rötlich. Übern ganzen Leib ist es schuppig wie ein Karpe und sind die Schuppen auf Rücken und beiden Seiten größer als vorn an dem Kopf und hinten am Schwanz. Übern Rücken her, vom Kopf bis zum Ende sind die Schuppen schwärzlich aus grün, auf beiden Seiten ganz grün und unten am

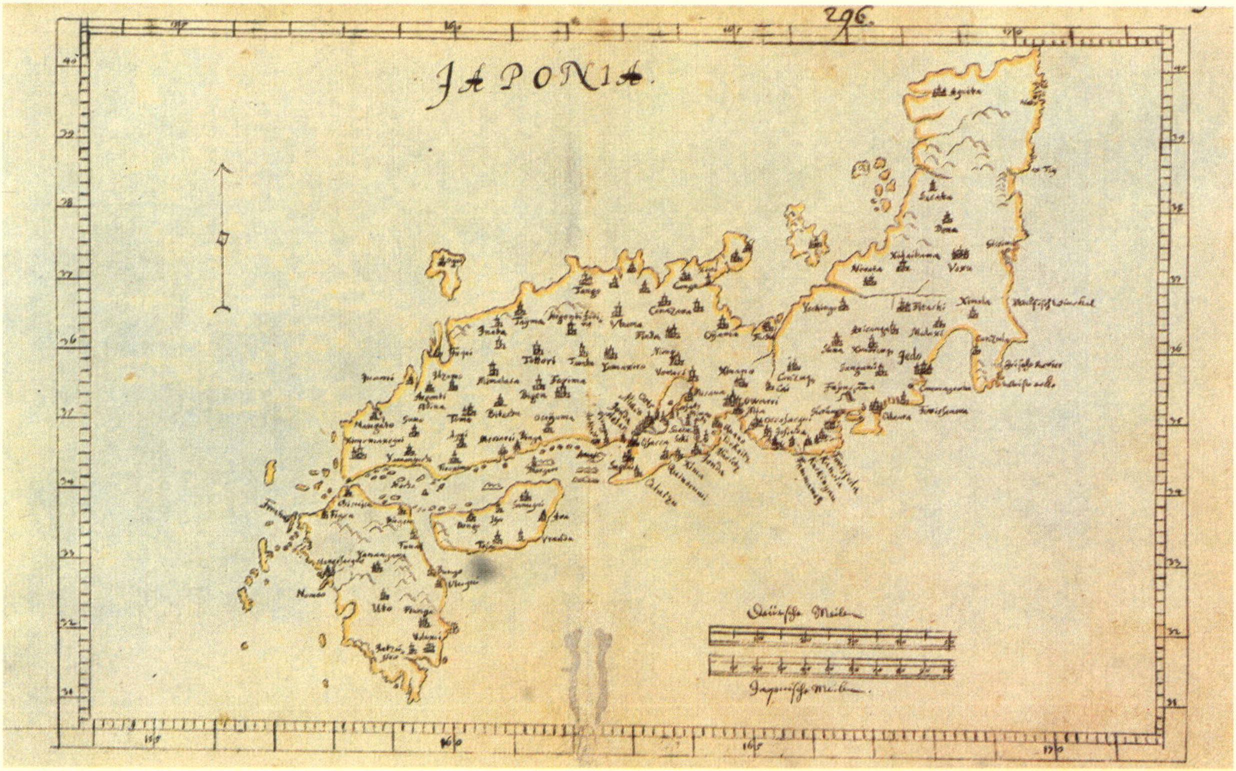

Bauch weiß. Es hat vier Füße, auch kann [es] auf dem Lande und im Wasser leben. Wenn man es schlagen oder einen Hund daran hetzen will, so zieht es den Kopf hinein und krümmt sich schneckenweise zusammen, also daß ihm wegen der Schuppen kein Hund etwa Schaden tun kann.

REISE VON FORMOSA NACH JAPONICA

Mittwoch, den 8. Juny anno 1650, bin ich mit dem Schiff Patientia zu Segel gangen, um mit nach Japon zu schiffen.

Den 22. ejusdem, des Morgens, sahen wir Japon NOTN vor uns: es wurde allem Schiffsvolk in gemein angesagt, alle Bücher von Religionssachen, geistliche Gemälde, europäische Münze herfürzugeben und einzupacken. Auch wurde bei Leibesstrafe untersagt, mit den Japonern etwas von

Religionssachen zu gedenken, vielweniger äußerlich papistische Zeremonien von sich merken zu lassen. Bald nach Mittag kamen wir vor das Land, liefen zwischen dem Pfastenberg und den kleinen Klippen hinein. Unser Constabel gab dreimal Salve, darauf kam eine japonische Schute zu uns gerudert. Und als sie an Bord kamen, waren es japonische Soldaten. Wir segelten gegen die Insel Kisma, ließen die Flaggen streichen und den Anker in Grund fallen, damit gab der Constabel noch drei Schüsse.

Folgenden Tages kamen etliche Japoner, worunter ein Bonjos war, an Bord. Sie visitierten alles im Schiff, auch die Stücke, ob sie noch geladen waren.

Es mußte auch Mann für Mann seinen Namen, Alter und Qualität ansagen, welches alles fleißig niedergeschrieben wurde. Endlich verschlossen sie das Schiff und fuhren auch diesmal wieder an das Land.

Nangasaqui. Die Stadt Nangasaqui liegt auf 33 Grad norder Breite an einem

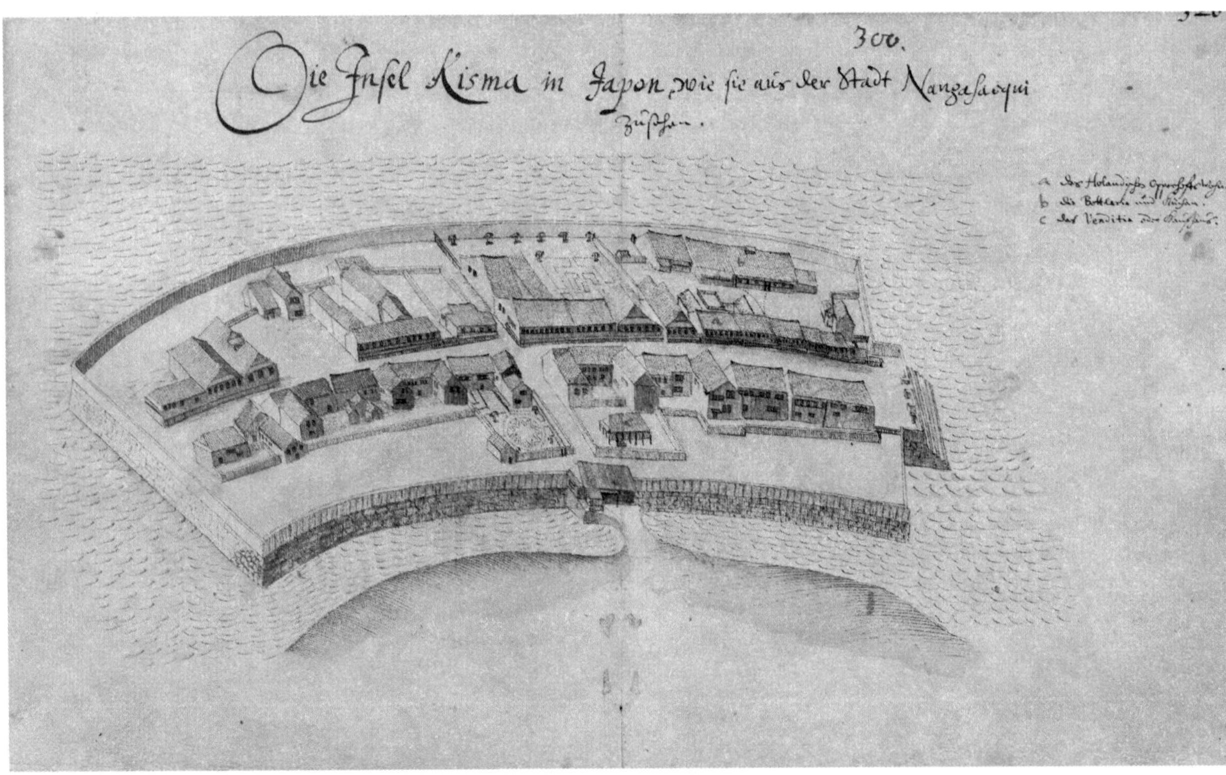

Ein Japoner
Für roth Hollandisch tuch, für Hirschfell und für Seiden
ist Goldt und silber feil, für alle die wir leiden.
Wir sind auf tapfferkeit und handel abgericht,
Doch trauen wir Spanjern und Jesuiten nicht,.

bequemen Seebusen. Sie hat einen ziemlichen Umfang und erstreckt sich weit längs des Seestrandes. Ist aber weder mit Mauern noch Wall, sondern in den Gassen nur mit Schlagbäumen verwahret.

Im Regenwetter sind die Gassen sehr kotig, und wenn das Wasser, so durch dieselben läuft, den Schlamm nicht etwa mit sich führet, würde es böse gehen sein.

Die Häuser sind nur von Holz, nicht sehr hoch und nur mit Brettern, so wie Ochsenzungen formieret sind, gedecket. Etliche sind mit Leinen beklebet und etliche ein wenig mit Kalk betünchet. Inwendig sind sie mit Matten in unterschiedliche Kammern abgeteilet, welche bei den Reichen köstlich ausstaffieret und bei den Armen schlecht gemacht sind.

Kisma. Kisma ist ein Eiländlein, ganz von Wasser umflossen. Nach der Stadt zu hat es eine Brücke, darüber zu gehen. Um besserer Sicherheit willen ist es um und um mit einer Bleiche von Dielen [?] verwahret und auf der Seite mit einem Tor und etlichen Stufen abwärts ins Wasser versehen, die Güter ab- und einzuladen.

Japoner. Die Japoner sind nach der Proportion den Sinesen und an Farbe den Spaniern nicht ungleich. Die vornehmen Mannspersonen lassen ihre Haupthaare bis auf einen kleinen Zopf, den sie hinten am Haupt zusammendrehen, abscheren. Der gemeine Mann läßt alles Haupthaar abscheren, und dem Knaben werden nur die Haare auf der Stirne abgeschoren.

Unter den gemeinen Leuten tragen etliche baumwollene Mützen und etliche gehen mit bloßen Häuptern.

Manns- und Weibspersonen haben fast einerlei Tracht in Kleidung, nur daß der Männer Tabbert etwas länger ist als der Weiber ihrer.

Die Japoner schreiben von oben herab und auch mit Pinseln wie die Sinesen. Es (ist) aber doch ein Unterschied in den Buchstaben gleich wie auch in der Sprach.

HAUSREISE VON FORMOSA NACH BATAVIA UND VON DA WIEDER NACH AMSTERDAM

Demnach ich nunmehr, Gott sei gedanket, die Jahre, so ich in India zu dienen verbunden war, mit Gesundheit überstanden, und gleich selbige Zeit zwei Schiffe, welche nach Batavia gehen sollten, auf der Ree in Bereitschaft lagen, deren insonderheit eines war das Fluit-Schiff König David, auf welchem ich ao. 1646 von Holland in India gefahren war, hielt ich bei dem Gouverneur der Insel Formosa, H. Friedrich Cojetten, um meine Demission an. Derselbe, als er meine Requeste durchgesehen, gab mir zur Antwort, es nehme ihn wunder, daß ich um Demission ansuchete, indem mir nunmehr erst das Glück offenstünde. Wenn ich mich aufs neue wieder versprechen würde, sollten mir meine Gage und Kostgeld noch einmal so hoch verbessert werden. Ich bedankte mich deswegen dienstlich gegen ihn und blieb bei meiner Resolution, in Erwägung, daß ich schon längsten gleichsam ein Gelübde getan, daß, wenn mich der liebe Gott in meinen Diensten die bestimmte Zeit über würd gesund erhalten, ich in India nicht länger bleiben, sondern sobald es möglich wäre, wieder in das Vaterland, allwo die wahre christliche Lehre rein exerzieret wird, gehen wollte.

Auf mein ferneres Anmelden erhielt ich den 10. Oktobr. diese Resolution, daß meinem Suchen stattgegeben wäre und ich hiermit abgelöset sein sollte, weswegen ich höchlich erfreuet war. Machte mittlerzeit Anstalt auf die Reise und versah mich notdürftig mit allerhand Victualien.

Den 23. Octobr. fuhr ich auf König Davids großem Boot mit an Bord.

Den 25. gegen Mittag sind wir mit dem Schiff König David nach geschehener

242
Das Quartier, da die Amboynesen unnd
einige Orangkais wohnhafftig sind.
Brunn

Musterung im Namen Gottes zu Segel gangen. Wir nahmen unsern Cours SOTO und OSO mit einem harten Nordwind. Gegen Abend gingen wir westlich an, nahmen unser großes Marsseil und Blinden ein und ließen nur die Focken und Schoberseil vorstehen. Nach Mitternacht wurde der Sturm je länger je stärker. Nahmen deswegen auch das Schoberseil ein. Der Wind kam aus NO mit dunklem Regenwetter. Das Meer ging sehr hohl mit solchen großen Wellen, und das Schiff schlingerte so gewaltig hart, daß es zu beiden Seiten viel Wasser schöpfte.

Den 26. des Morgens continuierte der Sturm noch, und schlingerte das Schiff so sehr von einer Seiten zur andern, daß des Steuermanns Kisten, worin er all sein Gütlein, was er in India erworben, verschlossen hatte, so oben auf der Compagne stund, über Bord fiel, welches er zwar sehr beklagte, aber doch nichts wiederbekam. Nachmittag fing es an, ein wenig still zu werden, und das Schoberseil wurde wieder beigemacht. Es währete aber nicht lange, so veränderte sich die Luft und fing an, härter zu wehen als zuvor jemals, also daß wir das Schoberseil wieder einnehmen mußten. Wir gingen WTS und WEW bis um den Morgen.

An dieser Stelle ist die Erzählung Caspar Schmalkaldens unterbrochen — vermutlich sind die folgenden Seiten verlorengegangen. Deshalb wollen wir mit Hilfe anderer deutscher Reisebeschreibungen des 17. Jahrhunderts und etwas Phantasie versuchen, den möglichen Verlauf seiner Heimreise zu rekonstruieren: Daß er sich von Taiwan (Formosa) nach Batavia begeben mußte, ist verständlich. Denn nur von dort erfolgten die Rückreisen, wurden die „Hausfahrer", eine kleine Flotte, bestehend aus neun bis zehn reich beladenen Schiffen, zusammengestellt. Ob Schmalkalden auf der Fahrt von Taiwan nach Java noch die Molukken kennenlernte, ist nicht bewiesen, jedoch auch nicht ausgeschlossen. Es gibt sogar Hinweise, die diese Vermutung stützen. So z. B. seine Zeichnungen vom „Fort Victoria auf der Insel Amboyna" oder „Taluco auf der Insel Ternate". Wie konnte er solche Bilder schaffen, wenn er die Eilande gar nicht gesehen hatte? Warum sollte er sie aus anderen Werken nachgezeichnet haben, nur in dem Bestreben der Vollständigkeit seines Berichtes über Ostindien?

Wann Schmalkalden dann in Batavia erneut ein Schiff bestieg, das ihn in die Heimat zurückbringen sollte, ist ebenfalls unbekannt. Bestimmt war es zu Ende des Jahres 1651 oder zu Anfang des neuen Jahres, denn nur zu dieser Zeit verließ die Retourflotte den berühmten javanischen Hafen. Sicherlich war er im Taumel der Vorfreude, die Heimat bald wiederzusehen, sehr glücklich und stimmte in das damals vielgesungene Valet-Lied mit ein, das befreiend aus den rauhen Kehlen der Seeleute erklang und im Hafen von Batavia widerhallte:

„Adjeu, adjeu Batavia,
Du schöne Stadt dort auf Java.
Von dir will ich nun scheiden!
Von dir und deiner stolzen Pracht
Nehm ich anitzo gute Nacht,
mit tausend, tausend Freuden.
Wir fahren nun nach Patria:
Frisch auf ihr Brüder – sa, sa, sa!
Hier gilt kein Scharmutzieren:
All windet eure Ancker auf!
Durch Straat Sunda geht unser Lauf!
Den Ort wolln wir quittieren.
Setzt all eure Segel bey,
Wir sind nun bloß der Sclaverey
Glück zu! Glück zu der Reise!“

Nach Passieren der Sundastraße segelte die Flotte mit SW-Kurs in Richtung Madagaskar – Mauritius und dann hart Süd weiter zum Kap der Guten Hoffnung.

Aus dem folgenden erhaltenen Kapitel über St. Helena geht hervor, daß sie am Kap nicht anlandeten.

Am 6. April 1652 war der Schiffsarzt Jan van Riebeeck hier vor Anker gegangen und damit die Geburtsstunde der Kapkolonie angebrochen. Der Ausbau dieses Stützpunktes zu einer festen Niederlassung der Holländer an der Südspitze Afrikas hatte zur Folge, daß ihre bisherigen Erfrischfungsstationen auf Mauritius und St. Helena zunehmend an Bedeutung verloren. Für

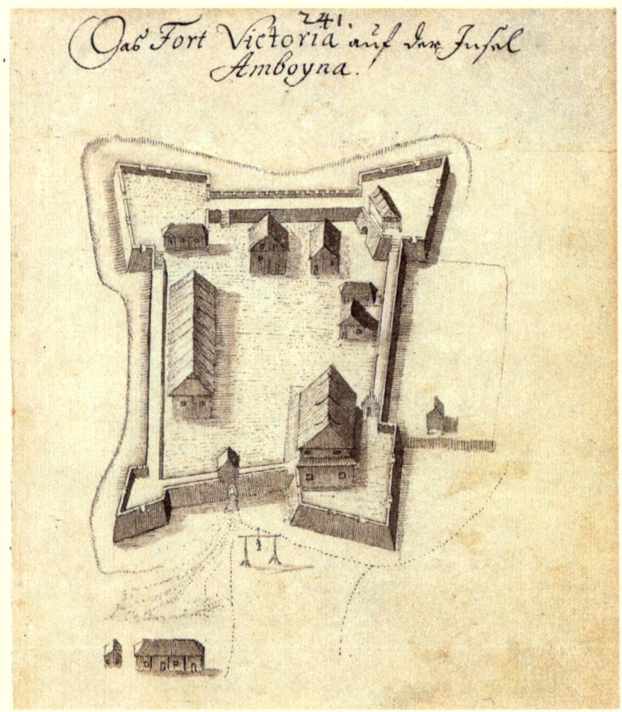

diejenigen Schiffsführer, die nicht am Kap Zwischenstation machten und durchsegelten, hatte die Ostindische Gesellschaft eine beachtliche Prämie ausgesetzt, die sie sich nur ungern entgehen ließen. In unserem Falle wurden sie vielleicht noch von der möglichst schnell zur Rückkehr drängenden Mannschaft dazu ermuntert. Es ist zwar unbekannt, wie lange Schmalkalden und seine Kameraden in Batavia Zwischenaufenthalt hatten, doch erscheint die Reisedauer von fast zehn Monaten zu lang.

Normalerweise betrug die Überfahrt von Java nach Holland sechs Monate. Wenn die Flottille aber zu spät absegelte, mußte sie zumeist wegen der schlechten Windverhältnisse auf Mauritius überwintern. Doch das weiß man nicht. Sicher ist, daß St. Helena aufgesucht wurde.

Diese Insel, am 15. April 1633 durch Jacques Spex für die Ostindische Compagnie in Besitz genommen, gehörte von 1659 bis 1673 den Engländern, danach erneut den Holländern. Lassen wir nun Schmalkalden selbst über dieses Eiland berichten:

Die Insel wird Sanct Helena genannt, weil sie auf den 22. May, auf welchem gewöhnlich dieser Tag fallet, von den Portugiesen erfunden ist. Sie liegt auf 16 Grad süder Höhe, 240 Deutsche Meilen von der Äquinoctiallinie und 550 Meilen von dem Cap de bona Esperance. Sie hat hohe Berge, so an dem Meer von lauter Steinklippen gleich in die Höhe steigen, und zwischen denselben lustige Täler, in welchen nicht allein gut süß Wasser quillet, sondern es ist auch etwas von Weil wir aber [an] demselben vorbeiliefen, Früchten, als Waßer-Limonien, Orangienäpfel, welche vor etlichen Jahren allererst dareingepflanzet, zu haben, und ist überall eine gesunde Luft. Die Sonn gehet jährlich zweimal recht darüber hin, als im October um Martini und im Januario um Pauli Bekehrung. Der längste Tag ist allda im Winter um Weihnachten 13 Stunden lang, der kürzeste aber im Sommer um Johannistag 11 Stunden lang.

Das lustigste und bequemste Tal ist die Kirchvalley, von einer alten Kapellen, davon die Mauern noch stehen, also genennet. Denn es läuft nicht allein ein schöner, heller Bach von frischem Wasser darin herab, sondern es wächst auch das grüne Kraut Fette Kouß oder Porcellac genugsam darin. Nur dieses ist schlimm, daß es sehr übel allda an das Land zu kommen ist, so stoßen doch die Wellen mit großem Sausen und Brausen an die Klippen, steigen bald hoch in die Höhe und fallen bald wieder tief herunter.

Auf dieser Insel gibt es auch unterschiedlich Wildbret, als Schwein, Böcke, Ziegen, Henn, Pferde, Hunde und Katzen, von welchen allen auf dieser Insel vor der Portugiesen Ankunft daselbst nicht das Geringste gewesen. Die Pferde sind erst von dem Lastträger unserer Schiffe einem darauf gesetzet worden. Sie sollten an das Cap de bona Esperance gebracht werden.

Weil wir aber [an] demselben vorbeiliefen, wurden sie bis hierher mitgeführet und an das Land gesetzet.

Den 19. May gingen wir mit unseren fünf Schiffen zu Segel. Vom Schiff Seelandia war ein Matrose, Laberlott genannt, am Lande stehen blieben. Derselbe hat aus seinem Hemde eine Fahne gemacht und an einen Stock am Seestrande aufgerichtet, vermeinend, wenn es sein Schiffsvolk gewahr würde, würden sie kommen und ihn abholen, welches aber nicht geschah, sondern alle Schiffe gingen ihren Cours und ließen ihn allein auf dieser Insel sitzen. Ob nun bald nach uns Schiffe an diese Insel kommen sind, die ihn erlöst haben, oder ob er hat Hungers sterben müssen, weil er nichts bei sich gehabt, als nur ein wenig gekochten Reis, den das andere Schiffsvolk hat liegenlassen, ist mir nicht wissend.

Zur Zeit als der Herr Carpentier General in Ost-Indien gewesen, hat sich auf St. Helena nachfolgende Geschicht zugetragen:

Etliche Schiffe, so aus India kommen sind und frisch Wasser an dieser Insel eingeladen, haben bei ihrem Abzuge einen Matrosen, so das Leben verwirket gehabt, zu seiner Strafe an dem Lande allein stehenlassen. Dieser Matrose aber, als er gesehen, daß die Flotte mit vollen Segeln davongegangen und er sich nunmehr ganz allein auf dieser Insel befunden, hat er erst angefangen, sein Unglück zu beklagen und rufet erbärmlich zu Gott im Himmel. In dieser seiner Angst fällt ihm ein, daß zwei Tag zuvor ein Schiffsofficier gestorben und auf dieser Insel mit einem Sarg begraben worden. Bedenket sich derowegen nicht lange, sondern scharret und kratzet mit Händen und Füßen das Grab auf, tut den Körper heraus, nimmt den Sarg und eilet mit demselbigen nach dem Meer zu. Machet aus seinem Hemde ein Segel und gebraucht ein Stücke vom Deckel des Sarges zum Ruder. Setzet sich hinein und fährt in Gottes Namen den Schiffen nach, welche doch schon ziemlich weit vorausgewesen. Es hat sich aber unterdessen aus Schickung Gottes begeben, daß sich der Wind bei den Schiffen ganz geleget, und dieselben solchen schlechten Fortgang gehabet, daß dieser Schiffer im Sarg mit dem Landwinde, so ihm günstig gewesen, die Flotte in etlichen Stunden erreichet.

Als nun das Volk auf den Schiffen seiner gewahrworden, haben sie ernstlich gedacht, es wäre ein Gespenst oder Seemonstrum. Da er aber näher kommt, fängt er an, elendiglich zu bitten, sie wollten sich seiner erbarmen und um Gottes willen mit nach dem Vaterlande nehmen. Wodurch denn alles Schiffsvolk zu Mitleiden bewogen für ihn gebeten hat, daß er wieder eingenommen worden.

316.
Die Insel Ascension.

Nach diesen Ausführungen reißt nun der Faden der kontinuierlichen Berichterstattung endgültig, und noch einmal müssen wir Phantasie und die Mitteilungen anderer Fahrensleute bemühen, soll die Reise ihr glückliches Ende finden.

Von St. Helena geht die Fahrt mit einem NW-Kurs weiter, vorbei an der Insel Acension in Richtung Äquator. Die Überquerung der „Linie" brachte etwas Abwechslung in das sonst so triste Leben an Bord. Freudig und ausgelassen wurde dieses Ereignis gefeiert. Hören wir, was ein Augenzeuge, der sächsische Bergschreiber Elias Hesse, darüber zu berichten weiß:

„... machten uns eben diesen Tag bey hellem Wetter und gleicher See, mit einem von unsern Oberhaupt vor die Cajuts-Taffel geschenckten Fäßgen Bier ein wenig fröhlich; und trancken nunmehro, weil wir unter dem Nord- und nicht mehr Süd-Polo segelten, zum ersten mahle der Vaterländischen und nicht mehr der Ost-Indischen Freunde gesundheit; cassirten also Ost-Indien nun gäntzlichen, und war daher von nöthen, daß auff der Reise nach Ost-Indien hier unter der Linie gelassene Vaterländische Gewissen (wie man redet) wiederumb mit zu nehmen; hingegen die in Indien angewehnte Manieren, so man auch Orlammsche Streiche nennet, darvor zurück zu lassen, welches denn auch gewißlich vor höchst nöthig geachtet wurde: dafern man anders in Europa bestehen wollte.

Von denen Matrosen sahe man auch diesen Tag, welchen es vergönnet wurde, seltsame Auffzüge vornehmen: Bald stürmte ihr von ihnen auffgeworffene Hauptmann mit seiner Compagnie, welche mit Stücken Holtz, Bäumen, Bratspiessen und vielen andern lächerlichen Gewehr armiret war, diese oder jene Steuermannskammer am meisten aber die Keller oder Flaschen-Futter, in welchen sich etwan noch ein Schluck Frantz-Brandwein befand, von welchem etliche gar truncken wurden."

Die Kapverden und Kanarischen Inseln waren sicherlich die nächsten Fixpunkte der Reise. Normalerweise segelten die Heimfahrer zwischen den Inseln Fair und Shetland bzw. durch den Kanal nach Holland. Da aber der erste Seekrieg zwischen den Niederlanden und England in vollem Gange war, mußten sie ihren Kurs ändern, wollten sie nicht in feindliche Hände fallen. Sie umsegelten also die Shetland-Inseln und begaben sich zur norwegischen Küste und von dort südwärts, immer im Schutz des Festlandes bis nach Texel, wo sie am 15. August 1652 laut „uitloopboek van schepen", das sich im Besitz des Algemeen Rijksarchief in 's-Gravenhage befindet, eintrafen.

NACHWORT

Das 17. Jahrhundert war ein bewegtes, keinesfalls friedliches Zeitalter, das nicht nur in Europa zu neuen ökonomischen und politischen Konstellationen führte.

In dieser Epoche bahnte sich der Übergang vom Feudalismus zum Kapitalismus an. Die wichtigste politökonomische Voraussetzung hierfür war die ursprüngliche Akkumulation, d. h. die verstärkte Trennung des Produzenten von seinen Produktionsmitteln und die Anhäufung großer Kapitalien beim Bourgeois, die zu einem beachtlichen Teil aus den kolonial unterdrückten Völkern Amerikas, Afrikas und Asiens gepreßt wurden.

Es war gleichzeitig die Periode der größten Machtentfaltung des Absolutismus, der die feudale Zersplitterung überwinden half und zur Herausbildung der Nationen beitrug.

Aber auch die wachsenden Widersprüche und Klassenauseinandersetzungen, die in blutigen Bauernaufständen in zahlreichen Ländern Europas, sowie Asiens, beispielsweise in China und Japan, ihren Ausdruck fanden oder in den bürgerlichen Revolutionen, mit England an der Spitze, gehören zum Bild dieser Zeit. Auf der britischen Insel hatte die Revolution dem Feudalismus eine empfindliche Abfuhr erteilt, die der Entwicklung bürgerlicher Verhältnisse und dem Kapitalismus den Weg ebnete. In Frankreich war der seit dem letzten Viertel des 16. Jahrhunderts tobende Bürgerkrieg überwunden und das zersplitterte Land zu einem Staat vereint, der der mächtigste Westeuropas werden sollte. Das deutsche Land hatte der Dreißigjährige Krieg in ein Schlachtfeld der miteinander rivalisierenden Mächte Europas verwandelt. Ein bis dahin nie gekannter wirtschaftlicher und politischer Verfall war die Folge, und am Ende des alles verheerenden Krieges im Jahre 1648 blieb ein in über dreihundert selbständige Kleinstaaten aufgeteiltes Territorium übrig. Auch in Spanien war der allgemeine Niedergang unaufhaltbar. Noch besaß Iberien zwar Kolonien in West- und Ostindien, gehörten Flandern und große Teile Italiens zu seinem Besitz, aber mit der Anerkennung der Unabhängigkeit der niederländischen Nordprovinzen im Jahre 1609, die sich zum selbständigen Staat Holland zusammenschlossen, erwuchs ein mächtiger Gegner, der ihm auf den Weltmeeren bald die Vormachtstellung abjagen sollte.

Das ist die historische Kulisse, die nicht nur die politischen Veränderungen auf der Weltkarte verständlich macht, sondern vor deren Hintergrund sich auch das bewegte Leben Caspar Schmalkaldens abspielte.

Es bedarf einer zeitaufwendigen Sucharbeit, fast eines kriminalistischen Spürsinns und nicht selten des glücklichen Zufalls, um Licht in die völlig im Dunkeln liegende Lebensgeschichte dieses Mannes aus dem Volke zu bringen, der in die Wirren des Dreißigjährigen Krieges hineingeboren wurde. So erhalten wir aus den Standardwerken zur regionalen Geschichte Thüringens, speziell Gothas, keine Auskunft über sein Schicksal. Dafür erwiesen sich Archivalien (Kirchenbücher, Akten des Landesarchivs, Museumskataloge) sowie sein Reisejournal selbst als die wichtigsten Quellen.

Die Wiege unseres weitgereisten Helden stand in Friedrichroda, dem heutigen Kurort am Fuße des nordöstlichen Thüringer Waldes. Wann er hier geboren wurde, ist nicht bekannt. Erste Erwähnung findet sein Name in dem ältesten erhaltenen Seelenregister der dortigen evangelischen Kirche St. Blasii aus dem Jahre 1632. Der Vater, Liborius Schmalkalden, war Bürgermeister dieser Stadt. Die Mutter, Magdalena, schenkte sieben Kindern das Leben: drei Jungen (Casparus, Christophorus und Liborius) und vier Mädchen (Anna, Dorothea, Martha und Susanna).

Ob es dem Vater in Anbetracht dieses Kindersegens möglich war, dem Sohn Caspar eine halbwegs solide Bildung angedeihen zu lassen, ist fraglich. Bisher gibt es keinen Hinweis, welche Schulen dieser besucht hat, auch wissen wir nichts über seine Kindheit und Jugendjahre. Erst mit Beginn seiner Reisen läßt sich sein weiteres Leben verfolgen.

Von den Gefahren, die den jungen Caspar Schmalkalden auf hoher See erwarteten, als er auf große Fahrt nach Westindien ging, können wir uns heute kaum eine Vorstellung machen. Die hölzernen Segelschiffe, ohne Motoren oder Turbinen, völlig abhängig vom Wind als einziger Antriebskraft, ohne Elektrizität und dem dadurch möglichen Komfort unserer Tage, ohne Radar und Echolot, zudem meist klein, alt und überladen – nicht nur an Gütern, sondern auch mit Menschen –, glichen mehr schwimmenden Gefängnissen als einem angenehmen Verkehrsmittel. Auf engstem Raum zusammengepfercht, mußten die Reisenden aus aller Herren Länder miteinander leben. Der ständige, hautnahe Kontakt über viele Monate hinweg führte zu Unstimmigkeiten.

Handgreifliche Auseinandersetzungen, oft mit dem Messer ausgetragen, waren an der Tagesordnung. Selbst bei kleinsten Delikten wurden erbarmungslos brutale Strafen verhängt, und es war wohl sicher nicht übertrieben, wenn ein Zeitgenosse, der Bergschreiber Elias Hesse, über jene Tage an Bord resümiert: „Nichts kann wohl einer Sclaverey füglicher verglichen als das Schiff-Leben, wenn man von der Schiffer und derselben Anhang Gnade leben muß."

Unvorstellbar waren die Folgen, wenn Windstille auf hoher See eintrat, besonders in Äquatornähe. Dann mußte die Mannschaft Hitze und Durst erleiden, war doch das Wasser immer knapp an Bord und nicht selten verdorben. Oft brachen verheerende Krankheiten aus. Ohne nennenswerte ärztliche Hilfe, ihrem Schicksal ausgeliefert, erreichten viele nicht das Ziel.

Einer der Todkranken, der überlebte, war der Soldat Johann Schreyer. Er erzählt in Erinnerung an jene schrecklichen Tage: „Auff beyden Seiten des Schiffes waren breite Bänke oder Lagerstellen gemacht, worauff ein zwantzig oder fünff und zwantzig Personen musten beysammen liegen. ... Drey Wochen hatte ich dieser Bäncke eine bewohnet, bisß ich wieder so viel Kräffte bekam, dass ich auf Händen und Füssen biß auff das Obere des Schiffes kunte kriegen, und vom Unflath und Läusen mich saubern."

Anderen wiederum waren „die Beine entweder mit Flecken, oder sehr bösen Geschweren übel zugerichtet, jedem das Maul und Zahnfleisch so erfaulet, daß neben den unleidlichen Gestanck die Zähne so bloß stunden, daß man sie nicht allein mit den Fingern heraus nehmen, sondern auch mit der Zungen los stossen kunte". So kam es gar nicht selten vor, daß die Schiffsbesatzung durch Krankheit und Tod dermaßen geschwächt war und nicht mehr ihr Schiff regieren konnte. Den Unbilden der Natur völlig preisgegeben, trieb solch „Geisterschiff" ziellos umher.

Sicher hat Schmalkalden all diese unerfreulichen Dinge auf seinen Reisen kennengelernt, auch wenn er sie nicht immer für aufzeichnenswert hielt – sie waren zu alltäglich, selbstverständlich!

Anfang November 1642 bestieg Caspar Schmalkalden in Texel den „Elephant", der ihn im Verband mit anderen Schiffen nach Brasilien bringen sollte. Was hatte ihn bewogen, die Heimat zu verlassen, um sich in holländische Dienste zu begeben? War es allein Abenteuerlust oder die Not, die der nie enden wollende Krieg mit sich brachte?

Nachdem die Armada das offene Meer erreicht hatte, löste sie sich auf, und nur drei Schiffe segelten in Richtung Westindien. Ohne besondere Zwischenfälle erreichten sie am Nachmittag des 11. Dezember nach über einmonatiger Reise den Hafen von

Pernambuco. Welche Aufgaben man Schmalkalden während seines Aufenthaltes in Brasilien übertragen hatte, ist kaum bekannt. Aus einem fragmentarisch erhaltenen Bericht seines Tagebuches geht lediglich hervor, daß er zusammen mit den Kameraden im nahen Urwald von Recife Holz geschlagen hat, das laufend zur Befestigung der Wehranlagen und zum Bau von Häusern benötigt wurde. Wenig wahrscheinlich ist dagegen seine Beteiligung an militärischen Operationen, denn seit der Deklarierung des Waffenstillstandsabkommens Anfang Juli 1642 zwischen Holland und Portugal, das zwei Jahre zuvor seine Unabhängigkeit von Spanien wiedererlangt hatte, schwiegen die Waffen in Brasilien. Johann Moritz von Nassau-Siegen, seit 1637 Statthalter in „Neuholland", nutzte nun die freigewordene Kapazität seines Heeres zum Ausbau und zur inneren Festigung der Kolonie, die unter seiner umsichtigen Regentschaft in jenen Jahren ihre Blütezeit erlebte.

Durch den besagten zehn Jahre gültigen Vertrag mit Portugal sahen sich die Holländer andererseits der Möglichkeit beraubt, ihre weiteren Expansionspläne in Nordostbrasilien zu verwirklichen, und so suchten sie nach einer Möglichkeit, ihren Machtbereich im Süden des gewaltigen Subkontinents zu erweitern. In Hendrik Brouwer (auf Grund seiner bisherigen Verdienste zum Regierungsrat befördert) glaubte die 1621 ins Leben gerufene Westindische Compagnie den Mann gefunden zu haben, der ihre Pläne zu verwirklichen versprach. Die sommerlichen Nordwinde nutzend, sollte er versuchen, durch die Magellan-Straße nach Chile zu gelangen, um mit den Chilenen Handelsverbindungen anzuknüpfen und sie für ein Komplott gegen die Spanier zu gewinnen. Außerdem hatte er Order, Kunde von den unbekannten, nach Mittag zu liegenden Landen einzuholen.

Von all diesen Plänen und Absichten hatte unser Gothaer Kriegsmann wohl kaum eine Ahnung, als er am Montag, dem 12. Januar 1643, das Vizeadmiralschiff „Vlyßingen" bestieg. Nicht durch die Magellan-Straße, wie vorgesehen, sondern um das Staatenland und das Kap Hoorn ging die Fahrt. Von der Insel Chiloé aus, die am 9. Mai erreicht wurde, versuchten die Holländer Verbindung zu den Chilenen aufzunehmen, was ihnen nach anfänglichen Schwierigkeiten und mit nicht immer gerade friedlichen Mitteln gelang. Selbst ein Beistandspakt gegen die Spanier kam zustande. Doch jene, von dem Komplott der Niederländer unterrichtet, ließen alle Straßen und Pässe des chilenischen Festlandes streng bewachen und verhinderten die Landung und das Eindringen der neuen Invasoren in ihr Kolonialreich.

Inzwischen begannen die Lebensmittel an Bord der holländischen Schiffe knapp zu werden. Die Besatzungen drohten mit Meuterei, und da man sich der spanischen Armada im Hafen von Lima nicht gewachsen fühlte, kehrten sie zu Ende des Jahres unverrichteterdinge nach Brasilien zurück.

Während Schmalkalden in Chile weilte, hatten sich die Spannungen zwischen dem Statthalter Johann Moritz und den Hochmögenden der Westindischen Gesellschaft so zugespitzt, daß dieser beabsichtigte, sein Amt niederzulegen. Und so begann mit seiner Rückkehr nach Europa Anfang Mai 1644 eine neue Epoche für die holländische Kolonie in Brasilien. Die Infrastruktur des Landes nahm seitdem eine negative Entwicklung, überall herrschte Willkür, das neue Direktorium kürzte die Mittel und verschärfte die Ausbeutung. Auch das Heer war in Auflösung begriffen, und so sahen die Portugiesen endlich ihre Stunde gekommen, mit den Flamengos, den Ketzern, abzurechnen. Bereits Ende 1644 war der Kampf organisiert, die erfahrenen „Guerillas" durch Waffenlieferungen aus Bahia gerüstet.

Als Schmalkalden Anfang Oktober 1645 in die Heimat zurückkehrte, stand die Revolution kurz vor ihrem Ausbruch, und als er am 23. November in Holland eintraf, war sie bereits im vollen Gange. Bis zum Jahresausgang hatten die Aufständischen große Teile Nordostbrasiliens in ihren Besitz gebracht, und nur noch die Provinz Rio Grande do Norte, einige Forts und Pernambuco waren den Holländern verblieben, auf die sich in den folgenden Jahren der Kampf der Portugiesen konzentrierte. Zwar versuchten die Belagerten mehrmals die Blockade zu durchbrechen – doch vergeblich. Der von den Eingeschlossenen angeforderte Nachschub an Waffen, Nahrungsmitteln und Soldaten war zu gering, um das Kräfteverhältnis zu ihren Gunsten zu entscheiden. Mit der Kapitulation Recifes am 28. Januar 1654 war das Intermezzo der Holländer in Brasilien für immer beendet.

Caspar Schmalkalden hielt es nur kurze Zeit in der Heimat, denn bereits ein halbes Jahr später, im April 1646, begab er sich nach Ostindien.

Hier, im indomalaiischen Raum, war die Kolonialmacht der Niederländer im wesentlichen begründet, die portugiesische Vormachtstellung gebrochen, die Konkurrenz der Engländer ausgeschaltet. Auf allen größeren Inseln hatten sie befestigte Stützpunkte angelegt oder Faktoreien eingerichtet. 1624 war die Insel Taiwan (Formosa) in ihren Besitz gekommen, von hier aus trieben sie eifrig Handel mit China und in bescheidenem Maße mit Japan. Zum Hauptstützpunkt der 1602 gegründeten Vereinigten Ostindischen Compagnie avancierte 1619 Batavia auf Java. Von dieser Stadt aus beherrschten die Holländer die asiatische Inselflur. Alle aus der Heimat kommenden Schiffe mußten dort vor Anker gehen und erhielten neue Order zur Ausführung kommerzieller oder militärischer Aktionen.

Anfang April 1646 verließ Schmalkalden Texel zum zweiten Male, um die berühmte Stadt auf Java mit eigenen Augen kennenzulernen. Sein Schiff segelte durch den Kanal, dann hart Süd weiter, vorbei an den Kanarischen Inseln, Kapverden, wo es kurz Station machte. Am 5. Juli überquerte es den Äquator, wurde dann vom Südäquatorialstrom erfaßt und driftete bis in die Nähe der brasilianischen Küste. Hier kreuzte es und versuchte, mit einem Südostkurs das Kap der Guten Hoffnung zu erreichen, wo es am 19. September vor Anker ging. Vom Kap aus nahm das Schiff die sogenannte „südliche oder holländische Route“, d. h., es segelte, parallel dem Kreise von 38 ° südlicher Breite folgend, vorbei an der Insel St. Paul etwa tausend Kilometer nach Osten unter Ausnutzung der Westwindtrift und drehte dann Nordwest bei. Dieser Kurs wurde solange gehalten, bis die Höhe der Sundastraße erreicht war und die Insel Panaitan in Sicht kam.

Diesen Seeweg hatte der bereits bekannte Heinrich Brouwer auf seiner Ostindienreise im Jahre 1611 ausfindig gemacht, der gegenüber der „nördlichen oder portugiesischen Route“, die an Madagaskar bzw. Mauritius vorbeiführte, auch wenn er etwas länger war, wesentliche Vorzüge besaß.

In den südlichen Breiten des Indischen Ozeans, besonders in der Nähe der Südostspitze Afrikas, herrschten Gegenwinde, Gegenströmungen und Flauten. Das hinderte die Schiffe oft an zügiger Fahrt und bedeutete für die Besatzungen unerträgliche Hitze, Durst, Hunger und todbringende Krankheiten. Hinzu kamen die vielen unbekannten Riffe in diesem Raum, die zu äußerster Wachsamkeit zwangen, wollte man nicht Schiff und Mannschaft in ernsthafte Gefahr bringen.

In Batavia wurde die Ankunft der Flottille, mit der Schmalkalden fuhr, schon sehnlichst erwartet. „Damals“, vermerkt der Oberbarbier Johann Jacob Merklein in seinem Tagebuch, „befand sich grosser Mangel in India, sowol an Volk, als Victualien, und andern, sonderlich Schiffs-nothdurften, dieweil die Schiff aus Holland über die gewöhnliche Zeit ausblieben.“ Vorbei an der Insel Rakata (Krakatau), die über zweihundert Jahre später durch den furchtbaren Ausbruch des Vulkans Perbuatan eine traurige Berühmtheit erlangen sollte, liefen sie nach achtmonatiger Fahrt Anfang Dezember 1646 auf der Reede von Batavia ein. Zwar teilt uns Schmalkalden nichts über seine Pflichten an Land mit, doch wissen wir aus anderen Reiseberichten, daß die neu aus der Heimat kommenden Soldaten wochenlang exerzieren mußten, bevor sie eingesetzt wurden.

Das damalige Heer zum Schutze der eroberten Stützpunkte auf dem indischen Festland und den zahlreichen Inseln – den „Edelsteinen in der Krone Hollands" und für Jahrhunderte der unerschöpfliche Quell ihres Reichtums – bestand aus zwei- bis dreitausend europäischen Soldaten und ungezählten Einheimischen. Hoch war der Verschleiß! Ständige kriegerische Aktionen zur Unterwerfung weiterer Gebiete Südostasiens sowie zur Niederschlagung zahlloser Aufstände und immer wiederkehrende Epidemien rafften viele dahin, so daß von einhundert Ausgefahrenen nur etwa vierzig die Heimat wiedersahen.

Die berüchtigten „Seelenverkäufer" in Amsterdam und anderen holländischen Städten hatten alle Hände voll zu tun, um den Strom an „verheizbarem Menschenmaterial" nicht abreißen zu lassen. Jährlich brachten sechzehn bis zwanzig Schiffe etwa vier- bis sechshundert neue Soldaten nach Batavia.

Schmalkalden konnte von Glück reden, daß er zu einer Zeit in Ostindien weilte, in der es verhältnismäßig ruhig zuging.

Seit dem Waffenstillstandsabkommen aus dem Jahre 1642 schwiegen auch hier die Waffen zwischen Holland und Portugal, dennoch sollte der Frieden nicht von langer Dauer sein. So kam es bereits 1648 zu großen Volkserhebungen auf Ambon und zwei Jahre später auf Ternate, die nur mit beachtlichem militärischem Aufwand niedergeschlagen werden konnten. Anlaß zu diesen Rebellionen hatte die von der Ostindischen Compagnie erlassene Anordnung zur Ausrottung der Nelkenbäume auf zahlreichen Molukken-Inseln gegeben, wodurch das Monopol gesichert werden sollte. Viele kleine Inseln des Archipels wurden im Zuge dieser Maßnahmen verwüstet und gewaltsam entvölkert. Fortan durfte die Gewürznelke nur noch auf Ambon und Oeliasser kultiviert werden.

Ein noch makabereres Schauspiel ereignete sich zwischen 1609 und 1627 auf den Banda-Inseln. Hier hatte man die auf 15 000 Einwohner geschätzte Bevölkerung fast vollständig ausgerottet und den Rest verschleppt, um auf den so „gesäuberten" Inseln die Muskatnuß anzubauen.

Während seines Aufenthaltes auf Java fand Schmalkalden Zeit und Gelegenheit, sich mit der Geschichte Batavias und dem Leben der zahlreichen Völkerschaften dieser Stadt vertraut zu machen.

Inzwischen war über ein halbes Jahr vergangen, und als sich Joan van Deutecom im Juli 1647 zu einer Gesandtschaftsreise nach dem Reich Atjeh auf Sumatra begab, gehörte Schmalkalden zu seiner Begleitung.

Mit der Königin von Atjeh bestanden Unstimmigkeiten wegen des Pfefferhandels, die der holländische Gesandte durch wertvolle Geschenke beizulegen hoffte.

Während der Fahrt nahm man für einige Tage Zwischenaufenthalt in Malacca auf der gleichnamigen Halbinsel, die die niederländischen Truppen unter Antonio van Diemens am 14. Januar 1641 erobert und somit den Portugiesen die letzte wichtige Bastion im indomalaiischen Archipel genommen hatten.

Unter dem neuen Herrn verlor die blühende Handelsstadt ihre Bedeutung und war fortan nicht mehr als ein Militärstützpunkt. Im Reich Atjeh, seit 1641 von Frauen regiert, wurden die Tierkämpfe am königlichen Hofe zu einem beeindruckenden Erlebnis für unseren Gothaer Kriegsmann.

Nach erfolgreichem Abschluß der langwierigen Verhandlungen kehrte Deutecom im November mit seinen Mannen nach Batavia zurück. Schmalkalden verblieb dort bis zum kommenden Frühling, dann bestieg er erneut das Schiff zur großen Fahrt nach Formosa (das heutige Taiwan).

In einem Abkommen mit China erklärten sich die Holländer bereit, die Pescadores-Inseln, die Admiral Reyerß 1622 besetzte, aufzugeben und sich dafür auf Formosa niederzulassen.

Wie uns der österreichische Weltreisende Christoph Mathias Fernberger mitteilt, der bei diesem Inseltausch zugegen war, verließen sie die Pescadores am 25. September 1624.

Auf einem Formosa im Südwesten vorgelagerten Eiland begannen sofort die Arbeiten für den Bau des Forts „Zeelandia". Hierher wurde Schmalkalden dreieinhalb Jahre später stationiert. Er tat nur etwa einen Monat Militärdienst, dann wurde er Landmesser.

Als er in seinem neuen Beruf zu arbeiten begann, stand die Glorie der Niederländer auf dieser Insel im Zenit. Sicher bekam er viel zu tun, denn dieser Besitz mußte ausgemessen und kartographisch festgehalten werden. Wie wohl kein anderer deutscher Reisender des 17. Jahrhunderts lernte er durch diese Tätigkeit Formosa kennen. Studien über die Naturgegebenheiten und die Bevölkerung füllten seine Zeit aus, bis er im Juni 1650 zur Reise ins Mikadoreich, nach Japan, aufbrach. Wir kennen nicht den Anlaß zu dieser Fahrt. Brachten die Holländer nur Zucker, Hirschhäute, Haifischflossen oder Rochenhäute dahin (die, zum sogenannten „Same-nuri" verarbeitet, die Griffe der Samurai-Schwerte zieren), um im Tausch dafür Porzellan, Silber und vor allem Kupfer zu erhalten? Oder nahm Schmalkalden an einer der alljährlichen Gesandtschaftsreisen teil, die auf genau vorgeschriebenem Wege nach Edo, dem heutigen Tōkyō, führten, um dem damals residierenden Shōgun, dem kaiserlichen Statthalter Iemitsu Tokugawa und eigentlichen Machthaber des Reiches, wertvolle Geschenke zu überbringen?

Dieser Shōgun war es, der seinen Landsleuten verbot, ab 1636 die Insel zu verlassen. Er war es, der alle Christen, alle Missionare und sonstigen Ausländer verfolgen und umbringen ließ bzw. sie ab 1638 des Landes verwies und sein Reich hermetisch nach außen abriegelte. Nur den Holländern war es weiterhin gestattet, auf der kleinen, Kyushū vorgelagerten Insel Dejima vor Anker zu gehen, um in beschränktem Maße Handel mit dem Land der aufgehenden Sonne zu treiben. Dieses Privileg hatten sie sich durch eine unrühmliche Tat erkämpft, indem sie mithalfen, den gewaltigen Bauernaufstand, an dem etwa 25000 Bauern und arme Samurai teilnahmen, in den Jahren 1637/38 im Blute zu ersticken.

Aber trotz dieser Waffenhilfe begegnete man auch den Niederländern, die 1609 erstmals japanischen Boden betreten hatten, mit äußerster Vorsicht. So wurden ihnen während des Aufenthaltes auf Dejima alle wichtigen Entscheidungen entzogen. Nicht nur die Befehlsgewalt über die Schiffe mußten sie in japanische Hände geben, auch das Ein- und Ausladen der Waren besorgten die „Cultjens", die Kulis.

„Wann nun die Kauffwahren ausgeladen", schreibt Merklein, der nur einige Monate nach Schmalkalden auf Dejima eintraf, „besichtigen die Japaner auch das Geschütz, ob es geladen sey: Heben den Anker auf, zu vernehmen, ob vielleicht an demselbigen auch einiges verborgen."

Der Schiffsbesatzung ging es recht gut auf dieser Insel, denn wie Merklein weiter mitteilt, befanden sich zwei Häuser auf derselben, „Eines zu der Holländer Lust, Unterredung und Kurtzweil: Das andere gegenüber, zum Essen und Trinken; denn darinnen ist ein Japanischer Wirth, der seinen Gästen viel Schüsselein vorsetzt; darinnen alles Fleisch klein, wie gewürfelt, zerschnitten und meistentheils kalt ist: Allein die Holländer essen gar selten davon, sondern bedienen sich vielmehr deß darneben stehenden Confects."

Auch Caspar Schmalkalden wird manche Stunde hier verweilt und so unendlich weit entfernt von der Heimat, umgeben von einer ihm völlig fremden Kultur, so etwas wie Heimweh empfunden haben.

Da seine Dienstzeit von fünf Jahren inzwischen fast abgelaufen war, ersuchte unser Fahrensmann nach seiner Rückkehr auf Formosa beim damaligen Gouverneur Frederik Coyet um seine Entlassung. Als Schmalkalden die „Schöne Insel" am 23. Oktober 1651 verließ, um in die Heimat zurückzukehren, ahnte er wohl kaum, daß die Niederländer von hier nach achtunddreißigjähriger Herrschaft im Frühling 1661 durch den berühmten chinesischen Piraten und Freiheitshelden Zheng Cheng-gong (Coxinga), der mit 25 000 Kriegern vor der taiwanischen Küste erschien, für immer vertrieben wurden.

Von Texel, wo der Weitgereiste am 15. August 1652 an Land ging, begab er sich nach mehr als zehnjähriger Abwesenheit in seine Thüringer Heimat, nach Gotha.

Man sollte annehmen, daß er sich nun in den Dienst des Herzogs Ernst I., auch der Fromme genannt, begeben hätte – mitnichten! Anscheinend gehörte er zu den wenigen, die es durch ihren Fleiß und langjährigen Aufenthalt in beider Indien zu einem bescheidenen Vermögen gebracht hatten und von den Ersparnissen einigermaßen gut leben konnten.

Den exakten Beweis für diese Annahme müssen wir zwar schuldig bleiben, doch deutet der Besitz eines Hauses in der Schwabhäuser Gasse darauf hin.

Sehr interessant wäre es, zu erfahren, was seine Schiffskiste an exotischen und kuriosen Dingen enthielt. Schätze an Edelsteinen, Gold und Silber sicherlich nicht, denn die Bewindhebbers untersuchten die Bagage der von Bord gehenden Indienfahrer, und besonders wertvolles Gut, einschließlich allzu kritischer Tagebuchaufzeichnungen, wurde beschlagnahmt. Immerhin hatte man ihm einen Balg des Großen Paradiesvogels – ein schon in damaliger Zeit geschätzter Handelsartikel – belassen, den er der herzoglichen Kunstkammer übergab. Mangelhaft präpariert und unbegiftet, fiel dieser jedoch bald den Speckkäferlarven zum Opfer.

In seinem Gepäck befanden sich weiter einige Kompasse und geometrische Meßinstrumente. Wie das älteste Inventarium der Kunstkammer aus dem Jahre 1656 verzeichnet, sind letztere durch die geschickten Hände Schmalkaldens selbst gefertigt worden. Vielleicht waren es eben die Geräte, die er für seine Arbeit als Landmesser auf Formosa verwendet hatte. Ähnliche sind noch im Besitz der Gothaer Museen.

Am 30. Januar 1655 schloß der Weltreisende in der Gothaer Kirche St. Margarethen mit Susanna Christina, der zweiten Tochter des Gothaer „Consistory und Canzleyverwalters“ Anthony Günther Kirchberger, den Bund fürs Leben.

Sein Schwiegervater, am 26. August 1588 in Arnstadt geboren, war seit 1619 Stadt- und Gerichtsschreiber in Langensalza und danach, ab 1633, Sekretär des Großherzogs Wilhelm von Sachsen-Weimar.

Das Glück der jungen Ehe war vollkommen, als ihnen am 9. November 1656 das erste Kind, Sohn Johann, geboren wurde. Zweieinhalb Jahre später, am 19. Februar

1659, folgte der zweite Sohn Christian Günther, und am 18. November 1661 erblickte Adolphus Gottfriedy das Licht der Welt.

Der bedeutendste der drei Söhne war sicher Christian Günther, der später, zum Doktor medicinae promoviert, als Landmedicus in den Wangenheimischen Gerichten Dienst tat. Er hatte am 27. November 1694 Susanna Barbara Martersteckin, Tochter einer alten Gothaer Familie, geheiratet, deren Vater, Johann Wilhelm, Hofinspektor auf Schloß Friedenstein war.

Wie bereits erwähnt, wohnte Caspar Schmalkalden in der Schwabhäuser Gasse. Das wird belegt durch einen zweimaligen Eintrag in den erhalten gebliebenen Einwohnerverzeichnissen aus dieser Zeit, einmal für das Jahr 1665 und zum anderen für 1668. Dies sind zugleich die letzten Hinweise auf seine Existenz, danach verliert sich jede Spur. Wir wissen nicht einmal, wann und wo er starb.

Die Kirchenbücher, die Auskunft darüber geben könnten, beginnen 1676 für St. Margarethen bzw. 1617 für St. Augustin. Da sein Name in dem Einwohnerverzeichnis aus dem Jahre 1675 nicht mehr enthalten ist und auch nicht mehr im Sterberegister von 1676, dürfte er zwischen 1668 und 1675 gestorben sein.

In der Folgezeit erscheint nur noch der Name von Dr. Christian Günther Schmalkalden in den Adreßlisten. Jener lebte wohl in bescheidenen sozialen Verhältnissen, denn zwischen 1713 und 1725 richtete er Bittschriften an den Gothaer Herzog Friedrich II., worin er ihn um materielle Unterstützung ersuchte.

Es darf wohl angenommen werden, daß Dr. Schmalkalden das handschriftliche Reisejournal des Vaters ererbte. War er es vielleicht auch, der die Handschrift in seiner Notlage veräußerte, oder taten das erst die „lieben Verwandten" nach seinem Tode (er starb 1727 im Alter von fast achtundsechzig Jahren)?

Es ist ein recht fragmentarisches Bild mit zahlreichen Lücken, das wir vom Leben Caspar Schmalkaldens entwerfen konnten, und es muß der künftigen Forschung vorbehalten bleiben, Fehlendes zu ergänzen.

Im folgenden wird eine erste Einschätzung und Standortbestimmung des Werkes von Caspar Schmalkalden innerhalb der deutschsprachigen Reiseliteratur des 17. Jahrhunderts gegeben.

Wie bereits erwähnt, ist die Handschrift in der heute vorliegenden Form unvollständig. Das beweisen die fehlenden Textseiten, die doppelte Paginierung sowie die an mehreren Stellen durcheinandergeratenen Kapitel.

Bemerkenswert ist auch, daß an dem Journal mehrere Hände geschrieben haben. Deutlich lassen sich zwei Schriftbilder unterscheiden: die großzügige Schrift eines namentlich bisher nicht ermittelten Schreibers (vielleicht die des Sohnes Christian Günther), aus dessen Feder u. a. die Anhangskapitel zu den Reisen stammen, und eine zierliche Schrift, die, wie wir inzwischen sicher wissen, von Caspar Schmalkalden stammt.

Ein glücklicher Zufall brachte hierüber Aufklärung. Am 25. Juli 1665 widmete Caspar seinem Schwiegervater, Anthon Günther Kirchberger, eine in Latein verfaßte Eintragung in dessen Stammbuch. Dieses interessante Blatt, das sich heute in Privatbesitz befindet, zierte er mit zwei minutiös gezeichneten Chinesen und versah das Ganze mit seiner Unterschrift, einmal in Deutsch und zum anderen in Chinesisch. Die Identität der Schrift im Stammbuch und im Journal ist ganz unverkennbar.

Die recht willkürliche Interpunktion, Groß- und Kleinschreibung sowie die unterschiedliche Fassung ein und desselben Wortes erschweren das Lesen und damit das Verständnis des handschriftlichen Originals. Andererseits wirken der alte, ungewohnte sprachliche Ausdruck mit den vielen heute nicht mehr gebräuchlichen Wendungen, Verniedlichungsformen und eigenen Wortschöpfungen Schmalkaldens auf den heutigen Leser vielfach kurzweilig und unterhaltsam.

Da er das Buch des Amsterdamer Philosophieprofessors Caspar van Baerle (Barlaeus), das 1659 in deutscher Übersetzung erschien, als Quelle nutzte, wurden wesentliche Kapitel, zumindest zu seiner Westindienreise, nach Erscheinen dieses Standardwerkes über Holländisch-Brasilien verfaßt.

Die Niederschrift der einzelnen Reisen erfolgte weitgehend nach einem Schema. Dem Reiseverlauf in Tagebuchform sind ausführliche Beschreibungen der Bewohner der besuchten Gebiete, der dortigen Besitzungen der Holländer sowie Mitteilungen über interessante Pflanzen und Tiere angegliedert. Ein Vokabularium, das die wichtigsten Wörter des täglichen Umgangs mit der eingeborenen Bevölkerung enthält, beschließt jede Reise.

Schmalkaldens nachgelassenes Diarium beinhaltet kaum atemberaubende Abenteuer, wenn man von den gefährlichen Situationen, in denen er sich bei Sturm auf hoher See oder bei kriegerischen Auseinandersetzungen mit fremden Völkern befand, absieht. Sachlich, ohne Übertreibung erzählt er, im Telegrammstil oder in ellenlangen Sätzen, die in der Handschrift oft eine ganze Seite einnehmen, das Gesehene und Erlebte. Aber keine Gefühlsregung, weder Freude noch Leid geschweige Mißstände seiner Zeit klingen darin an. Dies ist um so verwunderlicher, da er doch sonst ein guter Beobachter selbst von kleinsten Dingen und Erscheinungen war, auch wenn er ab und zu einmal irrte. Das Lebensgefühl jener fernen Zeit ist uns nicht mehr zugängig, und deshalb wäre es müßig, darüber nachzudenken, was ihn zu diesem Verhalten bewog. Vielleicht entsprach es seinem Charakter, selbst möglichst wenig in Erscheinung zu treten. Das Studium der wichtigsten deutschen Reisebeschreibungen des 17. Jahrhunderts über West- und Ostindien, die zum größten Teil in den Sammlungen von de Bry, Hulsius und Naber zu finden sind, ergab, daß Schmalkalden aus keinem dieser Bücher plagiierte.

Die Beschreibung des Lebens, der Sitten und Bräuche ist in ähnlicher Form, zum Teil sogar ausführlicher, in den meisten dieser alten Aufzeichnungen enthalten.

Für die Entdeckungsgeschichte weist sein Werk nicht allzuviel Neues auf. Von Interesse ist hier, daß im Verlaufe der Chile-Expedition der Inselcharakter des Staatenlandes erkannt und das Gebiet im Umkreis der chilenischen Insel Chiloé näher erkundet wurde.

Den Kolonialgeschichtler dürften sein Augenzeugenbericht über die Chile-Expedition sowie die militärischen Anlagen in Batavia und auf Formosa besonders interessieren.

Die Beschreibung Holländisch-Brasiliens (speziell der einzelnen Provinzen), die in enger Anlehnung an das Werk des niederländischen Dichters und Historikers Caspar Barlaeus entstand, bietet kaum Unbekanntes. Dies gilt auch für den Bericht von Batavia bzw. Java. Beachtlich hingegen ist seine „Reportage" über die Tierkämpfe auf Sumatra, sehr wertvoll, was er über die damaligen Zustände in Chile und Formosa zur Papier brachte. Auch das wenige, was er über Japan zu berichten weiß, ist sowohl für die Landeskunde als auch für die Kulturgeschichte interessant.

Die lavierten bzw. kolorierten Federzeichnungen Schmalkaldens sind zwar keine großen Kunstwerke, sie vermitteln aber eine recht lebendige Vorstellung von den Dingen, die er im Diarium beschreibt. Nach der Wahl der Sujets zeigen die Bilder zur Westindienreise starke Bezüge zur „Mission Nassau", d. h. zu jenen Werken der Künstler und Gelehrten wie Albert Eckhout, Georg Marggraf, Wilhelm Piso, Franz Post und Zacharias Wagner, die im Gefolge des Statthalters Johann Moritz von Nassau-Siegen nach Brasilien gekommen waren. Zwar erwähnt Schmalkalden keinen dieser Männer, doch ist anzunehmen, daß er sie, mit Ausnahme von Zacharias Wagner, der bereits 1641 die Neue Welt wieder verlassen hatte, kennenlernte und von ihnen zum Zeichnen angeregt wurde. Studienobjekte gab es ja genug in dem prächtigen Schloßpark des Fürsten. Vielleicht hatte er auch erst in Gotha mit der Illustrierung seines Reisejournals begonnen. An einigen Bildern wurde radiert, oder sie geben noch ein schwaches Monogramm bzw. die Jahreszahl 1663 zu erkennen. Dies läßt die Vermutung zu, daß Schmalkalden diese Blätter aus fremder Hand erhalten hat. Hier verbirgt sich noch ein kleines Geheimnis!

Die meisten Kartenskizzen, die Abbildungen der Forts und öffentlichen Gebäude „Neuhollands" entstanden in Anlehnung an die Kupferstiche im Prachtwerk des Barlaeus aus dem Jahre 1647. Viele Pflanzen- und Tierdarstellungen sowie die der Menschen ähneln den Holzschnitten in Marggrafs „Historia rerum naturalium Brasiliae" aus dem Jahre 1648. Bei einigen Motiven lassen sich sogar Beziehungen zu den Bildern Wagners feststellen. Da das vorhandene Schrifttum und damit auch das Bildmaterial über das Ostindien des 17. Jahrhunderts weit umfangreicher ist als über Westindien, gestaltet sich die Klärung der Herkunft bzw. die Frage nach der Originalität der Bilder zu dieser Reise Schmalkaldens weit schwieriger. Das Studium der bisher eingesehenen illustrierten Werke über Ostindien förderte kein Bildmotiv Schmalkaldens zutage, und so müssen wir vorerst annehmen, daß es sich hierbei um Originale handelt, mit Ausnahme der Bilder, die er von eingeborenen Malern erhielt, wie z. B. das Gemälde vom Nashorn und das vom Elefanten. Hier ist aber nicht der Platz, um eine ausführliche Analyse des gesamten Bildbestandes im Journal Schmalkaldens vorzunehmen, dies muß einer gesonderten Studie vorbehalten bleiben.

In der deutschen Reiseliteratur des 17. Jahrhunderts läßt sich das Werk Caspar Schmalkaldens zeitlich wie inhaltlich gut einreihen, ohne daß es dabei zu wesentlichen Überschneidungen kommt. Seine Westindienreise ist danach zwischen die des Dresdners Zacharias Wagner und die des Nürnberger Goldarbeiters Michael Hemmersam zu stellen.

Wagner ging 1634 nach Brasilien. Er war anfangs Soldat und ab 1637 bis zu seiner Rückkehr nach Sachsen im Jahre 1641 Küchenschreiber, was etwa dem heutigen Verwalter entspricht, am Hofe des Statthalters Johann Moritz von Nassau-Siegen. Zeichnerisch weitaus begabter als unser Autor, hinterließ er uns in seinem „Tier-Buch" 110 Aquarelle nebst Beschreibungen größtenteils brasilianischer Pflanzen, Tiere und Menschentypen, die zusammen mit seiner Autobiographie im Kupferstichkabinett Dresden aufbewahrt werden und 1964 in Brasilien erstmals herausgegeben wurden. Diese Ikonographie ist eine unschätzbare Quelle für die Geschichte der deskriptiven Biowissenschaften.

Die „West-Indianische Reißbeschreibung" Hemmersams, die postum 1663 in seiner

Vaterstadt erschien, enthält nur wenig Stoff über Holländisch-Brasilien, da Hemmersam nur wenige Tage in Recife weilte, um Zucker und Brasilholz zu löschen. Lediglich ein Augenzeugenbericht über die damaligen Zustände in dieser Stadt sind von einigem Interesse.

Schmalkaldens Reisebeschreibung nach Ostindien findet ihren Platz zwischen den Werken von Johann von der Behr, Johann Jacob Merklein, Jürgen Andersen und Johann Jacob Saar. Inhaltlich ist allen gemeinsam, daß sie mehr oder weniger ausführlich über Batavia und Java berichten. Nur das Buch von Merklein bietet darüber hinaus inhaltliche Berührungspunkte zum Journal Schmalkaldens, denn wie dieser lernte auch er Japan kennen.

Johann Jacob Merklein aus Winsheim war Arzt und als solcher von 1645 bis 1652 in Ostindien tätig. Wohl kaum ein anderer Deutscher, Albrecht Herport vielleicht ausgenommen, lernte dort so viele Niederlassungen der Holländer im Indischen und Stillen Ozean kennen wie er. Und so enthält sein Buch, das der Nürnberger Professor Christoph Arnold in seiner Sammlung von Reisebeschreibungen 1663 erstmals herausgab, viel wertvollen Stoff nicht nur für die Medizingeschichte, sondern auch für den Historiker allgemein.

Die Reiseerinnerungen seines lebenslustigen Freundes Johann Jacob Saar (gen. „Jung-verdorben“ oder „Leichthertz“), die 1662 in Nürnberg, zwei Jahre nach seiner Rückkehr in die Heimat, erschienen, wurden ein großer Erfolg. Dieses Buch gehörte zu den meistgelesenen im 17. Jahrhundert. Nach verhältnismäßig kurzem Aufenthalt in Batavia, auf den Molukken und in Vorderindien in den Jahren 1645–1647 verbrachte er acht Jahre auf Ceylon (Sri Lanka). Dort nahm er nicht nur an wichtigen militärischen Operationen teil, sondern auch am Elefantenfang, an der Zimtrindenernte und Perlenfischerei, worüber er sehr ausführlich, oft sogar kritisch und immer mit Witz zu berichten weiß. Für die Geschichte der Kolonisation sind besonders die Kapitel über die Eroberung von Colombo und Jafnapatam von Interesse.

Das 1669 im Verlag von Urban Spaltholtz in Breslau edierte „Tagebuch der neunjährigen Ost-Indianischen Reise“ des Sachsen Johann von der Behr vermittelt nicht nur ein sehr lebendiges Bild vom Soldatenleben im Dienste der Ostindischen Compagnie, sondern ganz allgemein von den Zuständen in dieser Kolonialarmee. Von der Behr war von 1644 bis 1650 im fernen Indien. Wie Saar verbrachte er die meiste Zeit auf Ceylon, und so enthält auch sein Diarium manch interessante Information über die Insel.

Die Originalität der Reisebeschreibung von Jürgen Andersen, mit der wir unseren

Exkurs durch die hier interessierende Ostindienliteratur beschließen wollen, ist recht umstritten. Er stand von 1644 bis 1650 in holländischen Diensten und hatte im Verlaufe dieser Zeit von Batavia aus an vielen Reisen teilgenommen, die ihn bis nach Formosa und Japan führten. Im Oktober 1646 (?) erlitt er angeblich vor der Küste Chinas Schiffbruch, konnte sich aber retten und kehrte auf dem Landweg von Kanton über Samarkand, Ormuz, Jerusalem, Malta und Triest, um nur die wichtigsten Stationen zu nennen, 1650 nach Holland zurück. Eine gewaltige Wegstrecke für die verhältnismäßig kurze Reisezeit! Seine Aufzeichnungen beförderte Adam Olearius im Jahre 1669 zum Druck. Da jener sie derart mit Zusätzen anreicherte, ist es heute kaum möglich, zu entscheiden, welche Passagen vom Autor und welche vom Herausgeber stammen.

Stellt man abschließend die Frage nach der Relevanz der alten deutschen Reisebeschreibungen des 17. Jahrhunderts, so läßt sich ganz allgemein sagen, daß sie weniger in der Darstellung großer Zusammenhänge liegt als vielmehr im Detail, in der Fülle der Einzelinformationen aus den verschiedensten Lebens- und Wissensbereichen, was letztlich auch für das Werk Caspar Schmalkaldens gilt.

ANMERKUNGEN

Abrolhos – Klippen und fünf kleine Inseln, teilweise nur 50 km von der brasilianischen Küste entfernt (nördlich von 18° s. B.)
Acaramucú – Monacanthus sp., Familie Monacanthidae; an der brasilianischen Küste bei Pernambuco kommen die Arten Monacanthus ciliatus u. M. hispidus vor. Das Fleisch dieser Meeresfische schmeckt bitter und ist giftig
Achem – Atjeh; Stadt und bis zum Jahre 1873 selbständiges Reich (Sultanat), das die Nordwestspitze der Insel Sumatra umfaßte
Ai – Preguiça (portug.), Dreifinger-Faultier (Bradypus tridactylus), Familie Faultiere (Bradypodidae); dieser Baumbewohner ernährt sich nur von den Blättern bestimmter Bäume. Als anatomische Besonderheit besitzt das Tier neun Halswirbel. Alle übrigen Säugetiere, auch die langhalsige Giraffe und der Mensch haben nur sieben. Einmalig ist auch, daß sich in seinem Haarkleid Algen ansiedeln und einige Mottenarten darin zur Entwicklung kommen
Ainan – Hainandao; Insel im Südchinesischen Meer, wurde erst im Jahre 1858 für den europäischen Handel geöffnet
Ambassadeur – Botschafter, Gesandter
Amboina – Ambon; Insel im östlichen Teil Indonesiens (761 km^2), die zum größten Teil mit Wald bedeckt ist. Mit der Stadt Ambon ist sie zugleich das Zentrum der Molukken (Gewürzinseln)
Anhima – Hornwehrvogel (Anhima cornuta), Familie Wehrvögel (Anhimidae); dieser etwa 85 cm große hühnerartige Vogel hält sich in den Sümpfen und Waldseen Amazoniens und Guayanas auf. Wegen seines schmackhaften Fleisches wird er in Brasilien gern als Hausgeflügel gehalten
Antidotum – Gegenmittel, Gegengift
Antonio-Vaes-Insel – Antonio Vaaz; Insel, die hinter Recife und vor den Mündungen der Flüsse Rio Biberibe und Rio dos Afogados liegt. War vor Inbesitznahme der Niederländer unbewohnt. 1637 ließ Fürst Moritz die Sümpfe trockenlegen und durch Aufbringung von Muttererde

fruchtbares Land schaffen. Später wurde darauf Moritzstadt erbaut
approbieret — approbare (lat.), gebilligt, genehmigt
Äquinoctial — Äquator
Aramaca — ein nicht näher bestimmbarer Vertreter der Familie Schollen (Pleuronectidae); vielleicht die „Nossa Senhora" der brasilianischen Fischer
Artischoffsky — Artischofsky, Christoph (Artiszewsky, Christoffel von Artichau); polnischer Edelmann, wurde 1634 zum Oberst ernannt, segelte 1637 von Brasilien nach Holland, kehrte 1639 von dort als General der Artillerie nach Pernambuco zurück, überwarf sich kurze Zeit danach mit dem Statthalter und verließ im Juni gleichen Jahres Brasilien für immer. A. gehörte zu den bedeutendsten und interessantesten Persönlichkeiten Neuhollands, vor allem durch seine Eroberung wesentlicher Gebiete Nordostbrasiliens für die Westindische Compagnie
Avantage — Vorheer, Vortrupp
a verbis ad verbera — von Worten zu Schlägen

Bacobes — Pacoba (indian.), „eingerolltes Blatt"; mit diesem Namen wurden einige besonders lange und spitze, speziell in Pernambuco angebaute Bananensorten bezeichnet
Batavia — das heutige Djakarta auf Java, die Hauptstadt Indonesiens
Bauchsprieth — Bugspriet; der schräge Mast, der über das Schiffsvorderteil, den Bug, hinausragt
Baumöl — Kokosnußöl
Baumschlangen — Boiguaçu (indian.), Abgottboa (Boa constrictor), Familie Riesenschlangen (Boidae); wird bis 4,5 m lang und bewohnt lichte Urwälder, wo sie sich in Erdlöchern, niedrigen Baumhöhlen und in Gewässernähe aufhält
Beck — Bec (frz.); Schnabel, Schnauze
Bewindhebber — Oberaufseher der holländischen Handelscompagnien
Blinder — das sog. „blinde Segel", das sich unter dem Bugspriet befand
Boa Vista — das Lustschloß „Schoonzigt" (d. i. Schöngesicht); es lag am linken Ufer des Capibaribe in unmittelbarer Nähe der Brücke, die sich über diesen Fluß spannte und das Festland mit der Insel Antonio Vaaz verband
Bonjos — Banjos (jap.), „großer Herr", hoher Staatsbeamter, hoher Polizeioffizier
Brasilienholz — Pão do Brazil (portug.), (Caesalpina echinata), Familie Hülsenfrüchtler (Fabaceae); das Kernholz dieses Baumes enthält den roten Farbstoff Brasilin, der bis zur Erfindung der Teerfarben in der Färberei und zur Herstellung von Tinten und Lacken genutzt wurde. Von Januar 1633 bis August 1634 lieferte man z. B. Holz im Werte von 72 000 Gulden nach Holland
Brouwer, Heinrich — ging 1606 erstmals

nach Ostindien, unternahm 1610 eine große Reise in den Fernen Osten, war anschließend Leiter des Comptoirs in Hirado/Japan, kehrte 1614 nach Java und 1615 nach Holland zurück. Hier bekleidete er 15 Jahre lang den Posten eines Bewindhebbers der Ostindischen Compagnie, war von 1632 bis 1636 Generalgouverneur in Ostindien, ging anschließend nach Westindien (Südamerika), um die Chile-Expedition zu leiten, in deren Verlauf er den Tod fand.

Cabo de bona Esperance – Kap der Guten Hoffnung an der Südspitze Afrikas
Cabo de Verde – die Kapverden; ein Archipel (18 Inseln) im Atlantik rund 500 km westlich der Küste Senegals. Einst portugiesischer Kolonialbesitz, seit 1975 eine selbständige Republik (República de Cabo Verde)
Cacique – (aruak.) Dorfältester, Häuptling
caemetry – cemetery; Friedhof
Cahsion – Caß, Casje; kleine Scheidemünze aus Messing, wahrscheinlich von Käsch (Kupferkäsch), der kleinsten chinesischen Münze
Caju-Äpfel – Kaschu- oder Acajoubaum (Anacardium occidentale), Familie Anacardiaceae; der Kaschuapfel ist eine Scheinfrucht, die sich aus dem 5 bis 10 cm langen Fruchtstiel bildet, der birnenförmig anschwillt. Die nierenförmige Steinfrucht, die Kaschunuß oder „Elefantenlaus", wurde früher als Mittel gegen Rheuma und zur Herstellung einer wasserfesten Tinte verwendet
Caleontische Hähne – Calecutische Hähne, Truthuhn (Meleagris gallopavo), Familie Truthühner (Meleagrididae). Dieses Hausgeflügel gelangte um 1520 erstmals von Florida nach Europa (Spanien). Da die Heimat der Art bald in Vergessenheit geriet, wurde u. a. die Stadt Calicut an der Küste von Malabar als Ursprungsort des Puters angesehen
Callabass – Kalabasse; ein Gefäß, das aus der verholzten Fruchtschale des vielgestaltigen Flaschenkürbis (Lagenaria siceraria) gefertigt wird
Camelschaf – Lama (Lama glama), Familie Kamele (Camelidae); seit der Inkazeit geschätztes Nutztier in den Andenländern. Es wurde 1541 durch den Spanier Pedro de Cieza de Leon erstmals beschrieben
Carigueya – Sariguéia, Opossum (Didelphis sp.), Familie Beutelratten (Didelphidae); in Brasilien kommen drei Arten vor. Sie sind ausgesprochene Kulturfolger und können z. B. in Geflügelfarmen durch ihre Blutgier großen Schaden anrichten
Carlomappa – Carelmapu; Ort auf der sehr schmalen, hügeligen, steil ins Meer abfallenden Halbinsel gleichen Namens auf dem chilenischen Festland gegenüber der Nordspitze der Insel Chiloé
Carpentier – C., Pieter; 1623–1627 Generalgouverneur in Ostindien

Castell de Bruin – Castrum, Fort de Bruyne, Arx Brunoné; das erste Fort, das die Holländer 1630 auf dem Recife errichteten. Seinen Namen erhielt es nach dem Ratsherrn Johann de Bruyne und ist eines der wenigen erhalten gebliebenen Bauwerke aus der holländischen Ära in Brasilien

Castro – neben Ancud die zweitwichtigste Siedlung auf der chilenischen Insel Chiloé

Casuarius – Helmkasuar (Casuarius casuarius), Familie Kasuare (Casuariidae); dieser bis 1,70 m große flugunfähige Urwaldvogel kommt auf einigen Molukkeninseln sowie in Australien vor

Ceulenburg – das vormals portugiesische Fort der „Heiligen Drei Könige" in der Kapitanie Rio Grande do Norte wurde Ende 1633 unter Führung von Mathijs van Ceulen erobert und nach ihm benannt

Chaluppe – Schaluppe; kleines, schnell fahrendes Ruderboot (Beiboot)

Characteres – Charakter; charakteristische Schriftzeichen

Chilesen – gemeint sind die Araukaner, die Urbevölkerung Chiles

Chilone – Chiloé; bergige Insel im Bereich der aufgelösten Küstenkordillere im Süden Chiles

Circumferenz – Umfang

Coen, Jan Pietersen – C., Jan Pieterzoon, 1627–1629 Generalgouverneur von Ostindien

Cöln, Matthias von – Ceulen, Mathijs van; Bewindhebber und Ratsherr in Amsterdam; leitete zu Beginn des Jahres 1633 die Westindische Compagnie in Recife, kehrte im September 1634 nach Holland zurück

Compagne – Kampanje (ndrl.); das höchste Verdeck am Heck (Hinterteil) eines Schiffes

Comptoir – Handelshaus

Conception – Concepción; Hauptstadt in der gleichnamigen Provinz Mittelchiles. Sie wurde 1550 von Pedro de Valdivia gegründet und war in der frühen Kolonialzeit die Hauptstadt des spanischen Generalkapitanats in Chile

Constabel – Unteroffizier der Schiffsartillerie

Conchin Sina – Cauchenchina; der Süden Vietnams

concernieren – angehen

Concubine – Lustweib, Beischläferin

conquengieren – conquirieren, zusammentun

Consens – Einwilligung, Genehmigung

contrair – entgegengesetzt

Coques- oder Klappers-Nüsse – Steinfrüchte der Kokospalme (Cocos mucifera), Familie Palmen (Palmae); die Heimat dieser Pflanze ist wahrscheinlich Asien (Sumatra?), sie wird besonders in Küstengebieten beiderseits des Äquators bis zum 30. Breitengrad kultiviert und fruchtet im siebenten Jahr. Aus erntetechnischen Gründen werden kleinwüchsige Zuchtformen heute bevorzugt

Corps du guardes – Hauptwache
Cracaton – Krakatau oder Rakata; Insel in der Sundastraße, bei dem Ausbruch des Vulkans Perbuatan in der Nacht vom 26. zum 27. August 1883 versank der größte Teil der Insel im Meer
Curvata Pinima – Bastardmakrele (Cranx sp.), Familie Stachelmakrelen (Carangidae); diese gefräßigen Fische leben in vielen Arten im westlichen Atlantik

decorticando – decorticatio (lat.); beim Entrinden, Schälen
Defension – Verteidigung, Gegenwehr
Dimission – Entlassung, der Abschied eines Angestellten
Diameter – Durchmesser
Diminutivum – Verkleinerungsform eines Substantivs oder Verbs
dispensieren – erlassen
Dolphin – Golfim (ndrl.), Dourado (Coryphaena hippurus), Familie Goldmakrelen (Coryphaenidae); der bis zu einem Meter lange Fisch lebt in allen warmen Meeren und soll bevorzugt fliegende Fische jagen

Ein fliegender Fisch – Flughahn (Dactylopterus volitans), Familie Flatterfische (Dactylopteridae); ein Bodenfisch von 30 bis 40 cm Länge, der zur Fortpflanzungszeit an die Meeresoberfläche kommt und mit Hilfe seiner großen Flossen über den Wasserspiegel gleiten kann
ejusdem – desselben (Monats)
Elephant – Indischer oder Asiatischer Elefant (Elephas maximus), Familie Elefanten (Elephantidae); er ist in ganz Vorder- und Hinterindien, auf den meisten großen Sundainseln sowie in Südost- und Südchina verbreitet. E. wurden noch Mitte des 17. Jahrhunderts zu Kriegszwecken (z. B. in Jafnapatam) ausgebildet. Man gab ihnen eine Eisenkette in den Rüssel, mit der sie im Kampf wild um sich schlugen
Elle — Längenmaß; leitet sich von der Länge eines Unterarmes ab, daher sehr unterschiedlich. Eine preußische Elle beträgt z. B. 25,5 Zoll = 66,69 cm
El Pracel – Paracel-Riffe; liegen südöstlich von der Insel Hainandao im Südchinesischen Meer
Epitaphienhäuslein – Grabmal
Ernst-Schanze – Fort Ernestum; ein ehemals portugiesisches Kloster unweit der Nordspitze der Insel Antonio Vaaz, das die Holländer in ein Kastell umwandelten
Exaudi – Name des Sonntags vor Pfingsten
exegieren – erklären
Exercitium religionis – Religionsausübung

Farinha-Wurzel – Maniok (Manihot esculenta und M. utilissima), Mandioka, Kassave, Familie Wolfsmilchgewächse (Euphorbiaceae); die Knollen dieser mehrjährigen, tropischen, über 3 m hoch

wachsenden strauchförmigen Pflanze erreichen eine Länge bis zu 50 cm, einen Durchmesser bis 15 cm und ein Gewicht von 2 bis 4 kg. Neben dem hohen Anteil an Stärke (bis 35 %) enthalten sie Blausäure. In Brasilien wird aus der entgifteten Maniokmasse Mehl (farinha de Pau) gewonnen, das zu Fladenbrot (Pão da terra) verbacken wird
da terra) verbacken wird

favorabel – günstig, vorteilhaft

fauxpieren – im übertragenen Sinne schmähen

Fernando – Fernando de Noronha; zu Brasilien gehörende vulkanische Inselgruppe 360 km nordöstlich vom Kap São Roque

Fiscal – Kassenverwalter, Schatzmeister

Fluit – Flüte; ein dreimastiges Schiff ohne Kastellaufbauten, mit niedriger Vollschiffstakelage und geringem Tiefgang. Das erste Schiff dieses Typs wurde 1595 in Hoorn gebaut

fliegender Fisch — peixe voador (Exocoetes volitans), Familie fliegende Fische (Exocoetidae); der in allen tropischen Meeren verbreitete und bis 20 cm lang werdende Fisch kann sich durch sehr schnelle, seitliche Schwanzschläge aus dem Wasser erheben und bis 100 m weit segeln

Focken – Fock; Segel am Fock, dem vordersten Mast eines Schiffes

Formosa – Taiwan; die größte Insel (35 961 km^2) zwischen Japan und den Philippinen, wird durch die 150 km breite Formosa- oder Fukienstraße vom chinesischen Festland getrennt. Seit 1949 Zufluchtsort der nationalchinesischen Regierung (Tschiang-Kai-schek-Clique) und selbständiger Staat

Fortresse — Forteresse; Festung, Schanze

Friedrich-Heinrich-Schanz – Feste Frederik Hendrik oder Fünfeck; befand sich am Südende der Insel Antonio Vaaz und erhielt ihren Namen nach dem Prinzen Friedrich Heinrich von Oranien

Fretum – Meerenge

Freyburg – Vrijburg; ein Werk der Brüder Pieter und Franz Post. Sie befand sich auf der Nordspitze der Insel Antonio Vaaz und war die Residenz des Fürsten Johann Moritz. Ein herrlicher Park mit zahlreichen Menagerien umgab das Schloß

Gallion – Galion; ursprünglich ein Bugschmuck der Galionen (Galeonen; große, stark abgerundete Kriegsschiffe des 16. Jahrh.), der in späterer Zeit von anderen Schiffstypen übernommen wurde. Die Galionsfigur symbolisierte den Schutzpatron des jeweiligen Schiffes

Garati – Ort in der Provinz Pernambuco; er wurde 1632 von den Holländern niedergebrannt

Golf de Ancud – er trennt zusammen mit dem Golf von Corcovado die Insel Chiloé vom chilenischen Festland

Gomera – eine der Kanareninseln (378 km^2) mit Erhebungen bis zu 1484 m ü. NN. Vom Hafen der Stadt San Sebastián aus trat Kolumbus seine Amerikareisen an, gleichzeitig war er das Ziel der aus Mexiko und Peru heimkehrenden Gold- und Silberflotten

Gradus consanguinitatis – Grad der Blutsverwandtschaft

Gruß-See – Sargassosee

Guainumbi – ein nicht näher bestimmbarer Kolibri, Familie Kolibris (Trochilidae), die mit etwa 320 Arten den amerikanischen Kontinent von Alaska bis Feuerland bewohnen

Guama Jacúapé – Kuhfisch (Lactoria cornuta), Familie Kofferfische (Ostraciontidae) bzw. Peixe Triangulo (Lactoria triqueter)

Guama jacu guara – Igelfisch (Diodon sp.), Familie Zweizähner (Diodontidae); die langen Stacheln liegen normalerweise am Körper an, nur wenn er sich aufbläst, stehen sie nach allen Seiten ab. Die Fische sind Flachwasserbewohner und halten sich gern zwischen Korallen auf

Gúarenía – ein Kaiserfisch (Pomacenthrus arcuatus?), Familie Kaiserfische (Pomacenthridae); sie werden, da sie sich fast ausschließlich in Korallenriffen aufhalten, gern als „Korallenfische" oder wegen ihrer Farbenpracht als „Schmetterlinge des Meeres" bezeichnet

Guineischer Brock – wahrscheinlich die Diana-Meerkatze (Cercopithecus diana), Familie Tieraffen (Cercopithecidae); dieser schöne Affe, der nur an der Westküste Afrikas vorkommt, gelangte wohl zusammen mit den Sklaventransporten nach Brasilien

Gunam – eine Verstümmelung des Wortes Gong-gong (mal.); Gong oder Schlagbekken

Haßegoyen – Hassagay; Wurfspieß

Harckmann, Elìas – Herckmanns, E.; war vor Beginn der Chile-Expedition mit der Regierung der Provinz Paraíba betraut und interessierte sich sehr für die Naturgegebenheiten Brasiliens. Er unternahm 1641 eine Erkundungsreise nach Copaoba, außerdem verdanken wir ihm eine ausführliche Beschreibung Paraíbas und der Tapuyas

Hay – Hai; in den Küstengewässern Brasiliens leben mehrere große Haiarten. Die Angaben Schmalkaldens sind zu ungenau, um die Art benennen zu können. Mit Sicherheit ist es aber ein Vertreter der Familie Blauhaie (Carcharhinidae), vielleicht der relativ häufige, auch den Menschen gefährlich werdende „anequim" oder Weiße Hai (Carcharodon carcharias)

Hintersohn – Henderson, James; Oberstleutnant, ein erfahrener Brasilkrieger

Hornung – alte Bezeichnung für Februar

Hottentotten – Bevölkerungsgruppe in Südafrika, die auf Großviehzucht (Langhornrinder, Fettschwanzschafe) spezialisiert war. Die Kap-Hottentotten (Korana),

mit denen Schmalkalden Kontakt hatte, existieren heute nur noch als Restgruppe (z. B. die Grigua)
Hülst – Hulst; wurde am 5. November 1645 durch den Statthalter Frederik Hendrik von Oranien eingenommen

Ibiru – Jabiru (Jabiru mycteria), Familie Störche (Ciconiidae); dieser stattliche Vogel, dessen Brutgebiet von Südmexiko bis nach Argentinien reicht, hält sich einzeln oder paarweise an den sumpfigen Ufern von Seen und Teichen auf
Iguan – Sinimbu, Grüner Leguan (Iguana iguana), Familie Leguane (Iguanidae); die über 1,50 m groß werdende Echse lebt bevorzugt auf Bäumen in der Nähe von Flüssen und ist ein ausgezeichneter Schwimmer

Jacht – kleiner einmastiger Schnellsegler
Jacob Evertzen – vermutlich ein Grouper (Epinephelus sp.), Familie Zackenbarsche (Serranidae); große, über 1 m Länge erreichende Fische, die sich bevorzugt zwischen Korallenbänken aufhalten. Wenn die Grouper aus dem tiefen Wasser gezogen werden, treten ihre Augen stark heraus wie bei der Basedowschen Krankheit. Man sagt, der holländische Schiffer Jacob Evertß hätte solche Augen gehabt
Jaguara – Jaguar (Panthera onca); Familie Katzen (Felidae); die Onza, wie die größte Raubkatze Amerikas auch genannt wird, kommt von Nordamerika bis Feuerland vor. Sie bevorzugt die Ufer von Fließgewässern sowie Sumpfflächen mit dichter Krautvegetation
Jamacaru – Feigenkaktus (Opuntia sp.), Familie Kakteengewächse (Cactaceae); ist in ganz Tropisch-Amerika beheimatet und wurde von dort bis in den Mittelmeerraum (z. B. Spanien, Süditalien) verbreitet
Jandewi – Jandubi; bedeutendster Häuptling des Tapúya-Stammes der Tarairiú, den die Holländer auch Jan de Wy nannten. Er besaß großen Einfluß unter den benachbarten Indianerstämmen und war der Garant, der den Niederländern den „Rücken" frei hielt, sie schützte vor feindlichen Einfällen vom Norden und Westen
Java – Hauptinsel Indonesiens, rund 1000 km lang und 200 km breit
Johann Moritz von Nassau-Siegen (1604–1679) – geboren in Dillenburg, studierte an den Universitäten Basel und Genf und erlernte bei seinem Onkel Graf Wilhelm Ludwig von Nassau-Dillenburg das Waffenhandwerk. In holländischen Diensten erwarb er sich erste militärische Verdienste im Kampf gegen die Spanier. 1636 wurde er als Statthalter nach Brasilien geschickt, um die wirtschaftlichen und politischen Verhältnisse der dortigen Kolonie in Ordnung zu bringen. Nach seiner Rückkehr in die Heimat 1644 verpflichtete er sich beim Kurfürsten Friedrich Wilhelm

von Brandenburg, in dessen Dienst er, mit kurzen Unterbrechungen, bis zu seinem Tode blieb.
Junius – J., Jacob; war u. a. Prädicant des Handelshauses in Masulipatan. 1662 kehrte er mit seinem Bruder Louys Junius, der Oberkaufmann in Bengalen war, nach Holland zurück

Kákatoe – Kakah tuah (mal. altes Weib), Gelbhaubenkakadu (Cacatua galerita), Familie Papageien (Psittacidae); ein sehr bekannter Papagei, der aus Neuguinea und Australien in unsere zoologischen Gärten kommt
Kielholen – eine Form der Schiffsjustiz; der Verurteilte wurde, an ein Seil gebunden, mehrere Male unter dem Schiff (dem Kiel) hindurchgezogen. Die Tortur war sehr gefährlich und endete vielfach mit dem Tode des Delinquenten
Kisma — Kyūshū; an der Westküste dieser Insel liegt Nagasaki
Klafter – veraltetes Längenmaß; meist 6 Fuß = 1,90 m
Klutt – Kluit (ndrl.); hier im Sinne von Haufen gebraucht
König der Paradiesvögel – Königsparadiesvogel (Circinnurus regius), Familie Paradiesvögel (Paradisaeidae); er besiedelt die tiefer gelegenen Urwälder Neuguineas und einige benachbarte Inseln
Köpichen – Kopje (ndrl.); Tasse
Land Maurity – Mauritiusland; das Cap San Diego an der Südspitze Argentiniens
Latitudine – Ausdehnung
lavieren – laveren (ndrl.); bei widrigem Winde im Zickzack segeln
Leugart – Luiaard (Hollandismus), Faultier; nach der unzureichenden Beschreibung und Abbildung Schmalkaldens ist es nicht möglich, die Art anzugeben
longitudinal – die Länge betreffend

Maccack – Macaco, Roter Brüllaffe (Alouatta seniculus), Familie Greifschwanzaffen (Cebidae); er lebt in großen Horden in den Urwäldern Kolumbiens und Brasiliens
Malacca – Hafenstadt an der Westküste der Halbinsel Malacca
Malle Meewe – Mallemeeuwe (ndrl.); die „Dumme Möve" erwähnen mehrere deutsche Autoren des 17. Jahrhunderts, welche Art damit gemeint wurde, konnte nicht ermittelt werden
Mandschu – Mandschuren; tungusisches Volk in Nordostchina, das 1644 das chinesische Reich unterwarf und die Dynastie Tsching (1644–1911) gründete
Mangabes – Mangabeira (Hancornia speciosa), Familie Hundsgiftgewächse (Apocynaceae); neben den wohlschmekkenden Früchten liefert der 3 bis 7 m hohe Baum, der in ganz Brasilien wächst, einen guten Kautschuk („Pernambuco-Gummi")
Manisterar – Ministrant; Meßdiener

Männerkindbett – ein absonderlicher Brauch für die Zeit des Wochenbettes, der besonders bei zahlreichen Indianerstämmen Zentral- und Südamerikas verbreitet war: Danach legte sich nicht die Frau, wie allgemein üblich und notwendig, nach der Geburt eines Kindes für mehrere Tage ins Bett, sondern der Mann. Unter Vorgabe von Erkrankung und großer Schwäche ließ er sich von der Wöchnerin und den übrigen Familienmitgliedern pflegen und bedienen

Margaretha – Fort M.; so benannt nach der Mutter von Johann Moritz von Nassau-Siegen, Margarethe von Schleswig-Holstein

Marsseil – ein Segel am mittelsten, dem Großmast

Mauritz-Stadt – Mauritopolis, Mauricea; sie entstand Ende der dreißiger Jahre zwischen den Forts Ernestus und Friedrich Heinrich auf der Insel Antonio Vaaz

Meer-Sonn – eine nicht näher bestimmbare Qualle

Meilwegs – Meile; altes Längenmaß mit unterschiedlicher Abmessung in den einzelnen Ländern (von 1,60 bis 10 km). Die allgemeine oder geographische Meile beträgt 7,421 km

Mobilien – bewegliche Habe, Hausgerät

Mouciçu – eine Staatsqualle (Siphonophora), vermutlich die Portugiesische Galeere (Physalia physalis); oft zu Hunderten vereint, werden diese Tierstöcke durch den Wind im Meer hin- und hergetrieben. Das Gift dieser hochspezialisierten Quallen verursacht beim Menschen große Schmerzen, die viele Stunden anhalten

munieren – befestigen, mit Kriegsbedarf versorgen

Muscaten – Muskatnuß (Myristica fragrans), Familie Muskatnußgewächse (Myristicaceae); ursprünglich war diese Gewürzpflanze auf der Mehrzahl der Molukken-Inseln verbreitet. Um sich das Monopol zu sichern bzw. die Preise zu halten, rotteten sie die Holländer auf den meisten dieser Inseln aus oder verbrannten bei sehr reichen Ernten die Nüsse

Nägelein – Gewürznelkenbaum (Syzygium aromaticum), Familie Myrtengewächse (Myrtaceae); ein immergrüner Baum von 9 bis 12 m Höhe, niedrigem Stamm und pyramidenförmiger Krone. Die Nelken sind die im Knospenzustand gepflückten und getrockneten Blüten. Ein Baum liefert bis zu 6 kg Nelken

Nahsaw – Insel Panaitan am Eingang der Sundastraße

Nana – Ananas (Ananas comosus), Familie Bromeliengewächse (Bromeliaceae); gelangte 1514 von Guadeloupe, wo sie Kolumbus kennenlernte, erstmals nach Europa und noch im gleichen Jahr von dort nach Ostindien. Die etwa 40 Sorten werden heute im gesamten Tropengebiet angebaut.

Nangasaqui – Nagasaki an der Westküste der Insel Kyūshū mit einem der tiefsten und sichersten Häfen ganz Japans
Narinari – Gefleckter Rochen (Aetobatus narinari), Familie Adlerrochen (Myliobatidae); er wird bis 1,50 m lang und ernährt sich von Meeresschnecken. Sein Stachel am peitschenförmigen Schwanz ist giftig
Nativität – die Bestimmung des Schicksals eines Menschen aus dem Stand der Gestirne (Horoskop)
Nauport – Newport; Ort auf der britischen Insel Wight
nolens volens – (wollend oder nicht wollend); ob er wollte oder nicht
Nösel – eine halbe Kanne, ein Seidel oder ein Schoppen (0,5 Liter)

Oberblinder – ein Segel (Klüversegel) oberhalb des Bugspriets
Octroi – Handelsfreiheit, Privileg
Olinda – Hauptniederlassung der Portugiesen in der Provinz Pernambuco, der einstigen „Zuckerkammer“ Brasiliens. 1630 wurde diese blühende Stadt mit zahlreichen Kirchen und Klöstern von den Holländern erobert und ein Jahr später von ihnen aufgegeben und völlig zerstört
Orangkay – Orang kaja (mal.); reicher Mann, Häuptling
Osorno – Hauptstadt der gleichnamigen Provinz in Südchile, 1558 gegründet

Palakin – palanquin (portug.); Sänfte
Palmit – Blätter (Wedel) der Kokospalme
Paradiesvögel – die ersten Bälge dieser prächtigen Vögel brachten die Schiffe Magalhães' 1522 von der ersten Weltumseglung mit nach Europa. Hauptverbreitungsgebiet der 45 Arten umfassenden Familie Paradiesvögel (Paradisaeidae) ist Neuguinea, einige dieser Urwaldvögel bevölkern aber auch Nord- und Ostaustralien sowie die Molukken, wie der von Schmalkalden beschriebene Große Paradiesvogel (Paradisaea apoda)
Parentalia – feierliches Leichenopfer, Begräbnisfestmahl
perpendi – in senkrechter Linie
Petiguarn – Potiguara (wahrscheinlich abgeleitet von Petinguara = „Tabakkauer“); ein Stamm der Tupinambá, der die Holländer im Kampf gegen die Portugiesen unterstützte
Pfeffer – Schwarzer Pfeffer (Piper nigrum), Familie Pfeffergewächse (Piperaceae); ein Kletterstrauch des indomalaiischen Raumes, der bereits im ersten Jahr zu tragen beginnt. Wie die meisten Gewürzpflanzen wird er heute im gesamten Tropengebiet angebaut
Philips-Stadt – die vormals portugiesische Stadt Philippäa, sie wurde 1634 durch Schkopp und Artischofsky eingenommen und in Frederikstadt, nach Friedrich Heinrich von Oranien, umbenannt
Pico Teneriffa – Pico de Teide; ein Vulkankegel auf den Kanarischen Inseln

mit einer Höhe von 3715 m ü. NN. Seine letzte Eruption erfolgte im Jahre 1798. Vom Schiff aus soll er bis 300 km weit zu sehen sein

Pinguin – Magellan-Pinguin (Spheniscus magellanicus), Familie Pinguine (Spheniscidae); der berühmte portugiesische Weltumsegler lernte sie 1520 an der patagonischen Küste kennen. Die größte Kolonie dieser in Erdlöchern brütenden Vögel, etwa eine Million Tiere, befindet sich an der argentinischen Küste in der Nähe des kleinen Ortes Puerto Deseado

Pisangblätter – Blätter der Bananenstaude

Plagos mundi – die Seiten der Welt, Himmelsrichtungen

Plümagien – Plümage; kleiner Federbusch

Podagra – Fußgicht; eine sehr schmerzhafte Erkrankung der Fußgelenke, besonders der Zehen

Poula Condor – Pulo Condor; Insel in der Nähe der Südspitze Vietnams

Poula Laura – Pulo Laút; die nördlichste der Natuna-Inseln nordwestlich von Kalimantan (Borneo)

Prädicant – Hilfsprediger

Prauw – Perahoe (mal.), Prau; ein besonderer Schiffstyp der Malaien

Primitivum – Stamm- oder Grundwort

Pronunciation – Aussprache

Providenz – Vorsehung

quod fide ... – daß sie glauben, Gesetz und König zu entbehren

Rasselschlange – Boicininga, Cascavel, Schreckensklapperschlange (Crotalus durissus), Familie Giftnattern (Elapidae); wahrscheinlich die giftigste Schlange ganz Südamerikas. Ohne Serumbehandlung sterben 100 % der gebissenen Kleinkinder bzw. 73 % der Erwachsenen. Die „Klapper“ besteht aus mehreren hornartigen Ringen, den Resten vorangegangener Häutungen

Reciff – Halbinsel; 4 km lang und etwa 20 bis 60 m breit, auf der die Stadt Recife de Pernambuco, die heutige Industriestadt Recife, erbaut wurde

recognoscieren – erkennen, auskundschaften

Reditiv – Rückkehr

retirieren – sich zurückziehen

Redoute – Feldschanze; eine schnell zu errichtende Befestigungsanlage im Gelände, in einfachster Form viereckig

Remonstration – Einwand, Gegenvorstellung

Request – Bitte, Gesuch

Rhinocer – Nashorn (Familie Rhinocerotoidae); nur noch fünf Arten in Afrika und Tropisch-Asien. Schmalkalden meint wahrscheinlich das Java- oder Schuppennashorn (Rhinoceros sondaicus), das heute fast ausgerottet ist, bildet aber das Panzernashorn (Rhinoceros unicornis) ab

Ritzschgen – Risje (altndrl.), Pimentãol (portug.), Paprika (Capsicum annuum), Familie Nachtschattengewächse (Solanaceae); vermutlich sind Mexiko und Guatemala das Ursprungsgebiet dieser äußerst

formenreichen Gewürz- bzw. Gemüsepflanzen. Sie werden heute auf allen Kontinenten angebaut
Rudera – Schutthaufen; hier im Sinne von Ruine gebraucht

Sagui – Sagüi (Callitrix jacchus), Familie Krallenäffchen (Callithricidae); Vorkommen in ganz Nordostbrasilien, meist in Trupps von 4 bis 8 vereint, oft in unmittelbarer Nähe der Ortschaften in den Waldungen lebend
Salva venia – mit Erlaubnis zu sagen
Sauger – Schiffshalter (Remora sp.), Familie Schiffshalter (Echeneidae); mit der Saugplatte auf dem Kopf, die eine Umbildung der Rückenflosse darstellt, heftet sich dieser Fisch an andere, besonders an Haie und Meeresschildkröten, ja selbst an Badende
Schalamur – Schalaune (frz.); kurzer, ärmelloser Schülermantel. Schmalkalden verwendet den Begriff zur Kennzeichnung des Ponchos
Schanzkleider – rote Tücher, die zum Zeichen der Kampfbereitschaft eines Schiffes über die Reling gehängt wurden
Schobersegel – Schoverzeil (ndrl.); Großsegel
Schop – Schkopp, Sigismund von; Feldoberst, hatte wesentlichen Anteil an der Eroberung Holländisch-Brasiliens
Schout-by-Nacht – Bezeichnung für das Schiff des Konteradmirals
Schuh – Fuß; altes Längenmaß, = 12 Zoll = 144 Linien = 0,325 m
Schwerdtfisch – Araguaguá, gemeint ist der Sägefisch (Pristis sp.), Familie Sägefische (Pristidae); die „Säge" dient dem Fisch zum Nahrungserwerb, indem er mit dem Kopf schnelle Seitenhiebe ausführt und damit die Tiere des Meeresbodens aufscheucht
Seepferdlein – (Hippocampus sp.), Familie Seenadeln (Syngnathidae); diese abbaranten Fischlein waren bei den Seefahrern des 17. Jahrhunderts sehr beliebt und wurden als besonders wertvolle „Indische Rarität" mit in die Heimat genommen
Seestern – ein nicht näher bestimmbarer Vertreter der Seesterne (Asteroidea), die in großer Artenzahl in allen Meeren leben und zu den Stachelhäutern gehören
Sensus – Sinn
Soorsack – Zuurzak (ndrl.), Sauersack oder Stachelannone (Annona muricata), Familie Rahmapfelgewächse (Annonaceae); dieser Obstbaum ist im tropischen Südamerika verbreitet, seine süß-säuerlich schmeckenden Sammelfrüchte erreichen ein Gewicht bis zu zwei Kilo
Staatenland – Isla de los Estados; im Verlaufe der Südseereise von Le Maire 1616 entdeckt, der, die Südspitze Amerikas umsegelnd, versucht hatte, den kürzesten Seeweg nach Indien zu finden
Stachelwerken – Schmalkalden nennt außerdem den Namen des südamerika-

nischen Baumstachlers Coëndu (Coendu villosus), beschreibt aber das altweltliche Stachelschwein Hystrix africaeaustralis (Familie Hystricidae), das in ganz Südafrika verbreitet ist

St. Paulo – St. Paul; Insel im Indischen Ozean auf 38° 43' südlicher Breite und 77° 29' östlicher Länge

Straße La Mair – Estrecho de Le Maire; Meerenge zwischen Feuerland und der Isla de los Estados. Sie wurde 1616 von dem holländischen Seefahrer Jacob Le Maire (1585–1616) entdeckt

Straße Sunda – Sundastraße; Meerenge zwischen den Inseln Sumatra und Java, die den Indischen Ozean mit der Sundasee verbindet

Stücke – im 17. Jahrhundert allgemeine Bezeichnung für Geschütze

Succurs – Beihilfe, Verstärkung

Sumatra – zweitgrößte und nach Java wirtschaftlich bedeutendste Insel Indonesiens

Svinnenkop – eine nicht näher bestimmbare Vogelspinne; mit rund 500 Arten besitzt Südamerika drei Viertel aller bisher bekannten Arten. Es sind meist harmlose Baum- oder Bodenbewohner, ihre angeblich große Giftigkeit ist übertrieben

Tabbert – Mantel, Überrock

Tamandua-guasu – Tamanduá-açu, Großer Ameisenbär (Myrmecophaga tridactyla), Familie Ameisenbären (Myrmecophagidae); er lebt in den Grassavannen Brasiliens, ernährt sich von Ameisen und Termiten, wodurch er einen gewissen ökonomischen Nutzen hat

Tamarica – Insel Itamaracá; sie liegt etwa 5 Meilen nördlich von Olinda und wurde 1633 von Sigismund von Schkopp für Holland erobert

Tapoyer – Tapuya; Bezeichnung für alle Nicht-Tupinambá-Stämme Nordostbrasiliens. Die Ethnographen sind unterschiedlicher Meinung, zu welcher Sprachfamilie die Tapuya gehören, speziell die Otxukayna oder Tarairiú, die im Innern von Rio Grande do Norte und Ceára lebten

Tatu – Sechsbinden-Gürteltier (Euphractus sexcinctus), Familie Gürteltiere (Dasypodidae); in Südamerika die weitverbreitetste Art dieser nur in Amerika vorkommenden Säugetiergruppe

Tayonanischer Duyvel – Ohren-Schuppentier (Manis pentadactyla), Familie Tannenzapfenschupper (Manidae); ein sehr abbarantes Säugetier, das sich ausschließlich von Ameisen und Termiten ernährt, auf Bäumen lebt und nachtaktiv ist

Teneriffa – die größte der Kanarischen Inseln (2057 km^2)

Texel – die größte der niederländischen Watteninseln (183 km^2) vor der Küste Nordhollands, viele berühmte Seereisen nahmen von dieser Insel ihren Anfang

Thunis – Duins (ndrl.), Dover; Hafenstadt an der Südküste Englands

trepitieren – trepidieren; ängstlich, furchtsam sein
Tristan da Cunha – Inselgruppe im Südatlantik südwestlich vom Kap der Guten Hoffnung, wurde 1506 von dem Portugiesen Tristão da Cunha entdeckt und war im 17. Jahrhundert eine der wichtigsten „Erfrischungsinseln"
Touian – Schmalkalden bezeichnet mit diesem Namen Vertreter von zwei Vogelfamilien, die altweltlichen Nashornvögel (Bucerotidae) und neuweltlichen Tukane (Ramphastidae), deren Arten sich durch mächtig entwickelte Schnäbel auszeichnen. Der näher beschriebene Arieltukan (Ramphastos vitellinus ariel) bewohnt in einigen Farbvarianten die Urwälder südlich des Amazonas bis Santa Catarina
trogte – trocar (span.); Tauschhandelsplatz
Tropicum cancri – tropicus cancri (lat.); Wendekreis des Krebses, nördlicher oder Sommerwendekreis
Tullpanten – Tulban oder Turban, hier auch im Sinne von Stulpen oder Bündchen gebraucht
Tunga – Sandfloh (Tunga penetrans), Familie Sarcopsyllidae; das Weibchen dieses tropischen Flohs dringt in die Haut des Menschen ein, besonders zwischen den Zehen. Durch Aufnahme von Gewebeflüssigkeit und Entwicklung der Eier schwillt der Hinterkörper an, was sich beim Menschen als Juckreiz oder Schmerz äußert
Tupinambu – Tupinambá oder „Brasilianos"; Sammelbegriff für mehrere Indianerstämme, die fast die gesamte Küste Nordostbrasiliens bewohnten. Ein Teil von ihnen stand bereits unter dem Einfluß der Portugiesen und Holländer und trug, wie Schmalkalden mitteilt, europäische Kleidung
Typen – Name nicht aufklärbar; vielleicht verstand Schmalkalden hierunter die „Balies", die großen Wassertöpfe, die an Bord der Schiffe mitgeführt wurden

Valet – Abschied, Lebewohl
Victoria – Sieg
Victualien – Lebensmittel
Viri tamen ... – „Die Männer stülpen den Penis in den Hodensack, binden ihn zu, und wenn sie Urin lassen, binden sie ihn auf. Wenn die Genitalien nicht so behandelt sind, schämen sie sich sehr"
von der großen Rahe fallen – von de ra vallen (ndrl.); eine Form der Schiffsjustiz; an ein Seil gebunden, wurde der dazu Verurteilte über eine Rolle an der Rahe hochgezogen und darauf aus der schwindelerregenden Höhe einige Male, je nach Vergehen, ins Meer geworfen. Diese Tortur war nicht ungefährlich, der Delinquent konnte dadurch große innere Verletzungen erleiden
Vorburgk, Nicolaus – Verburg, N.; war 1646 Gesandter in Persien, 1649 Gouverneur von Formosa, 1654 Mitglied des Rats

von Indien, 1667–1675 Generaldirektor, 1675 kehrte er nach Holland zurück

Waßer-Limone – Wassermelone (Citrullus lanatus), Familie Kürbisgewächse (Cucurbitaceae); von dieser Art, deren Urheimat wahrscheinlich Afrika ist, existiert eine Vielzahl an Zuchtformen mit den unterschiedlichsten Früchten in Form, Größe und Geschmack, maximal mit einer Länge von 75 cm und einem Gewicht bis 25 kg
Westindianischer Rabe – Schmalkalden beschreibt unter diesem Namen zwei der größten südamerikanischen Papageien (Familie Psittacidae); einmal den über achtzig Zentimeter großen roten Arakanga (Ara macao) und den ebenso stattlichen blauen Ararauna (Ara ararauna), die Zierde eines jeden zoologischen Gartens
Wicht – Isle of Wight, vor der Südküste Englands gelegen

Zimmet – Zimtrindenbaum (Cinnamomum verum), Familie Lorbeergewächse (Lauraceae); dieser immergrüne, bis 16 m hoch werdende Baum, der in der Kultur durch Beschnitt in Strauchform gehalten wird, ist heute in den meisten tropischen Ländern verbreitet. Hauptlieferanten der Zimtrinde sind Sri Lanka (Ceylon) und Südindien
Zuckerrohr – (Saccharum robustum), Familie Süßgräser (Gramineae); das Nutzgras kam im 16. Jh. aus Neuguinea nach Amerika und wird heute in allen Gebieten bis zum 35. Breitengrad beiderseits des Äquators angebaut

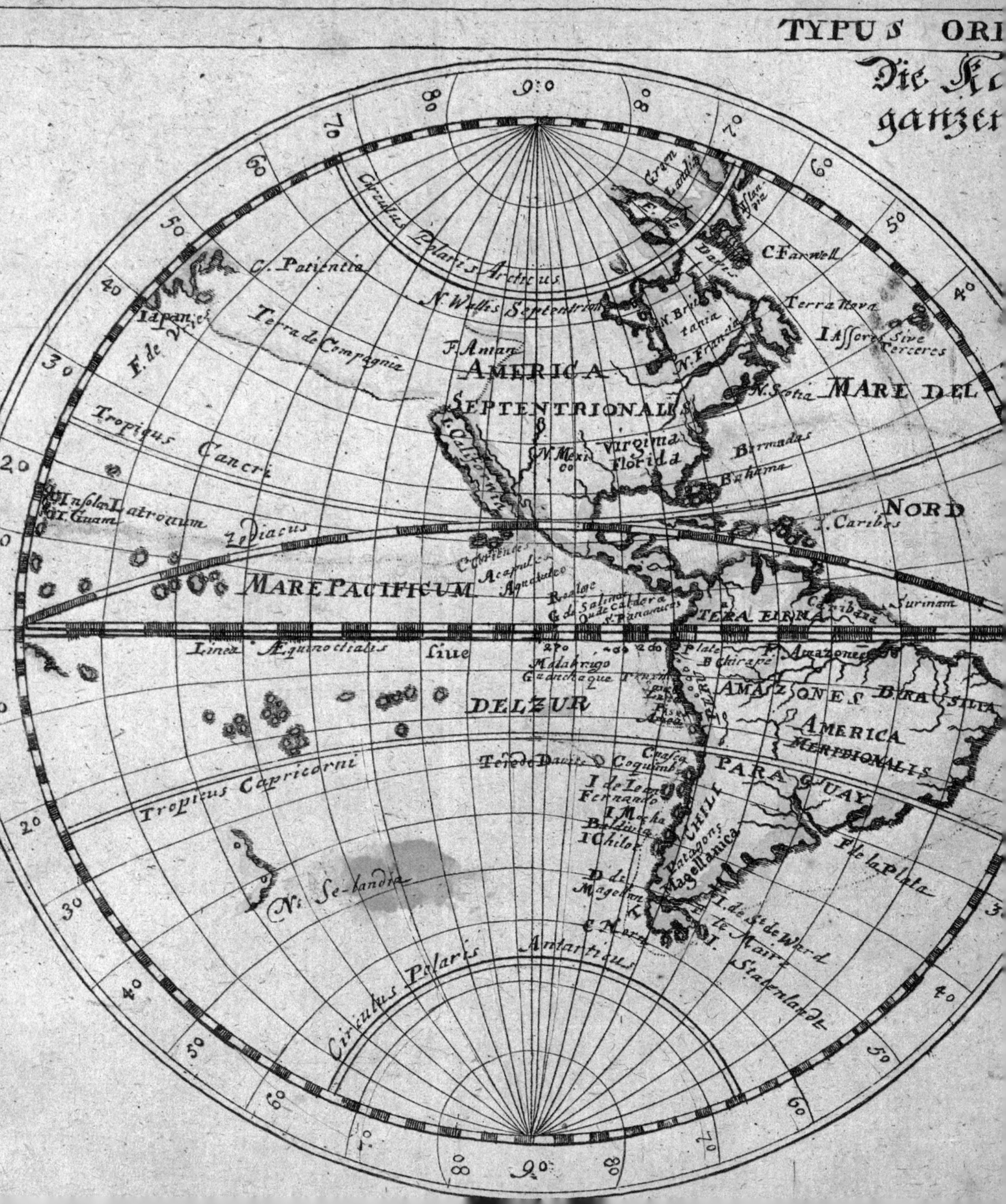

TYPUS ORI
Circulus Polaris Arcticus
C. Patientia
Terra de Compagnia
F. Anian
N. Wallis Septentrion
AMERICA SEPTENTRIONALIS
C. Farwell
Terra Nova
N. Britania
N. Francia
N. Scotia
MARE DEL NORD
I. California
N. Mexico
Virginia
Florida
Bermudas
Bahama
Tropicus Cancri
I. Guam
Zodiacus
MARE PACIFICUM
Acapulco
Realege
TERA FIRMA
Surinam
Linea Æquinoctialis sive
Malabrigo
F. Amazones
AMAZONES
BRASILIA
AMERICA MERIDIONALIS
DEL ZUR
Tropicus Capricorni
Coquimbo
Fernando
I Mocha
Baldivia
I Chiloe
PARAGUAY
CHILI
Patagons
Magellanica
F. de la Plata
Ni. Se-landia
le Maire
Statenlandt
Circulus Polaris Antarticus